रज़ा पुस्तक माला

पर्यावरण के पाठ

साक्षात्कार

रज़ा फ़ाउण्डेशन | THE RAZA FOUNDATION

पर्यावरण के पाठ

साक्षात्कार

अनुपम मिश्र

राजकमल प्रकाशन

रज़ा पुस्तक माला : **संवाद**
प्रधान सम्पादक : अशोक वाजपेयी | सम्पादक : पीयूष दईया
राजकमल प्रकाशन प्रा.लि. और रज़ा फ़ाउण्डेशन का सह-प्रकाशन

ISBN-978-93-88753-24-1

मूल्य : ₹695

पहला संस्करण : 2019

प्रकाशक : राजकमल प्रकाशन प्रा. लि.
1-बी, नेताजी सुभाष मार्ग, दरियागंज
नई दिल्ली-110 002

शाखाएँ : अशोक राजपथ, साइंस कॉलेज के सामने, पटना-800 006
पहली मंज़िल, दरबारी बिल्डिंग, महात्मा गांधी मार्ग, इलाहाबाद-211 001
36 ए, शेक्सपियर सरणी, कोलकाता-700 017

वेबसाइट : www.rajkamalprakashan.com
ई-मेल : info@rajkamalprakashan.com

मुद्रक : यश प्रिंटोग्राफिक्स
नोएडा-201 301 (उत्तर प्रदेश)

PARYAVARAN KE PATH :
WITH ANUPAM MISHRA
Interviews

आमुख

कलाओं में भारतीय आधुनिकता के एक मूर्धन्य सैयद हैदर रज़ा एक अथक और अनोखे चित्रकार तो थे ही उनकी अन्य कलाओं में भी गहरी दिलचस्पी थी। विशेषत: कविता और विचार में। वे हिन्दी को अपनी मातृभाषा मानते थे और हालाँकि उनका फ्रेंच और अँग्रेज़ी का ज्ञान और उन पर अधिकार गहरा था, वे, फ्रांस में साठ वर्ष बिताने के बाद भी, हिन्दी में रमे रहे। यह आकस्मिक नहीं है कि अपने कला-जीवन के उत्तरार्द्ध में उनके सभी चित्रों के शीर्षक हिन्दी में होते थे। वे संसार के श्रेष्ठ चित्रकारों में, २०-२१वीं सदियों में, शायद अकेले हैं जिन्होंने अपने सौ से अधिक चित्रों में देवनागरी में संस्कृत, हिन्दी और उर्दू कविता में पंक्तियाँ अंकित कीं। बरसों तक मैं जब उनके साथ कुछ समय पेरिस में बिताने जाता था तो उनके इसरार पर अपने साथ नवप्रकाशित हिन्दी कविता की पुस्तकें ले जाता था : उनके पुस्तक-संग्रह में, जो अब दिल्ली स्थित रज़ा अभिलेखागार का एक हिस्सा है, हिन्दी कविता का एक बड़ा संग्रह शामिल था।

रज़ा की एक चिन्ता यह भी थी कि हिन्दी में कई विषयों में अच्छी पुस्तकों की कमी है। विशेषत: कलाओं और विचार आदि को लेकर। वे चाहते थे कि हमें कुछ पहल करनी चाहिये। २०१६ में साढ़े चौरानवे वर्ष की आयु में उनकी मृत्यु के बाद रज़ा फ़ाउण्डेशन ने उनकी इच्छा का सम्मान करते हुए हिन्दी में कुछ नयी क़िस्म की पुस्तकें प्रकाशित करने की पहल *रज़ा पुस्तक माला* के रूप में की है, जिनमें कुछ अप्राप्य पूर्व प्रकाशित पुस्तकों का पुनर्प्रकाशन भी शामिल है। उनमें गाँधी, संस्कृति-

चिन्तन, संवाद, भारतीय भाषाओं से विशेषत: कला-चिन्तन के हिन्दी अनुवाद, कविता आदि की पुस्तकें शामिल की जा रही हैं। सभी पुस्तकों पर रज़ा साहब और उनके समकालीन मित्र चित्रकारों आदि की प्रतिकृतियाँ आवरणों पर होंगी।

अनुपम मिश्र एक अत्यन्त विनम्र, निरभिमानी व्यक्ति थे जिन्होंने पर्यावरण के क्षेत्र में साधारण और सामुदायिक विवेक और विधि का जैसा अवगाहन किया वैसा आधुनिक तकनालजी के दुश्चक्र में फँसे अन्य पर्यावरणविद् अकसर नज़रन्दाज़ करते रहे हैं। अनुपम जी लगभग ज़िद कर अपनी इस धारणा पर डटे रहे कि साधारण लोग और समुदाय पढ़े-लिखों से ज़्यादा जानता-समझता है और आधुनिकता को अपनी सर्वज्ञता के दम्भ से मुक्त हो सकना चाहिए। उनसे बातचीत का यह संचयन इस अनूठे व्यक्ति के सोच-विचार की नयी परतें सहजता से खोलेगा ऐसा हमारा विश्वास है।

अशोक वाजपेयी

दिसम्बर २०१८, नयी दिल्ली

क्रम

पर्यावरण का पाठ

योगिता शुक्ला के साथ

पर्यावरण का पाठ

आपकी दोनों पुस्तकों का विषय मूलतः जल-प्रबन्धन पर आधारित है। एक ही विषय पर दो पुस्तकें लिखने में दुहराव का ख़तरा तो रहता ही है, तो क्या इन दोनों पुस्तकों को एक दूसरे का पूरक या विस्तार की तरह देखना चाहिए या फिर दो भिन्न किताबों की तरह। अपनी दोनों पुस्तकों को लेकर आप उनके किस तरह के पाठ प्रस्तावित करना चाहेंगे?

१- इन दोनों पुस्तकों की निर्माण-प्रक्रिया के बारे में और

२- इन पुस्तकों में प्रकाश में आने के पीछे प्रस्थान-बिन्दु क्या रहा?

दोनों का विषय एक है इसमें कोई शक नहीं। अगर हम पीछे लौट कर याद करें तो सबसे पहले हमने पानी के काम को समझना राजस्थान से शुरू किया। राजस्थान से यह यात्रा शुरू हुई फिर बाद के राज्यों को भी धीरे-धीरे समझा और ऐसा लगा कि पहले हम पूरे देश वाला हिस्सा संक्षेप में रख सकते हैं। फिर यह मोह आया कि जहाँ देश का सबसे कम पानी गिरता है—मरुभूमि—उसका वर्णन हमको अलग ढंग से करना चाहिए। तालाब वाली किताब में आप देखेंगे कि राजस्थान का वर्णन होते हुए भी कम है। फिर हमको यह भी समझ में आया कि जहाँ समाज में सबसे कम पानी उपलब्ध है—प्रकृति की तरफ़ से—उस समाज ने अपने को सबसे रंग-बिरंगा संगठित किया है। और उसका आकार इतना बड़ा है कि वह

संगठन निराकार हो गया। कोई अध्यक्ष, मन्त्री, वार्षिक बजट, जीप, गाड़ी, बंगला कहीं नहीं दिखता।

पूरे देश का जो मन है, पानी को रोकने के मामले में, वह एक है। अगर हम यह कहें कि एक धागे की माला है; फूल अलग-अलग हो सकते हैं। मरुभूमि का फूल कुछ और रंग का है, उसमें चटक ख़ुशबू है, तो मध्य भारत का फूल अलग है। इलाक़े के फूल अलग हैं लेकिन धागा एक ही है। इधर से उधर तक सिद्धान्त एक है कि प्रकृति से जो पानी मिले उसको सम्मान के साथ रोक लेना चाहिए। मिट्टी बदलती है, वर्षा का आँकड़ा बदलता है। जहाँ बहुत तेज़ पानी गिरता है वहाँ छोटे आगोर से जल्दी तालाब भरा जा सकता है। जैसलमेर वग़ैरह में बहुत बड़े आकार का आगोर चाहिए क्योंकि पानी कम गिरता है। तो फिर उतने बड़े आगोर की रखवाली के लिए नियम दूसरे बनाने पड़े होंगे समाज को।

आपने निर्माण प्रक्रिया के बारे में भी पूछा है। सबसे पहले हमने बीकानेर में एक बगीची देखी। उसमें एक पक्का आँगन था। फिर क़रीब घुटने के बराबर एक दीवार थी। सीधे उसको लाँघकर भी जा सकते थे लेकिन कुछ एक अड़चन थी आप ऐसे बिना रोक-टोक न जा सकें। जो कुछ भी हमारी छोटी-मोटी पढ़ाई-लिखाई हुई है उसमें हमने ये कभी अनुभव नहीं किया था कि क्या चीज़ हो सकती है। हम लोगों ने उनसे पूछा—उन्होंने कहा यह पानी का टाँका है। टाँका हमने कभी नहीं देखा था, थोड़ा अटपटा भी लगा कि हम बिलकुल गधे हैं। उन्होंने कहा—'नहीं भीतर चलिए जूते उतार कर।' बगीची के आगोर में वो जूते उतार कर ले गये। बीच में चबूतरा था। उस पर ढक्कन था। उसको खोलकर उन्होंने दिखाया। भीतर पानी था। मैंने पूछा—क्या कुआँ है? उन्होंने कहा—'कुआँ नहीं, यह टाँका है।' टाँका और कुएँ का अन्तर मैंने पहली बार समझा। इसमें वर्षा का पानी इस आगोर में फ़र्श में रोक कर भरा गया है। मुझे बड़ा अचरज हुआ। उन्होंने कहा—'यहाँ पानी इतना कम गिरता है कि कुएँ तो तीन-चार सौ फुट गहरे हैं और उनमें अधिकांश में खारा पानी है। यह टाँका वर्षा का मीठा पानी रोकने का तरीक़ा है।' फिर ऐसे कितने हैं; उन्होंने कहा—'घर-घर में हैं।' फिर तो एक नियम-सा बन गया कि अपने घर का टाँका दिखाओ। एक उत्सुकता में समझते चले गये। वो जिज्ञासा शोध वाली नहीं थी। वह श्रद्धा बनती गयी।

इससे पहले मध्य प्रदेश में तालाब वग़ैरह के बारे में थोड़ा-बहुत पता था। उस समय १०-१२ साल पर्यावरण का जो छोटा-मोटा काम किया था उससे जो समझ बनी, उसमें पानी का उतना विषय नहीं पकड़ पाये थे। जंगल का काम कुछ पकड़ा था—चिपको आन्दोलन के कारण। इतना ज़रूर समझ में आता था कि इन सब विषयों में अगर सबसे बड़े विशेषज्ञ हैं तो वे समाज के लोग हैं। दूसरे विशेषज्ञों की ज़रूरत नहीं पड़ती समाज को। वो अपना काम ख़ुद करना जानता है अपने इलाक़े में। पानी में भी ऐसा ही है। यह बाद में समझ आया। राजस्थान का जो यह पहला दर्शन हुआ उससे फिर हमने और कुण्ड और टाँके देखे और समझना शुरू किया। लेकिन मैं आज भी कहूँगा कि सन् ८० के आसपास काम शुरू हुआ। आज बीस साल हो गये। आज भी राजस्थान के पानी का सब कुछ पता हो गया, कोई ऐसा भाव नहीं है।

राजस्थान के बाद इस तरह की उत्सुकता फिर और प्रदेशों के लिए भी जगने लगी होगी?

हम लोगों ने यह भी देखा कि कोंकण में पानी इतना अधिक गिरता है लेकिन फिर भी पानी की ख़ूब समस्या है। तो समझ में आया कि पानी गिरा नहीं कि समुद्र में मिल जाता है। पश्चिमी घाट में, कोंकण, गोवा आदि क्षेत्रों में समाज उसके पूरे ढाल में जो चार-पाँच तालाब बनाते थे वो इस दौर में नष्ट हो गये। इसका मतलब ज्ञान तो चेरापूँजी में भी है और यहाँ भी है और पहले भी रहा है। एक बड़ा फ़र्क़ यह हुआ कि लोग कहते हैं कि अब क्यों अकाल पड़ रहा है पहले क्यों नहीं पड़ा। तीन इंच जहाँ पानी गिरता है या ९-१० इंच गिरता है और जहाँ १०० से ऊपर गिरता है उन दोनों जगहों के समाजों की जीवन-शैली अपनी मिट्टी पानी के अनुकूल थी। लेकिन अब पिछले सौ साल में सबको विकास की एक ऐसी चीज़ मिल गयी है, जिसके कारण सबको एक जैसा रहना है, एक जैसा खाना है, एक जैसे कपड़े पहनने हैं, एक जैसी फ़सल लगाना है। तो गेहूँ जो हमारे यहाँ नदी-घाटी का पौधा माना गया—वहाँ की फ़सल मानी गयी—वो हम जैसलमेर में भी देखना चाहेंगे, बीकानेर में भी देखना चाहेंगे; तभी हम उस इलाक़े को प्रगतिशील या विकसित कहेंगे। तीन इंच या नौ इंच पानी में नलकूप (चापाकल) के बिना यह सब सम्भव नहीं होगा। पूरे

अहमदाबाद और उसके बाद वाले हिस्से में सौराष्ट्र वग़ैरह में मूँगफली की खेती आयी। लोगों ने एक-सी जीवन-शैली अपनायी पर प्रकृति ने एक-सी स्थिति नहीं बनायी। (जलवायु भी एक-सी नहीं, वनस्पति भी नहीं है) एक-सा पानी नहीं मिलता तो एक-सी फ़सल कैसे लगाते चले आ रहे हैं। तो ये प्रकृति के शायद स्मरण पत्र हैं बीच-बीच में ऐसे अकाल के ज़रिये कि भई तुम सम्भल के चलो नहीं तो इससे भी बड़ा ख़तरा आ सकता है।

जब हम लोगों ने यह काम शुरू किया तब कभी-भी इसको किताब के रूप में लिखने की हिम्मत हम नहीं जुटा पाये। हमेशा लगता था कि यह बहुत बड़ा समुद्र है; हमको दो-चार बूँदें मिली हैं। हम पूरा नहीं कर पायेंगे। हमारी संस्था गाँधी शान्ति प्रतिष्ठान के सचिव हम लोगों को सब चीज़ें समझाते रहे पिता की तरह। उन्होंने हम लोगों को इस काम में डाला। वो बार-बार कहते थे—तुमने इतनी सब चीज़ें इकट्ठी की हैं, तुम किताब क्यों नहीं लिखते। मेरी कोशिश यह रहती थी कि जितना हो सके इसको और अधिक समझें। ऐसा न लगे कि 'अध जल गगरी छलकत जाये।' हमारा पानी का काम छलकना नहीं चाहिए। उसमें से जल-दर्शन होना चाहिए। हमने यह माना कि समाज का कुछ हज़ार साल का काम है। हम तो इसको सिर्फ़ १०० पन्नों में समेटने का आरम्भिक प्रयास मात्र कर रहे हैं।

हिन्दी में पर्यावरण-सम्बन्धी साहित्य का परिदृश्य उल्लेखनीय नहीं कहा जा सकता, ऐसे में आपकी दोनों पुस्तकें न केवल मील का पत्थर साबित हुई हैं बल्कि ताज़ा हवा के झोंके की तरह हैं। बीसवीं सदी के भारतीय परिसर में पश्चिमी तर्ज व अँग्रेज़ी का बोलबाला रहा है। ऐसे में इन दोनों पुस्तकों को हिन्दी में लिखना एक बड़ा जोख़िम व चुनौती थी। लेकिन यह देखकर प्रीतिकर आश्चर्य होता है कि दोनों पुस्तकें व्यापक पाठक समाज के विचार व संवेदना का हिस्सा बन गयी हैं और फिर एक दूसरे छोर पर ऐसा भी लगता है कि इन पुस्तकों को सिर्फ़ हिन्दी में ही लिखा जा सकता था क्योंकि आपकी पुस्तकें इस बात का तर्कसम्मत साक्ष्य देती हैं कि भारत की लोक विरासत और जातीय चेतना अपने भाषा-संसार व समझ में समृद्ध व स्वावलम्बी है। इसी बिन्दु पर आपका यह कथन बिलकुल

सटीक लगता है कि 'हमने जल-प्रबन्धन के क्षेत्र में नयी-नयी शब्दावली ईज़ाद करके गाँव के आम आदमी को ठगा है।'

तो मेरी जिज्ञासा उपर्युक्त तीनों बिन्दुओं को लेकर है :

१- हिन्दी में पर्यावरण सम्बन्धी मौलिक व गम्भीर साहित्य के गहरे अभाव की स्थिति के पीछे किस तरह के कारण आपको सक्रिय लगते हैं और इनका सामना करने के लिए आप कौन-से उपाय व सुझाव प्रस्तावित करना चाहेंगे?

२- हिन्दी में लिखने की मूल प्रेरणा व प्रवृत्ति किन कारणों से हुई और पुस्तकें लिखते हुए किस तरह के संशयों और कठिनाईयों का सामना आपने किया?

३- पश्चिमी शिक्षा-दीक्षा के असर में जिस तरह की अनुवादित पदावलियाँ हम बना रहे हैं उसके बरक्स हमारा अपना स्वदेशी जीवन-दर्शन व भाषा-संसार जो सच्चा विकल्प प्रकट करता है उसको लेकर आपकी जागरूकता व सोच ने किस तरह से ठोस आकार ग्रहण किया?

४- यह कि भाषा और पर्यावरण को लेकर आप किस तरह की सैद्धान्तिकी रचना चाहेंगे?

पर्यावरण साहित्य हिन्दी में नहीं है यह तो लगभग ठीक ही है। जो कुछ उपलब्ध है वे अँग्रेज़ी का अनुवाद है। और अँग्रेज़ी का अनुवाद होना चाहिए इसमें कोई दिक़्क़त नहीं है। लेकिन ज़्यादातर उन चीज़ों का अनुवाद है जो हमसे बहुत परे है। हमारे सन्दर्भ नहीं हैं। हमारे विषय नहीं हैं। हमारी बहस नहीं है। उदाहरण के लिए, सोशल फॉरेस्ट्री आयी हमारे यहाँ। उस पर पहले अँग्रेज़ी में साहित्य बन गया। फिर उसका हिन्दी में अनुवाद होकर सामाजिक वानिकी में बदल गया। ऐसे हिन्दी के साहित्य को मैं अँग्रेज़ी का ही मानता हूँ—लिपि बदली उसकी, विचार नहीं बदला।

हमारी संस्कृति में पर्यावरण को लेकर जो मौलिक साहित्य रहा है वह एक तरह से बिखरा हुआ भी है और मुझे लगता है कि उसे समेटने के लिए गम्भीर प्रयास की भी बहुत ज़रूरत है।

शायद अपने समाज को लिपि साहित्य रखने की आदत नहीं थी। परम्परा से एक दूसरे को देते चले आ रहे थे। लेकिन 'सामाजिक वानिकी' पर राजस्थान की कोई संस्था कोई किताब निकाले और उसमें ओरण अनुपस्थित है तो वह सामाजिक वानिकी नहीं है। फिर वो अँग्रेज़ी की ही किताब है। देवनागरी में दिखती है, हिन्दी में दिखती है लेकिन उसके भीतर की जो आत्मा है वो शुद्ध अँग्रेज़ी है। वैसी हिन्दी का कोई मतलब नहीं है, वैसी गुजराती का कोई मतलब नहीं है। पर आप पायेंगे कि ये अलग-अलग चेहरे हैं लेकिन उनकी जुबान एक हो गयी और इसलिए अगर मूल साहित्य भी दिखेगा तो मूल पर भी अँग्रेज़ी विचार का इतना असर है कि वो मौलिक नहीं बचता।

> लेकिन जब हम पर्यावरण को देखते हैं तो हम अपने आस-पास की चीज़ को देखते हैं, अपने आस-पास के जीवन से कुछ सीखते हैं। और आस-पास के जीवन से सीखने का मतलब वहाँ का जो समाज है, उसको भी सीखना है। पर्यावरण कोई यही नहीं कि हमने फलाँ-फलाँ पेड़-पौधे देखे हैं। पर्यावरण अपने-आप में एक समूचा शब्द है। उसको हम अलग से नहीं देख सकते।

है, समूचा है। अलग से नहीं देख सकते। लेकिन यह देखा तो अलग से ही गया है। समूचा होने के बाद भी उसे टुकड़े-टुकड़े करके देखा है। और हर तीन साल में एक टुकड़े पर ज़्यादा ध्यान गया है, दूसरे पर से हट गया है। अगर अपने समाज को लोगों ने खंगाल कर भी देखा है, तो उसमें 'शोध' वाली जिज्ञासा ज़्यादा है। इन टुकड़ों के खण्डों के कुल जोड़ को, अखण्ड को फिर से समझने के लिए नये सिरे से बातचीत करनी पड़ेगी। यह बातचीत पिछले १००-५० साल से बन्द पड़ी है। समाज को, अपने ही लोगों को हमने प्रशिक्षण का विषय मान लिया है। हर चीज़ के लिए हमारे पास में प्रशिक्षण जैसा शब्द है। उसको इस बात के लिए प्रशिक्षित किया जाय। लोगों को शिक्षित किया जाय, साक्षर बना दिया जाय। उसको संगठित किया जाय। जितनी अच्छी सामाजिक संस्थाएँ हैं उसमें धर्म संस्थाएँ भी हैं, उसमें ईसाई संस्थाएँ भी शामिल हैं, संघ की संस्थाएँ भी शामिल हैं—सबके मन में यही उतावली है कि हमारा समाज बहुत गिर-पड़ गया है। उसका कोई संगठन नहीं है। उसको संगठित करना है। हम

सब भूल गये हैं कि उसका एक विशाल संगठन था। हमने उसको भुला दिया। थोड़ी धूल ज़रूर पड़ गयी है उस पर। आज तो उस धूल को साफ़ करने के लिए एक विनम्र सेवक चाहिए। विशेषज्ञ नहीं चाहिए। झाड़ू-पोंछे वाले लोग चाहिए जो धूल साफ़ करके चले जायें, उसको कोई उपदेश न दें। फिर उनसे अगर आपकी मित्रता ऐसी बन जाती है तो थोड़ी डाँट-डपट भी कर सकते हैं। समाज की ग़लती भी बता सकते हैं तब। लेकिन बिना सम्बन्ध बनाये उसमें प्रवेश नहीं किया जाय। हो सकता है कि पिछले पचास साल में हमने कोई नयी चीज़ ली हो। तो फिर आदान-प्रदान हो कि भई आपके पास यह चीज़ नहीं है। जैसे आपको अक्षर लिखना नहीं आता, यह इस समय की ज़रूरत है। सीखना चाहो तो सीख लो। हम साक्षरता केन्द्र खोल रहे हैं। लेकिन उस भाव से मत खोलो कि तुम मूर्ख हो, गधे हो। तुमको तो कुछ आता ही नहीं है।

हिन्दी में लिखने का सबसे बड़ा कारण है कि अँग्रेज़ी नहीं आती। जो साधारण पढ़ाई मैंने की उसमें अँग्रेज़ी पर कभी ज़ोर नहीं दिया। भाषा के नाते प्रेम किया। अच्छी कौन-सी अँग्रेज़ी है, कौन-सी कमज़ोर है—ये भी समझ में आता है लेकिन मैंने कभी अपनी अँग्रेज़ी ठीक करने पर ज़ोर नहीं दिया। इसलिए बहुत-से लोगों को जानकर अचरज होगा कि मैं शायद ही कभी अँग्रेज़ी में साल में एकाध चिट्ठी लिखता हूँ। टाट-पट्टी वाले साधारण सरकारी स्कूलों में भी बहुत अच्छी अँग्रेज़ी सीखते हैं। पिताजी हिन्दी के लेखक थे लेकिन अँग्रेज़ी बहुत अच्छी थी उनकी और भाषा की उनको बहुत गहरी समझ व पकड़ थी। मैंने प्रायः उनके संग्रह में अच्छे अँग्रेज़ी कवियों को और लेखकों को पढ़ते देखा। पर मैंने कोई पढ़ा नहीं उसमें से। जितना कोर्स था उससे सन्तुष्ट था। शेक्सपियर जितना ज़रूरी था, पढ़ लिया। इससे ज़्यादा फिर कभी देखेंगे पर फिर मौक़ा नहीं मिला।

> या चिन्तन की दृष्टि से अगर हम देखेंगे तो साहित्य में पश्चिम का साहित्य भी पढ़ना एक तरह से लाज़िमी है।

वह बहुत ज़रूरी है। लेकिन अपना साहित्य ही न पढ़ा हो, अपना चिन्तन ही न किया हो, तब केवल पश्चिम का साहित्य पढ़ना किस काम का! पूरब भी तो पढ़ो। अब अगर हमने राजस्थान का पानी कुछ हद तक समझा है तो हम सोच सकते हैं कि इज़राइल में पानी कैसे सम्भाल कर रख

सकते हैं। उस पर अँग्रेज़ी में किताब हो तो वो देख लें। पर अभी होता यह है कि मोटे तौर पर लोग अँग्रेज़ी साहित्य पहले पढ़ लेते हैं। पर्यावरण हो या कुछ और हो। फिर उसमें से कुछ अपने इलाक़े की ग्रामीण आँचलिक गन्ध का जीरे, राई का छोंक वग़ैरह लगा लेते हैं। हम इससे ज़्यादा नहीं जाते। तो हमें यह लगा कि यह यात्रा दूसरी तरफ़ से होनी चाहिए। पहले वो कर लें—उसके बाद ज़रूरत पड़े तो यह करें। पूरब समझें फिर पश्चिम, उत्तर, दक्षिण—कुछ भी करें।

अलग-अलग समाजों में किसी काल खण्ड विशेष में ऐसे दौर आते हैं कि कोई एक भाषा प्रतिष्ठित हो जाती है। वो उस दौर में जानकारी का, प्रतिष्ठा का माध्यम भी बन जाती है। जैसे पिछले दौर में राज की भाषा फ़ारसी थी तो फ़ारसी को ही सारी दुनिया का आईना मान लिया गया था। वह दौर गया, फ़ारसी गयी, पर कहावत अभी भी बाक़ी है—'हाथ कंगन को आरसी क्या, पढ़े-लिखे को फ़ारसी क्या।' ताज़ा उदाहरण देखें तो अँग्रेज़ी को सारे ज्ञान का, विवेक का भण्डार मान लिया गया, माध्यम मान लिया गया। वो भाषा है और सब चीज़ें उसमें उपलब्ध हों यह आग्रह नहीं रहना चाहिए। जो जिस भाषा में लिख सकता हो उसे उसमें लिखना चाहिए। उसी में अच्छे से लिख सकता है। तो एक कारण तो यह है कि मुझे अँग्रेज़ी में लिखने का अभ्यास नहीं था। इसलिए हिन्दी में लिखा। लेकिन कभी यह सवाल इस तरह से नहीं उठता कि आपने अँग्रेज़ी में क्यों लिखा? अँग्रेज़ी में लिखने वाले से यह सवाल प्रायः नहीं पूछा जाता। (आपके लिए नहीं कह रहा मैं) अँग्रेज़ी लिखने वाले अपने लेखक या लेखिका से यह नहीं पूछते कि आपने हिन्दी में क्यों नहीं लिखा। हम यह मानते हैं कि यह तो उसका कर्तव्य है जो उसने पूरा किया। हिन्दी के साथ ऐसा क्यों हो जाता है इसलिए कि एक काल खण्ड में एक भाषा का झण्डा लग जाता है। कोई अच्छा काम करना है, तो वह अँग्रेज़ी में ही क्यों होना चाहिए? अपने समाज की मुख्य भाषा अगर हिन्दी है जिसमें लोग ज्ञान का, विद्या का संचय करते रहे तो आपको धूल हटाते समय भी उसी भाषा में वापस करना होगा। अँग्रेज़ी में लिखने से निश्चित तौर पर जो नीति निर्धारक हैं, आज जो अँग्रेज़ी में काम करते हैं, उन तक ये बात पहुँच सकती है लेकिन उनके निर्णय लेने से ज़्यादा अच्छा वो होगा कि जिस समाज में से यह काम ग़ायब हुआ है उस समाज की स्मृति में उसे सम्मान

से फिर लौटाया जाय। उसकी कोशिश अगर करनी है तो वो आपको राजस्थानी में करनी पड़ेगी। वो हिन्दी में करनी पड़ेगी। वो मराठी में करनी पड़ेगी। वो गुजराती में करनी पड़ेगी। और इन दोनों किताबों के साथ यह बहुत अच्छी बात हुई कि धीरे-धीरे इनको अलग-अलग भाषाओं के पाठकों ने उठाया है। अपने-अपने इलाक़े में अपनी भाषा में इस पर टिप्पणियाँ की हैं, अनुवाद किये हैं। मैं ऐसा मानता हूँ कि अगर हमने इस काम को अँग्रेज़ी में किया होता तो एक प्रसिद्ध वर्ग के बीच में ज़रूर यह घूम जाता लेकिन व्यापक हिस्सा उनको चूम नहीं पाता। आज इन किताबों को व्यापक हिस्से का भरपूर प्यार मिल सका है।

दोनों पुस्तकों पर काम ही इसलिए शुरू हुआ कि मन में बहुत संशय था कि हमारा समाज इन सब बातों को कैसे देखता था। पानी का काम तो अपने देश में मरुभूमि से लेकर दूर-दूर तक जहाँ तेज़ पानी गिरता है, सब जगह था। तो वो तालाब कौन बनाते थे? उनकी पढ़ाई-लिखाई कौन करता था? उनको शिक्षा कौन देता था? इनका ख़र्च वग़ैरह किस तरह से आता था, रख-रखाव कौन करता था। मन में इतने प्रश्न थे और इनके कोई हल नहीं थे हमारे सामने। किसी से भी उसके बारे में हमें जानकारी नहीं मिलती थी। इसीलिए काम शुरू हुआ इन दोनों किताबों पर। पहला संशय इन किताबों के लिखने से पहले का है; दूसरा भी एक दिशा बना रहा पुस्तक लिखते समय भी। आज जिसको हम बहुत हलके ढंग से परम्परागत ज्ञान कहने लगे हैं, वह इतना बड़ा समुद्र है कि इसमें एकाध डुबकी लगाने से कुछ हाथ नहीं आता है। यह तो कण-कण में व्याप्त है। सात-आठ साल की 'मेहनत' के बाद भी कहीं भी जाकर हम लोग अटक जाते। कई बार लगा कि हमारे पास कुछ जानकारियाँ हैं लेकिन किताब का पूरा एक अध्याय लिखने लायक तो कुछ नहीं है। तो फिर हम उसको वहीं छोड़कर एक बार उन इलाक़ों में फिर चले जाते थे। 'राजस्थान की रजत बूँदें' में जो भूजल वाला अध्याय है उससे पहले की किताब पूरी हो गयी थी, टाइप में पड़ी थी लेकिन यह अध्याय लिखते नहीं बन रहा था। तो यहाँ पर किताब बन्द करके जैसलमेर चले गये। मैं इस मौक़े पर उनका नाम लेना चाहूँगा। वहाँ जेठूसिंह भाटी से मिले और उनसे कहा कि भई यह भूजल वाले मामले में तो हम अटक गये हैं, हमसे आगे नहीं बढ़ा जा रहा है। उन्होंने एक कहावत बतायी—'इन्दर थारी एक घड़ी, भूण थारा

बारा मास।' एकदम से जैसे दिमाग़ में बाक़ी सब कौंध गया। अपनी सब जानकारी विधिवत् कहीं एक खूँटी पर टाँग सकें वो खूँटी नहीं मिली थी तब तक। और वो एक ही अच्छे मित्र से मिल गयी।

असल में पिछले दो सौ साल से सारे विचार का केन्द्र ही अँग्रेज़ी या पश्चिम माना गया है। इसलिए हमारा पर्यावरण भी इसी तरह का हो गया। हमारे पर्यावरण की बहस भी वही हो गयी—जो उनकी बहस है वो हमारी है। मैं अक्सर ये तीन-चार उदाहरण देता हूँ। एक दौर में सोशल फॉरेस्ट्री का काम आया। पर्यावरण की चिन्ता में ऊँघ रहे हम लोग भी 'सामाजिक वानिकी' में चले गये। बिना यह सोचे-समझे कि यह सामाजिक वानिकी क्या चीज़ है यानि कि उससे पहले जो अँग्रेज़ों की फॉरेस्ट्री थी उसको कभी हमने असामाजिक वानिकी कहा होता तो उसका सामाजिक संस्करण ढूँढ़ते। पर यह उनकी समस्या नहीं थी क्योंकि उन्होंने कभी जंगल लोगों के माने ही नहीं थे। यानि क्लास और मास में बँटे हुए समाज और वर्ण में बँटे समाज में बहुत फ़र्क़ होता है। मरुभूमि में छोटी से छोटी मानी गयी जात का भी झण्डा ऊँचा रह सकता था राजा के आगे। पानी का अच्छा काम करने वाले लोग मेघवाल भी रहे हैं और पालीवाल भी। एक ब्राह्मण है और एक जिनको आज अनुसूचित जाति कहा जाता है दोनों का सिविल इंजीनियर का दर्जा था। ये नहीं है कि मेघवाल इस काम को हाथ नहीं लगा सकता था या पालीवाल इस काम को भला क्यों करे। महाराष्ट्र में हमने क़िस्से सुने कि कोई एक चितपावन ब्राह्मण तालाब खोद रहे हैं तो दूसरे ब्राह्मणों ने आकर उनका विरोध किया है क्योंकि बाद के दौर में यह आने लगा था कि हाथ का काम कुछ घटिया है। ब्राह्मण नहीं करता है ऐसे काम। कभी कुछ अच्छा दौर आता है कभी कुछ फिसल जाते हैं कभी सम्भलते हैं।

मैं यह मानता हूँ कि किसी भी इलाक़े की जो समस्याएँ हैं, वो उसकी भाषा में सामने आती हैं, उसकी भाषा से ही उसके हल निकलते हैं। अन्ततः भाषा यानि केवल ज़ुबान नहीं है, ज़ुबान एक अंग है। लेकिन जीभ का संचालन दिमाग़ से होता है। तो एक भाषा विशेष का दिमाग़ भी बनता है। वो दिमाग़ वहाँ के पर्यावरण और उसके समाज से बनता है। उसमें उस समाज की सफलता और असफलता भी शामिल होती है। उसमें उसकी ठोकरों से भी दिमाग़ बनता है। सफलता के फूल व फल के साथ असफलता की भी पत्तियाँ गिरती हैं पतझड़ वाली। वो भी उस समाज को, उसकी

भाषा को दुबारा खाद बनाकर देती हैं। अपनी ग़लतियों से भी समाज सीखता है। भाषा और समाज का इस तरह से मैं रिश्ता देखता हूँ।

भाषा और पर्यावरण को लेकर अलग से शास्त्र रचने की कोई बहुत गुंजाइश मुझे नहीं दिखती क्योंकि उस भाषा को बोलने वाला समाज उसका शास्त्र रचता ही है। पर माध्यम अलग होता है, जैसे अपने यहाँ लिखित की उतनी परम्परा नहीं रही। एक पीढ़ी से दूसरी पीढ़ी अलिखित ही चीज़ें गयी हैं। उसका सबसे अच्छा उदाहरण गजधर परम्परा का है। गजधर का मतलब केवल वास्तुकार नहीं रहा। वो इंजीनियर भी था, वो बाज़ार से कितना पत्थर ख़रीदना है, किस दाम ख़रीदना है, किस खदान के पास जाना है इसका भी हिसाब लगाना जानता था। एक तरह से आज जिसको हम कंसल्टेंट, कांट्रेक्टर और आर्किटेक्ट कहेंगे, वह इन तीनों का बहुत अच्छा मिश्रण था। और वह काम करवा कर पूरा का पूरा गृहस्थ को सौंपता था। और उसके बाद उसके सम्बन्ध काम करके ख़त्म हो गये ऐसे नहीं होते। वो उसके सुख-दुख में भी साथ होता था। एक तरह से शास्त्र तो उसने रचा है, लेकिन चूँकि माध्यम बदल गया है। वह वाचिक परम्परा से हट गया है, अगर उसको कुछ लिखत-पढ़त से मदद मिल सकती है तो एक अच्छे मुंशी के नाते इसको दर्ज करना चाहिए। लेकिन अलग से रचने का स्वतन्त्र संसार नहीं दिखता मुझे। उतनी मेरी हैसियत भी नहीं है। जो कुछ भी मैंने किया अगर आप इन दोनों किताबों के सन्दर्भ वाले हिस्सों को देखेंगे तो उसमें बिलकुल ऐसे लोग हैं जिनको आज हम हाशिये पर चले गये लोग कहते हैं। उनमें आपको 'विशेषज्ञ' के नाम पते नहीं मिलेंगे, किसी ग्वाले का मिलेगा, किसी सुथार का पता मिलेगा। उन सबसे जितना सीखने को मिला है उसे हमने उनके नाम पते समेत उन किताबों में दर्ज करके वापस किया है। यह कोई विनम्रता के नाते नहीं कह रहा परन्तु कुछ समय तो हमको अपने समाज में यह वातावरण बनाना चाहिए कि हम विशेषज्ञ नहीं हैं। इस समाज के बेटे-बेटी हैं। इस समाज के लिए मुंशीगिरी का काम कर सकते हैं। उसको अलग से नेतृत्व देने की फ़िलहाल हमारे में गुंजाइश नहीं है। उसने इतना बड़ा काम किया है, उस पर कुछ धूल चढ़ गयी है। ठीक से झाड़ू-पोंछे का काम करना चाहिए। इसमें नया शास्त्र नहीं आता। अगर कुछ सामाजिक तौर पर जोड़ना-घटाना हो तो वो भी एक अच्छे मुंशी का काम मानकर आप कर सकते हैं। एक

सिद्धान्त के तहत समझने की गुंजाइश है। पर उससे कुछ नया रचने की योग्यता आ जाती हो ऐसा मुझे अभी भी नहीं लगता है।

मरुभूमि में पानी के अलावा वन, ओरण भी महत्त्वपूर्ण चीज़ है। जिन लोगों ने इसका विचार किया, उसे मरुभूमि में उतारा उन्होंने उसको मन्दिर के साथ जोड़ा। एक ही गाँव में, चार-पाँच तरह के वन मिलेंगे। सबका उपयोग अलग-अलग है, नाम अलग है। कुछ पूरे साल भर खुले रहने वाले जंगल हैं। कुछ एक विशेष परिस्थिति में खोले जायेंगे तो कुछ बहुत भयानक अकाल में ही खोले जायेंगे। प्रकृति का स्वभाव बदलता है। उस बदलाव में भी समाज ने एक छन्द ढूँढ़ा होगा। शायद छोटी-बड़ी ठोकर भी खायी हो। फिर समाज ने अपनी ठोकरों से बचने के इन्तज़ाम बहुत पुख़्ता किये। लेकिन यह सब काम आपको सबसे अच्छे पर्यावरण के कोर्स में देखने को नहीं मिलेगा। यह सब काम राजस्थान के वन-विभाग के बहुत से उन लोगों को जो अच्छे सहृदय लोग हैं। जो अपने समाज के लिए आज कुछ करना चाहते हैं तो वो सोशल फॉरेस्ट्री के माध्यम से कुछ करते हैं, वो वेस्टलैण्ड डेवलपमेंट के माध्यम से करना चाहते हैं। ओरण जैसी मज़बूत परम्परा उन्हें याद नहीं आती ये विचार नये-नये हैं। अब ये सामाजिक हैं तो ज़रूर जोड़ो। लेकिन किसमें, मुख्य आधार है उसमें जोड़ना होगा उसे मिटा कर नहीं जोड़ सकते। होता यह है कि आज उसको मिटा दिया जाता है और फिर अपनी एक संस्था और आन्दोलन के साथ एक नया विचार लेकर हम चले आते हैं। ऐसे में बहुत हुआ तो ग्राम समाज एक मज़दूर की तरह चाकरी करता है। मज़दूर शब्द बुरा लगे तो एक और शब्द हितग्राही लें। लेकिन वो मालिक की तरह शामिल नहीं हो सकता। इसलिए मेरा निवेदन है कि नये शास्त्र की रचना की उसमें गुंजाइश कम होगी। लोगों ने अगर काम बहुत किया है तो उसे नया या पुराना कहकर छोड़ा नहीं जा सकता, क्योंकि अगर प्रकृति का स्वभाव नहीं बदला है तो आपको उन इलाक़ों में जंगल उसी तरह से रखने चाहिए जो कुछ साल भर चलें, कुछ दो-तीन साल में विश्राम लेकर फिर से जीवित हो जायें। अकाल से लड़ने की तैयारी उसी तरह करनी पड़ेगी। ऐसे वन, ओरण आपको जैसलमेर, बाड़मेर वग़ैरह में बड़ी तादाद में मिलते हैं। उतने सम्पन्न अनुभव को आज हम ख़ारिज कर देते हैं। इसलिए मैंने कहा कि पहले हमको शास्त्र समझना पड़ेगा फिर उसमें हम नया जोड़ घटा सकते

हैं। तो फ़िलहाल मुंशी की भूमिका ज़्यादा विनम्र व व्यावहारिक है। इसमें समाज का सम्मान भी है। पर्यावरण और भाषा में मैं अन्तर नहीं करता। वो एक दूसरे से निकली हुई चीज़ें हैं। जिस इलाक़े में अगर समुद्र की लहर टक्कर मारती है तो वहाँ की भाषा में आपको उस तरह की ध्वनि गूँजती मिलेगी। जहाँ मरुभूमि का विस्तार है वहाँ उस तरह की जीवन-शैली बनेगी। भाषा और वहाँ का पर्यावरण एक दूसरे से अविछिन्न है। उनको एक दूसरे से अलग नहीं किया जा सकता। अब उसमें अपने को अगर कुछ गिरावट उस भाषा का व्यवहार करता था, इस्तेमाल करता था, हमने उस समाज को भुला दिया है। उसको हमने साक्षरता का विषय मान लिया है, प्रशिक्षण का विषय मान लिया है, ढोर गँवार वाला एक भाव आ गया कि इनको कुछ न कुछ सिखाये बिना हम देश को सम्भाल नहीं पायेंगे। उसमें मुझे लगता है कि नये शास्त्र वापस करने का होगा। जैसे चीरहरण के क़िस्से हैं न, उस तरह से हमने अपने समाज की प्रतिष्ठाहरण का काम किया है। सत्ताहरण का काम किया है। सम्पत्तिहरण का काम किया है, अधिकारहरण किया है। तो ऐसे सब शास्त्रों की कसौटी यह होगी कि हम उस समाज को कितना प्रेम करते हैं, उसको उसकी इज़्ज़त वापिस करते हैं कि नहीं। एक बार यह कोई करे तो आप उसको फिर मुंशी की भूमिका कहें, रचयिता की भूमिका कहें तो भी चलेगा। समाज अपना काम कर लेगा उसमें से।

आधुनिक चिन्तन के अध्ययन से अब हम यह जानते हैं कि प्रकृति और मानव के सम्बन्ध को मोटे तौर पर पौर्वात्य और पाश्चात्य जीवन दृष्टि के बुनियादी फ़र्क़ से भी समझा जा सकता है। पौर्वात्य दृष्टि का आग्रह प्रकृति से अहिंसक साझे का नाता बनाता है जबकि आधुनिक पश्चिम इसे मात्र उपभोग की वस्तु मानते हुए इसका अनियन्त्रित व हिंसकता की हद तक जाता शोषण करता है :

१. इस प्रकाश में संस्कृति और पर्यावरण के अन्तर्सम्बन्ध व स्वस्थ विकास की प्रक्रिया को समझने के लिए आप किस दृष्टि की वकालत करेंगे और क्यों? और इसका किस तरह का प्रारूप प्रस्तावित करेंगे?

२. असल में अगर हम 'पर्यावरण' की आँख से मानवीय विकास और संस्कृति को परिभाषित करने का उपक्रम करें तो आपकी नज़र में इसके क्या और किस तरह के मापदण्ड हो सकते हैं?

यह मेरी सीमा है कि मैंने दुनिया को पूरब और पश्चिम में बाँट कर नहीं देखा। मुझे वो मौक़ा ही नहीं मिला। मैंने जब होश सम्भाला तो पूर्व ही ज़्यादा समझा। उसी में पला-बढ़ा। मुझे यह नहीं मालूम कि यह पूर्व कहलाता था और वह पाश्चात्य है। वह खिड़की तो खुली ही नहीं तो हमें तुलना करने का मौक़ा ही नहीं मिला। जो अपनी व्यवस्था मानी जा सकती है, उसी में थोड़ी बहुत गुंजाइश दिखी हमको काम करने की। पहले हमने उसी को समझा और बाद में हमको यह दूसरी थोड़ी-बहुत व्यवस्था का पता चला। विकास की आधुनिक प्रक्रिया में हम रोज़ कुछ नया सोचते करते हैं। उसके बाद जब उसकी ठोकर लगती है तो उसको बदल देते हैं। यह एक स्वस्थ चिन्तन नहीं है। तो रोज़ बिना सोचे प्रयोग करने का उदाहरण हुआ कि यह करके देखते हैं इसमें फँस गये तो फिर वो करेंगे। आज ट्यूबवैल लगा दिये। सारा पानी उलीच दिया। फिर संकट आया तो ट्यूबवैल पर प्रतिबन्ध तक की बात चल पड़ी। लेकिन दूसरी तरफ़ हमारा पूर्व वाला समाज है जो ऐसा सोचता है कि पानी को ज़रूरत से ज़्यादा उलीचना नहीं है। गति का अन्तर है। हमारे यहाँ मध्यम और मंथर गति है और उन लोगों की गति बड़ी तेज़ है। कोई कहेगा कि यह मजबूरी में है। मैं ऐसा मानता हूँ कि यह सोची-समझी भी हो सकती है। राजस्थान में अगर जैसलमेर में खेती न अपनाकर पशुपालन पर आधारित समाज अपनाया तो उसने यह देखा होगा कि यहाँ पर अगर हम लम्बे समय तक ठीक जीवन जीना चाहते हैं तो पशु पालना ज़्यादा ज़रूरी है। खेत हमको नहीं पुसा सकेंगे। पूरी तरह से हमको वो नहीं टिकायेंगे और फिर खेती के लिए दूसरे इलाक़े हैं देश के। वहाँ से अनाज का आदान-प्रदान कर सकते हैं। स्वावलम्बन में एक यह भी है कि भई कहीं और से कुछ अपने काम की चीज़ थोड़ी बहुत ले लें। मनाही थोड़ी है। गायों की अच्छी नस्ल यहाँ तैयार हो, दूध-घी यहाँ पर तैयार हो और कहीं से मूँगफली ले आयेंगे। अब विकास का घमण्ड है कि नहीं सब जगह मूँगफली, सब जगह गेहूँ, सब जगह धारा का तेल। जैसे पंजाब में धान बोना है। पहले अपने यहाँ धान की खेती तटीय इलाक़ों में और बहुत थोड़ा नदी के किनारे की ज़मीन में होती थी। उसको ख़ूब पानी चाहिए। जब आप मैदानी क्षेत्रों में फैले हुए खेतों को धान के लायक बनायेंगे सारा पानी बह कर कहाँ जायेगा? २५-५० साल बाद आपको पंजाब में ऐसी खेती नुकसानदेह लगने लगेगी। पर तब बचाना कठिन हो जायेगा उसे, तो यह सातत्य वाले

विकास का कोई रूप नहीं है। ये विकास भी नहीं है।

'पर्यावरण' की आँख से अगर हम अपनी पिछली गतिविधियों को देखेंगे तो ऐसा लगता है कि उसमें बहुत सारी हमारी चीज़ों को एक तरह से अस्वीकार किया है। जैसे नदियों के हिसाब से अगर देखें तो हमारे देश में चौदह बड़ी नदियों का जाल है, मुख्य नदियाँ फिर उनकी सारी सहायक नदियाँ। यह आँख बार-बार यह कह रही है कि भई तुमने हमारे लिए कुछ भी नहीं किया। तुमने जो कुछ भी किया कारखाने बनाये तो कुछ समय विकास ज़रूर हुआ होगा। तुमने अच्छी खेती की, रासायनिक खाद डाली, दवाएँ डालीं लेकिन तुमने हमें तो नष्ट कर दिया है। ये नदियाँ हमें बराबर अस्वीकृत करती चली जा रही हैं। प्रकृति की अस्वीकृति में भी एक नम्रता ही होती है। लम्बे समय तक तो बताती भी नहीं हैं नदियाँ। हमें लगेगा की नदी गन्दी हो रही है। फिर एकाध बार मछलियाँ मर गयीं तो उसकी ख़बर छप जायेगी चिन्ता हो जायेगी। बयान हो जायेंगे। लेकिन ऐसी स्थिति हो जाये कि उस समाज को पीने का पानी न मिले। पंजाब, हरियाणा में एक बहुत बड़ी समस्या आ रही है। वहाँ भूजल में नाइट्रेट ज़्यादा है। अब उस पानी को पीने लायक बनाने के लिए कुछ करोड़ रुपये तो दुबारा ख़र्च करने पड़ेंगे। दुगुनी ऊर्जा लगानी पड़ेगी। सही भाषा में कहें तो दुगुनी बेवकूफ़ी होगी। एक बार दिखावटी तौर पर दो-चार गाँव में इसे साफ़ करने के यन्त्र लग जायेंगे। लेकिन पूरे समाज की समस्या इसमें से हल नहीं होने वाली है। जाँच की समस्या देखें, पर्यावरण की यह आँख बार-बार चेतावनी देती है कि तुम जिसको विकास मानते हो, हम उसको विकास नहीं मानते। इसलिए बार-बार प्रकृति गुहार लगा रही है, प्रेम से समझा रही है और एक स्थिति में थोड़ा ग़ुस्सा भी दिखा रही है, चपत मार रही है, अकाल के रूप में, बाढ़ के रूप में, किसी बड़ी बीमारी के रूप में। इसी तरह अगर हम समाज की आँख से भी देखें तो एक लम्बे दौर से हम लोग अपनी सब तरह की सामाजिक बातचीतों में बहुत सारे टुकड़े काट रहे हैं। उसमें मानवीय विकास एक शब्द होता है, संस्कृति एक शब्द होता है, पर्यावरण एक शब्द होता है, आर्थिक विकास एक हो जाता, शैक्षणिक विकास एक हो जाता है। मुझे लगता है कि हमारे समाज का स्वभाव इतने सारे टुकड़ों में एक साथ सोचने का नहीं था। दो शब्द हिन्दी में बहुत मिलते-जुलते हैं—एक है आँख और दूसरा है पाँख। समाज

अपनी आँख से भी देखता है और पाँख से अपने आपको ऊपर उठाकर एक विहंगम दृश्य भी लेता था—अपने समाज का। ऐसा नहीं होगा कि किसी इलाक़े का आर्थिक विकास अच्छा हो लेकिन पानी का काम छोड़ दिया गया कि कहीं से भी चुरा लायेंगे, उधार ले लेंगे या इसको भूल जाते हैं। या जंगल का काम अच्छा कर लें पर फिर पानी का काम भूल जायें। वह इन सब चीज़ों को एक्र साथ देखता था।

संस्कृति शब्द भी मेरे लिए तो नया ही है उस हिसाब से। ये बहुत हद तक—मुझे कभी-कभी डर लगता है—कि कल्चर का अनुवाद है। एक समाज का अपना एक स्वभाव होता था। कुछ उसके संस्कार भी होते थे। उसमें शिक्षा भी शामिल है, उसकी गति भी शामिल है, उसके तीज-त्यौहार भी शामिल हैं। यह सब किसी न किसी कोई न कोई ढंग से उस समय के पर्यावरण को दर्ज करने के लिए, उसके साथ जुड़े रहने के लिए, उससे अलग न होने की कोशिशों के नतीजे होते थे। जैसे दीपावली केवल दीया जलाने का त्यौहार नहीं है। उसको एक बड़े कथानक से जोड़ा गया। लेकिन उसके पीछे पर्यावरणीय आधार भी बहुत है। किसान समाज के लिए पुरानी फ़सल कट चुकी है। अब एक नयी फ़सल की तैयारी का त्यौहार है। पशुपालक समाज के लिए भी (मरुभूमि भरी पड़ी है ऐसे समाज से) यह एक त्यौहार है। उस दिन के बाद से गायें खुले में चर सकती हैं। अँग्रेज़ी के पर्यावरण के ज्ञान के कारण हमारे सामने अति चराई (ओवरग्रेज़िंग) नाम का एक शब्द आया है कि ये सारा समाज जहाँ भी हरी घास देखता है, अपनी बकरियों और गायों को चरा देता है! इतना अव्यवस्थित समाज होता तो मर चुका होता, उसका पशु भी और उसका पशुपालक भी। उसको कब तक बाँध के खिलाना है और कब खुला छोड़ना है इसके बिलकुल केलैण्डर के हिसाब से दिन तय किये जाते थे। वर्षा के बाद ज़मीन में जो पानी पड़ा है, उससे नयी पौध निकलती है, नयी घास निकली है। घास एक निश्चित उमर तक बढ़कर अपने फल और बीज वग़ैरह बना लेती है। अब वो बीज झर कर गिर चुके हैं, अगले मौसम की घास को उगाने के लिए। इसलिए दीपावली के बाद गोचर में गाय भेजी जा सकती है। उससे पहले नहीं। तो यह सब बहुत बारीक़ी से अध्ययन किया था। इसलिए मैं मानता हूँ कि पर्यावरण की आँख में सब कुछ आता था।

एक तरह से समूची बीसवीं सदी को प्रौद्योगिकी के अभूतपूर्व विकास की गाथा की तरह भी पढ़ा जा सकता है। इस गाथा का लेखा-जोखा अपने उजले पक्षों को जिस तरह से रेखांकित करता है उसमें हमारे समय की मुख्यधारा अक्सर यह अनदेखा कर देती है कि इसका एक अँधेरा पक्ष भी है जो विकरालता लेते हुए इसके 'उजले' को ख़त्म भी कर सकता है। मेरा प्रश्न इस उजले-अँधेरे को लेकर है :

१. हमारे समय में विकास और प्रौद्योगिकी के सम्बन्ध व दिशा को लेकर आपकी धारणा क्या है?

२. खुली अर्थव्यवस्था के पक्षधर माने जाने वाले लोग विदेशी पूँजी व टैक्नालॉजी के आयात की पुरज़ोर वकालत करते हुए यह दलील पेश करते हैं कि विकास कार्यक्रमों को अंज़ाम देने के लिए बड़े पैमाने पर न केवल पूँजी बल्कि उन्नत टैक्नालॉजी की भी ज़रूरत है। इस तरह की नीतियों का पर्यावरण पर क्या प्रत्यक्ष व परोक्ष प्रभाव पड़ेगा?

पर्यावरण का थोड़ा-बहुत काम हम लोगों ने जो दस-बारह साल में समझा और किया है उसमें हमें भाषा का दारिद्रय सबसे ज़्यादा दिखा है। पर्यावरण जितना बिगड़ा है, उतनी भाषा भी बिगड़ी है। इसलिए मैं सबसे पहले विकास वाले मामले को लूँगा।

समुद्र तट, बर्फ़ीले इलाक़े, पहाड़ी इलाक़े, मैदानी इलाक़े, तेज़ वर्षा वाले, कम वर्षा वाले, मरुप्रदेश इन सब में समाज ने अपने कुछ २००-५०० साल के अनुभव से कुछ ख़ास तरीक़े जीवन जीने के अपनाये हैं। उनको आप वहाँ की रीति कहिये, वहाँ की संस्कृति कहिये वो एक आकार लेकर वहाँ के सारे सदस्यों के बीच में एक अलिखित संविधान की तरह फैल जाता। हमको वे-वे काम यहाँ करने हैं, इससे हमारा जीवन आगे चलेगा। समाज के दुख-सुख का भी ख़याल रखा जाता था। उसके सुख बढ़ें और दुख कम हों। अगर किसी इलाक़े में पानी की कमी हो तो पानी का इन्तज़ाम कैसे किया जाय। जंगलों की ज़रूरत कुछ ज़्यादा है इस इलाक़े में तो जंगल कैसे ज़्यादा से ज़्यादा पनपाये जायें। लोगों को कैसे प्रेरणा दी जाय कि तुम्हारे घर में यह अच्छा काम हुआ तो तुम पेड़ लगाओ या

जंगल लगाओ, रखवाली करो या तालाब खोदो।

लेकिन विकास शब्द कैसे आया? अपने जीवन में, भाषा में, इसका बहुत मुझे अभी पक्का अन्दाज़ नहीं है। यह शब्द अँग्रेज़ी के डेवलपमेंट से आया है, इसमें कोई शक नहीं है। आप अगर पुराने नेताओं के भाषण पढ़ेंगे, सम्पूर्ण गाँधी वाङ्मय, जो कई खण्डों में चलता है, उसमें विकास शब्द आसानी से नहीं मिलना चाहिए। देश की चिन्ता गाँधीजी को कम नहीं थी, लेकिन एक भी जगह उन्होंने यह नहीं कहा कि इस देश का विकास करना है। यह इलाक़ा बड़ा पिछड़ा है। इस शब्द ने अपने समाज के माथे पर एक ख़ास तरह की मोहर लगा दी है और यह प्रायः पिछड़ेपन की मोहर है। उसमें हम कुछ विकास के टापू दिखाते हैं। किसी भी स्वस्थ समाज में विकास शब्द के बदले उसकी समस्याएँ क्या हैं उनको दूर करने की कोशिश अपने-अपने कर्त्तव्यों से उठती है बजाय एक बड़ी पंचवर्षीय योजना के। विकास वाला शब्द जब से आया है तब से मैं ऐसा मानता हूँ कि अविकसित इलाक़े ज़्यादा बढ़े हैं, विकसित इलाक़ों के बदले। और जिनको हमने विकसित माना वे बाद में पता चला उन क्षेत्रों ने भी अपनी समस्याएँ हल नहीं कीं। आपने उसे बहुत अच्छे-से रखा है कि यह उजले-अँधेरे का सारा मामला है। हमने एक हिस्से को उजले में रखा माना और एक को अँधेरे में रखा हुआ माना और अन्ततः मालूम चला कि अँधेरे वाला हिस्सा भी बढ़ता चला जा रहा है। उजले वाले हिस्से की दिल्ली में कभी भी पानी की कमी नहीं होनी चाहिए। दिल्ली में कभी भी हवा ख़राब नहीं होनी चाहिए। लेकिन धीरे-धीरे हमें यह लग रहा है कि ये सब इलाक़े भी उतने उजले नहीं रह जायेंगे।

ख़ुद विकास का मामला बड़ा विचित्र है। एक समय में विकास की बात हुई, फिर उससे जब नुकसान आने लगे तो एक और आपने नारा सुना होगा कि विनाश रहित विकास। अब विकास में कोई और विशेषण लगाने की ज़रूरत ही नहीं होनी चाहिए। ऐसा नहीं होगा कि निन्दा रहित तारीफ प्रशंसा यानी प्रशंसा। तो विकास यानी विकास। पर उसके आगे विशेषण लगाना पड़ा कि विनाश रहित विकास। फिर उसके बाद एक और आ गया सस्टेनेबिल डेवलपमेंट—सातत्य वाला विकास। उसका कुछ अँग्रेज़ी-हिन्दी सब कुछ अभी तक घालमेल है—उसमें से कुछ निकल नहीं रहा। मैं यह मानता हूँ कि अभी इन महान् लोगों के मन में उनकी योजना और

स्वभाव में ही सातत्य नहीं है, फिर उनके विकास में तो आ ही नहीं सकता। ये तो एक तरफ़ चलते हैं और बाक़ी सबको कहते हैं तुम भी इस दिशा में चलो फिर वहाँ टकरा जाते हैं। फिर कहते हैं अच्छा भाई रास्ता बदलना होगा। दायें घूम जाते हैं तो एक बड़ी विचित्र-सी स्थिति में सारा समाज दायें-बायें घूमता रहता है। जो उसके मुखर लोग हैं वे जिसको विकास मानते हैं अभी तक उसको परिभाषित नहीं कर पाये हैं। बाक़ी समाज इस समय अभिशप्त है उनके पीछे चलने के लिए। या फिर उसमें से एक बहुत बड़ा हिस्सा चुपचाप खड़ा है। चल नहीं रहा है तो हम उसको अविकसित कह देते हैं।

दूसरा, इस विकास के कर्त्ताधर्त्ताओं के पास कभी भी इतनी राशि नहीं होगी, बुद्धि तो है ही नहीं। इतनी राशि भी नहीं होगी कि वे पूरे देश को सड़कों से पाट दें, पानी का इन्तज़ाम कर दें, पूरे देश के वन ठीक कर लें।

एक पंजाब बनाया, एक भाखड़ा बनाया। अगर इतना ही बनाने लायक है यह तो मध्य प्रदेश, राजस्थान सबको हरितक्रान्ति का क्यों नहीं वाहक बना देते? ख़त्म करो इस झगड़े को। हमें तो कोई आपत्ति नहीं है लेकिन पता चलता है कि पंजाब में भी जो हरा रंग किया उसमें हरे रंग के पीछे काला ब्रुश चलता ही चला आ रहा है। उसको मिटा रहा है लगातार। उसको हर बार ढँक कर छिपाने की कोशिश कर रहे हैं पर साल दो साल, चार साल ढँक सकते हैं। इससे ज़्यादा नहीं ढँक पायेंगे। भदरंग बार-बार उभरेगा। आपको शायद याद हो कि पाँच साल पहले पंजाब में थोड़ी अति वृष्टि हुई थी और भयंकर बाढ़ आ गयी थी। अब ये लोग ऐसा मानते हैं कि बड़े बाँधों से बाढ़ रुकनी चाहिए, अकाल बचना चाहिए। तो पंजाब में अकाल कभी नहीं आयेगा, बहुत अच्छी बात है, बाढ़ भी नहीं आनी चाहिए। पर बाढ़ आयी और उसमें छः महीने तक बहुत सारे हिस्सों में पानी फैला तो सिमटा ही नहीं। ६-७ माह रोहतक वग़ैरह इलाक़ों में, पटियाला में खेती योग्य हुआ ही नहीं खेत। एक फ़सल तो बाढ़ में डूबी और अगली फ़सल जब ले सकते थे तब तक उसमें कीचड़ था। एक साल की दोनों फ़सलों को खो दिया। यह कोई विकास का रास्ता, कोई मापदण्ड नहीं। इसका मतलब है हमने बहुत आगे तक देखा ही नहीं। जो छोटी-मोटी चीज़ें हमारे सामने आ रही हैं हम उनको एक तरह से विकास और विज्ञान में अन्धविश्वास रखते हुए पूरी 'श्रद्धा' से अपना रहे हैं। इस श्रद्धा के कारण पानी की कमी

आयेगी तो हैण्डपम्प लगाते चले जायेंगे। नलकूप खोदते चले जायेंगे। लेकिन अब हरेक नलकूप ज़ोर-ज़ोर से चिल्लाकर कह रहा है कि नीचे पानी नहीं है। मैं तुमको पानी नहीं दे सकता।

नयी प्रौद्योगिकी ज़रूर अपनाओ। नलकूप लगाओ लेकिन वहाँ के चार पुराने तालाबों को दुरुस्त रख कर अपनाओगे तो नलकूप ज़्यादा दिनों तक चलेगा। जैसलमेर में इस समय जगह-जगह नलकूप लगे हैं, क्योंकि सरस्वती का पानी मिल गया है। प्रकृति के लम्बे कैलेण्डर में पन्ने अपने से ज़्यादा हैं। अपने तो साल भर के बारह पन्ने और एक जीवन के मान लीजिये सौ पन्ने हैं, चार सौ पन्ने हैं। प्रकृति के पंचांग में कुछ करोड़ पन्ने हैं। इन पन्नों में कहीं लिखा है कि एक भरी-पूरी नदी थी। फिर यह सूख गयी। वहाँ एक नदी थी और वो आज ग़ायब है तो नलकूप हमारे तो बहुत ही मामूली छलनी बराबर छेद कर रहे हैं। उनको शाश्वत मान बैठना, उन पर भरोसा करना बड़ी मूर्खता को न देख पायें तो वे विद्वान कैसे माने जायेंगे!

अपनी भाषा में जो भी नया शब्द आता है उसको कुछ समय तक उलट-पुलट कर देखना चाहिए। फ़िलहाल हम लोग बिना सोचे-समझे शब्दों को अपनाते जा रहे हैं। खुली अर्थव्यवस्था भी एक शब्द है। अब काम में लाना पड़ेगा अपने को आपस की बातचीत में लेकिन उस पर अच्छे लोगों को सोचना चाहिए। अर्थव्यवस्था खुली है या बन्द है इस सब की कोई परिभाषा तय नहीं हो सकती। इस समय कुल मिलाकर बड़ी परिभाषा यह है कि वे चाहे जैसा सामान बनायें, यहाँ वह बिक सके। ये खुली अर्थव्यवस्था मानी गयी, ज़रूरी नहीं कि अच्छा सामान बनायें और ये भी कि हमारा अच्छा सामान वे अपने यहाँ नहीं लेंगे। इस अर्थव्यवस्था में बहुत आदान-प्रदान भी नहीं है। अभी एक तरफ़ा ज़्यादा है। उनका सब कचरा हमें स्वीकार करना पड़ेगा। उसमें कोका कोला, पेप्सी, कुछ भी हो सकता है। लेकिन ज़रूरी नहीं है कि यहाँ की कोई चीज़ भी वहाँ जाये। यहाँ से जायेगी तो उनकी शर्तों पर। वहाँ से आयेगी तो भी उनकी शर्तों पर तो यह चित भी मेरी पट भी मेरी और तो उछालने वाले को कहते बन्टा तो बन्टा मेरे बाप का। दोनों में आपको कुछ नहीं मिलने वाला है। चित आयेगी तो मेरी जीत और पट आयेगा तो मैं जीता ही और यह सिक्का तो मेरे पिताजी का है। ये तो मैं लेकर जाऊँगा ही। नहीं तो कम से कम हमें अपना बन्टा

ही वापस मिल जाता। ऐसी अर्थव्यवस्था में यह सब जो कहा जाता है कि विदेशी पूँजी और टेक्नालॉजी आयात करने से हमारी बहुत सारी समस्याएँ हल हो जायेंगी तो सबसे पहले तो हमें लोगों से बड़ी विनम्रता से पूछना चाहिए कि इस पूँजी में, जिसको हम विदेशी पूँजी कहते हैं, उससे जहाँ से वह आ रही है उनकी अपनी पूँजी है और अपनी टैक्नोलॉजी है, उससे आपने कौन-कौन सी समस्याएँ हल कर लीं? वो तो कम से कम हमको दिखा दीजिये। फिर हम देख लेते हैं कि हमारे किस काम की है। ऐसा खुलापन नहीं है। उस पैसे से हल करने की दिशा उनको मिल गयी हो तो यहाँ भी वह स्वागत योग्य है। विदेशी स्वावलम्बन की बात थोड़े समय के लिए भूल सकते हैं। कुछ आदान-प्रदान भी समाजों में हो सकता है कि भई तुम अपना कोई धेला दे दो, हमारे काम आ जायेगा। लेकिन हम उनसे ९० प्रतिशत सहायता लेकर अपने देश को क़र्ज़ में डुबो दें और उसको भी वापस न कर पायें और जिस कारण से क़र्ज़ लिया गया है वो कारण भी न दिखे। यानी जो अपने यहाँ चारवाक का पुराना प्रसिद्ध वाक्य है ऋणम कृत्वा धृतम पिबेत। ऋण लेकर घी पियो। घी तो पियो कम से कम ऋण लेकर। घी भी न पियें या डालडा पी लें या कि घटिया तेल मिले तो बिलकुल फ़ायदा नहीं है। इतना तो अपने को ख़ातिर करने लायक इन्तज़ाम करना चाहिए। अभी कुछ नहीं दिखता कि इसकी कोई हमने अच्छी समझ बनायी है।

समाज भी कभी दूध से जल जाता है और तब छाछ भी फूँक-फूँक के पीता है। ठोकर खाता है, सबक लेता है और फिर आगे बढ़ता है। उसकी स्मृति में यह सब जमा होता जाता है। पर जब हम बाहर से कोई चीज़, तकनीक अपनाते हैं तो उसमें यह पुराना अनुभव संचित नहीं मिलता। हम गरम दूध को छाछ मानकर बिना फूँके पी लेते हैं। मछली उद्योग का उदाहरण हमारे सामने है। देश के समुद्र तटीय भाग इस समय घोर कष्ट में हैं। वहाँ के मछुआरे कई बार दिल्ली की सड़कों पर आये हैं। मछुआरों को दिल्ली में सड़कों पर आने की क्या ज़रूरत है? जो समुद्र की छाती पर खेलते हैं, सड़कों की छाती कहाँ उनके मतलब की है। लेकिन उनके भीतर क्रोध है, दुख है इसलिए उनको आना पड़ता है। मछली उनके जीवन का आधार है। मछली उनके लिए केवल जीवन नहीं है वो उनकी संस्कृति है। उसने उन्हें पूरा बनाया है। मछुआरों का एक अलिखित नियम होता है।

पूरे देश में यह चलता था कि वर्ष के चार महीने वे नदी में, समुद्र में उतरते नहीं थे। चौमासा में मछली अण्डे देती है, अपनी अगली सन्तति तैयार करेगी तो उसको पलने-बढ़ने दो। दूसरा नियम मछुआरों के जाल का है। उसमें जो जाली बनेगी उसका एक पक्का आकार होगा; तालाब में उसका अलग आकार होगा, नदी में अलग होगा। जिसको जो पसन्द आ गया, उसने वैसा बना लिया ऐसा नहीं है। जाली बिलकुल तय है। और वो वहाँ की मछली की बढ़त देखकर तय होती है। किस इलाक़े में कौन-सी मछली की प्रजाति सबसे ज़्यादा पायी जाती है वो चार महीने में, छह महीने में निकालने योग्य हो गयी तो वो इसमें आ जाय। बाक़ी उसमें से बाहर निकल जायें। पर जब नयी पूँजी और नयी तकनीक आयी तो ट्रॉलर नाम की एक चीज़ जुड़ गयी। मशीनी नौकाओं के पीछे मच्छरदानी जैसा पतला जाल लगा दिया। मोटर बोट आगे बढ़ेगी और उसमें जो पीछे आता जायेगा वह सब समेट लेगा। फिर बोट पर उसको खोलकर गिराया जाता है, उसमें से जो उनके काम की चीज़ है वो छाँटकर अलग कर के बाक़ी वहाँ पर तड़प कर मर जाने देते हैं। वो समुद्र का प्रदूषण करेंगी। इस कारण से फिर उन्हें वापस समुद्र में फेंक देते हैं।

सारे तटीय इलाक़ों में मछली की कमी हुई है। यह पिछले दस साल के विकास के कारण हुई है। अधिक खपत के कारण नहीं हुई। अधिक मारने के कारण हुई है। ज़रूरत नहीं है फिर भी मारकर ले गये। अब वहाँ के मछुआरे सड़कों पर हैं। इन मशीनी नावों का विरोध कर रहे हैं।

उसी तरह आकाश के साथ हुआ, हवा के साथ हुआ कि जितनी हो सके हमको चिमनियाँ ठोकते चले जाना है कि वो विकास की नयी पताकाएँ मानी गयी हैं। धुआँ न दिखे, मोटर गाड़ियाँ न हों तो हमें लगेगा की यह देश या यह शहर विकसित नहीं है। और उसके बाद हम उसे भोग रहे हैं। अब रोज़ विज्ञापन छपते हैं कि दिल्ली में हवा ख़राब है कि यह ख़राब है वो ख़राब है। जिस नीले आसमान को महान दादा-दादियों ने, माता-पिताओं ने बुरी तरह से काला कर दिया है, अब हम उनके बच्चों से उम्मीद कर रहे हैं कि वे दीपावली पर पटाखे नहीं फोड़ें और इसे ठीक कर दें!

पिछले दशकों में पारिस्थितिकी-विज्ञान के महत्त्व को लेकर एक

तरफ़ तो हमारी जागरूकता में उल्लेखनीय इज़ाफ़ा हुआ है और हम पर्यावरण-सम्बन्धी समस्याओं के प्रति ख़ासे चौकन्ने भी हुए हैं बावजूद इसके समस्याएँ दिन-प्रतिदिन बढ़ती और गहरी होती जा रही हैं, ऐसे में कुछ बरस पहले आपने जल-प्रबन्धन के क्षेत्र में लोक समाजों में व्याप्त प्राचीन प्रविधियों की ओर ध्यानाकर्षण करते हुए सरकार व समाज को सचेत किया था कि यदि हमने इन स्वदेशी तकनीकी प्रणालियों को पुनर्नवा नहीं किया तो हमें भविष्य में भयानक परिणामों का सामना करना होगा :

१. इन समस्याओं से उबरने के लिए राज्य और समाज की भूमिका क्या होनी चाहिए?

२. क्या आपको यह नहीं लगता कि वर्तमान समय में पर्यावरण समस्याओं को सिर्फ़ एक क्राइसिस मैनेजमेंट के परिप्रेक्ष्य में देखा जा रहा है? इस बारे में आपकी टिप्पणी क्या है?

ऐसा जो माना जाता है कि पर्यावरण के विज्ञान के महत्त्व को लेकर हमारी जागरूकता बढ़ी है। कोई शक नहीं है कि पिछले बीस-पच्चीस सालों से शायद सन् १९७२ के बाद जब संयुक्त राष्ट्र संघ के ढाँचे में पहली बार, उनके सभी सदस्यों ने पर्यावरण दिवस मनाना तय किया। संयुक्त राष्ट्र संघ के ढाँचे में पहली बार पर्यावरण के नाम से एक अलग विभाग खोला गया। फिर संयुक्त राष्ट्र संघ ने अपने सभी सदस्यों से आग्रह किया कि वो भी अपने यहाँ जल्द से जल्द पर्यावरण विभाग बनायें। पहले तो हमारे देश में विभाग भी नहीं था, एक समिति बनी। संयोजक व दस-बारह विद्वान लोगों को लेकर कुछ काम हुआ। फिर समिति को विभाग का रूप मिला। फिर विभाग में से मन्त्रालय निकला। जब मन्त्रालय बना तो बहुत सारी संस्थाएँ भी बनीं और कुछ इधर-उधर जो भी उससे सम्बन्धित काम हैं वे इधर ख़ूब बढ़े हैं। दिवस बहुत मनाने लगे हैं अब। हम पर्यावरण दिवस मनाते हैं, धरती दिवस मनाते हैं, जल दिवस मनाते हैं। सब दिवस मनाते हैं लेकिन हम वर्ष नहीं मनाते। पर्यावरण को ३६५ दिन का कारोबार नहीं बनाते। विद्वता की कोई कमी नहीं है लेकिन अपने यहाँ बहुत पुराना शब्द है 'बेदिया ढोर'। वेदों का बोझा ढोने वाला एक तरह से गधे जैसा काम है। चार वेद ऊपर रख लिए पीठ पर या दिमाग़ पर और आप कहोगे

कि अनुपम मिश्र वेदों का जानकार है। ये तो बोझा ले जाना है। तो पर्यावरण की जागरूकता का ऐसा बोझा अभी अपने को बहुत देखने को मिलेगा। पर वो हमारे दिवसों में है, वर्ष में नहीं, आचरण में नहीं है, व्यवहार में नहीं है। सूचना और ज्ञान के इस नये दौर में समाज की रोज़मर्रा की समस्याएँ दर्ज नहीं होतीं और उनके हल भी उसमें से नहीं निकलते। ये अपने रास्ते पर चल रहा है, वह अपने पर। ये समानान्तर रेखाएँ हैं। कहीं जाकर मिलती नहीं हैं।

ऐसा नहीं है कि समाज में कोई गिरावट नहीं आयी हो। उसका झण्डा हम हमेशा ऊँचा नहीं रख सकते। पूँजी और प्रौद्योगिकी बाहर से आ सकती है पर दिमाग़ और हाथ तो अपने यहाँ के हैं। अपनी ही योजनाओं ने उन नलकूपों को कैसे खोदा जिसमें से पानी के बाद अकाल निकल कर आता हो और उन तालाबों की तरफ़ भला उनका ध्यान नहीं जाता जिनमें पानी के साथ अकाल समा सकता है। तो आज की जो आधुनिक प्रौद्योगिकी है इसने समाज और राज दोनों को भटकाने का काम किया है। इसे हम फिर से दुबारा ठीक कर सकते हैं। कोई भी समाज कितने दिन तक ऐसे भ्रम में रहेगा कि हम अपनी सब समस्याएँ हल कर लेंगे लेकिन बिना अपनी बुद्धि का इस्तेमाल किये (क्योंकि बाहर की प्रौद्योगिकी है, बाहर का पैसा है।) इस बार गुजरात में कम से कम तीन हज़ार गाँवों में तालाबों को ठीक करने का अभियान चला है। ऐसा नहीं है कि उनके पास नलकूपों का पैसा नहीं है, उन्होंने १५० करोड़ रुपया इकट्ठा किया जो आज तक किसी संस्था और आन्दोलन ने नहीं किया। छः महीने में १५० करोड़ रुपया इकट्ठा करके अपने अकाल को हल करने की कोशिश बहुत बड़ा लक्षण है। उसमें सरकार भी शामिल हुई बाद में। किसी एक को तो पहले करना पड़ेगा। समाज और राज की तो यह जुगलबन्दी है और इसमें बेताल कोई न हो, बेसुरा कोई न हो—इसका ध्यान रखना पड़ेगा।

राजस्थान समाज के आगे मैं नतमस्तक हूँ कि उसने ओरण की व्यवस्था सैकड़ों वर्षों पहले निकाली। ओरण यानी एक ऐसा जंगल जो केवल अकाल के समय में खुलेगा। इसका मतलब एक ऐसा कुआँ जो केवल आग लगने पर उसे बुझाने के काम आये। मतलब उसको पीने के लिए या नहाने के लिए नहीं बनाना है। ऐसे विशेष जंगल उन्होंने लनाये। इसका

यह मतलब नहीं कि राजस्थान में अकाल नहीं आते। अकाल ख़ूब आये लेकिन उनसे लड़ने की और उनको सहने की हमारी तैयारी पक्की रखी। लड़ना भी शब्द नहीं रहा। अकाल भी हमारे परिवार का एक हिस्सा है। प्रकृति आज थोड़ा-सा ज़्यादा पानी बरसा गयी है कल थोड़ा कम गिरा देगी। तो उसके स्वभाव को देखना है। उन्होंने एक अन्दाज़ लगाया होगा अपने पाँच सौ पीढ़ियों के इतिहास में से हर १३-१४ साल में वर्षा कम हो जाती है, अकाल पड़ता है। तो उसके स्वभाव को देखना है। उन्होंने एक अन्दाज़ लगाया है। तो अपने को १२-१३ साल तक एक जंगल को बचा कर रखना है। ओरण का जो अलग-अलग बन्द और खुलने का समय है वो भी तय किया गया। पूजा और मन्दिर से भी जोड़ा गया, वो तो इसलिए कि उनको बड़े पैमाने पर कोई चीज़ करनी थी। वो धर्म से जुड़े बिना नहीं हो सकती थी। लोहियाजी की सबसे अच्छी परिभाषा है धर्म की। उन्होंने यह कहा कि धर्म एक दीर्घकालीन राजनीति है और राजनीति एक अल्पकालीन धर्म है। जो भी आप को पाँच दिन के लिए पद मिले, पाँच साल के लिए मिले उसको धर्म मानकर अपनाना चाहिए। किसी समाज में कोई बात कुछ हज़ार साल तक के लिए पहुँचानी है तो उसे धर्म से जोड़ा। ओरण बनाया, उसे मन्दिर से जोड़ा। नहीं तो उसको वन-विभाग से जोड़ना पड़ता और वह उजड़ जाता देखते-देखते।

जिनको हम पर्यावरणीय या प्राकृतिक विपदाएँ मानते हैं ये विपदाएँ नहीं हैं। ये हमारे रोज़मर्रा के हिस्से हैं। उनसे हमको खेलना आना चाहिए। फिर हम उनसे आनन्द के साथ खेल पायेंगे।

लेकिन व्यापक निष्क्रियता जो समाज में आ गयी उसके लिए क्या उपाय करने होंगे?

समाज में एक व्यापक निष्क्रियता आयी है तो समाज को उसका दण्ड भुगतना भी पड़ेगा। इतनी ख़ुशफ़हमी में नहीं रह सकते कि समाज पर कभी विपत्ति न आये। सजग नहीं रहेंगे हम तो विपत्ति आयेगी। फिर भोगना भी पड़ेगा। विनोबाजी एक बहुत अच्छी बात कहते थे कि यह दौर स्वतन्त्र ठोकर खाने का है। आपकी ठोकर से मैं नहीं सीखूँगा। आप कहोगे कि भई इसमें तुम्हारा अँगूठा टूटने वाला है पर मैं कहूँगा कि मैं ख़ुद तोड़ कर देखूँगा आप कौन होती हैं मुझे सलाह देने वाली! तो स्वतन्त्र ठोकर

खाने का ज़माना है तो खाते जाओ भई। अगर लोग न सुनना चाहें तो आप क्या करेंगी। अभी इस अकाल की इतनी चर्चा है, इसलिए पहली बार तालाबों पर ध्यान गया है। लेकिन कल अच्छा पानी गिरा सब लोग अगर इसको भूल जाते हैं तो फिर क्या करेंगे। और अगर मुखर लोगों का यानी जिनके हाथ में सम्पत्ति है, सत्ता है, योजना है उनका ध्यान ही नहीं गया तो क्या कर सकते हैं?

> प्रकृति को स्वस्थ तरह से बरतते हुए मनुष्य की रचनात्मकता की यह बहुत सुन्दर मिसाल है कि एक ही क्षेत्र में ईजाद की गयी व प्रचलित प्रणालियाँ कमोबेश उसी भौगोलिक व पर्यावरणीय संरचना वाले अन्य क्षेत्र में बिलकुल भिन्न तरह से आविष्कृत की जाती हैं। मानो वे एक ही स्रोत (लगभग एक ही तरह की पारिस्थितिकीय परिस्थितियों) से निकलने वाली दो अलग-अलग कृतियाँ हों। ऐसी आपस में भिन्न प्रणालियों को क्या एक दूसरे क्षेत्र में अवस्थित किया व अपनाया जा सकता है उन प्रणालियों की भिन्न चारित्रिकताओं को बरकरार रखते व उनसे सीखते हुए?
>
> क्योंकि अमूमन हम अधिक से अधिक इन दिनों आधुनिक प्रौद्योगिकी और स्वदेशी प्रणालियों के बीच आवाजाही व सामंजस्य की सम्भावनाओं को लेकर तो बात करते हैं लेकिन आपस में भिन्न प्रणालियों के परस्पर एक-दूसरे के क्षेत्र में अपनायी जा सकने वाली सम्भावनाओं को अनदेखा कर देते हैं। उदाहरण के लिए लातिन अमेरिका, अफ्रीका, भारत तथा दक्षिण एशिया ये सभी ट्रॉपिकल और सब-ट्रॉपिकल रीज़न्स कहलाते हैं, इस तरह से इन जगहों में काफ़ी समानता है। भारत की तरह ही लातिन अमेरिका, अफ्रीका और दक्षिण एशियाई है तो क्या हम उन तकनीकों को जानकर व समझकर व उनमें आपसी तालमेल स्थापित कर उन्हें वर्तमान समय में प्राकृतिक संसाधनों के उपयोग व उपभोग के एक सुदृढ़ व ठोस विकल्प की तरह नहीं अपना सकते?

परस्पर सीखने में तो कोई बुराई नहीं है, लाभ ही लाभ है। अपनी अच्छी चीज़ें दूसरे तक पहुँचाना, दूसरों की अच्छी चीज़ें अपनाना। मुख्य इसमें

विवेक है कि हमारे योग्य क्या है। और दूसरा न तो भावुकता में और न किसी हीन भावना में उसको अपनाना चाहिए कि यह पश्चिम से आयी है इसलिए बहुत अच्छी होगी और ये अफ्रीका से आयी इसलिए कमज़ोर होगी। इन सब जगहों के समाजों का अपना एक इतिहास है कुछ हज़ार साल का। कोई भी नये समाज नहीं हैं। उन्होंने अपने आस-पास की मिट्टी, पानी, हवा से कुछ देखकर अपने लायक चीज़ें ढूँढ़ ली होंगी। हम नये नायक की तरह जाकर कुछ झण्डा लगायेंगे। यह ठीक नहीं है। हाँ, परस्पर प्रशंसा की जा सकती है और आदान-प्रदान की भी गुंजाइश है। उदाहरण के लिए, पूरी दुनिया में जितने भी पर्वतीय क्षेत्र हैं उन सब में पानी ऊपर से नीचे तेज़ी से बहता है। हर समाज ने चाहे वह अनपढ़ रहा हो, पढ़-लिख गया हो, ग्वाटेमाला का हो, कोई भी भाषा बोलता रहा हो, आर्थिक स्थिति उसकी स्विट्ज़रलैण्ड, नेपाल जैसी हो, हिमाचल जैसी हो—उसने घराट को ढूँढ़ ही लिया। घराट यानी पनचक्की : बहते पानी को एक जगह रोकना, उसको चलाना, उससे आटा पीसना। इस घराट में बढ़ई, लोहार और टकेरे, पत्थर टाँकने वाले इन तीन विद्वता का सर्वोत्तम जोड़ मिलेगा। ये पानी की ताक़त को ठीक तरह से पहचानते थे। कितना पानी रोकना है हौद में, उसे कितनी ऊँचाई से गिराना है ताकि वह घराट का चक्का चला दे, आटा पीस दे ठीक से। कुल मिलाकर अपने सभी समाजों में श्रद्धा रखने का बड़ा उदाहरण यह घराट है। अब अँग्रेज़ी में जिसे ट्रान्सफ़र ऑफ़ टेक्नालॉजी कहा जाता है उसे यह छोटी-सी घराट निरर्थक शब्द बना देती है। जो उपयोगी तकनीक है उसका ट्रांसफ़र समाज में हो ही चुका होगा। अगर हमारी कोई समस्या ऐसी नहीं आयी जो हमारे समाज की ताक़त से हल नहीं हो सकती है और वैसी समस्या पहले कहीं आ गयी है, उसके हल की दिशा में कुछ प्रयत्न किया गया है, तो उससे सीखने में क्या नुकसान है। अगर ब्राज़ील से कुछ हमको अच्छा सीखने को मिलता हो और हमारा जंगल थोड़ा भी सुधरता हो तो स्वागत है। लेकिन उसको अपनाने से पहले मेरा ज़ोर है कि अपने समाज को खंगाल कर पूरी तरह से देख लेना चाहिए कि हमारे पास कोई ऐसी चीज़ तो नहीं है जिसकी तरफ़ हमारा ध्यान नहीं गया है। तो मिश्रण होना चाहिए, बाहर का हो, अपने अलग प्रदेशों का हो अच्छी बात है। आदान-प्रदान में कोई दिक़्क़त नहीं है। इस तरह की सम्भावनाओं पर लोगों का ध्यान जाना चाहिए, अभी नहीं है। लेकिन होना चाहिए। जैसे अभी एक उदाहरण है

कि राजस्थान वाली किताब को पेरिस की किसी संस्था ने देखकर कहा कि फ्रांसीसी भाषा मरुभूमि में बहुत बोली जाती है। अगर इसमें से कुछ सूडान देश में काम आ सकता है तो इस किताब का उन्होंने ये अनुवाद किया। इसी तरह से ब्राज़ील ने भारत के गोवंश को अपनाया है। वहाँ उन नस्लों ने बहुत अच्छे परिणाम दिये। वहाँ पर यह बहुत सफल प्रयोग रहा। यहाँ तक कि ब्राज़ील ने कुछ सिक्के भी जारी किये थे इस नस्ल पर। तो आज अगर हम इस तरह की पारस्परिकता को अपनायें तो एक बेहतर हल निकाला जा सकता है।

> बीती अर्धसदी के परिदृश्य में भारतीय राष्ट्र व समाज के पुनराविष्कार के लिए 'स्वयंसेवी संस्थाओं' की भूमिका का विशेष अवदान रहा है चाहे वह विकास या समाज कल्याण या फिर पर्यावरण का ही क्षेत्र हो। आरम्भ में इन संस्थाओं ने बहुत मूल्यवान् व सराहनीय काम किये हैं, लेकिन पिछले एक दो दशकों में इन संस्थाओं पर गम्भीर आरोप लगाये जा रहे हैं और ऐसा लगता है मानो वे अपने उद्देश्य व आदर्शों से च्युत हो गयी हैं :
>
> १. पर्यावरण-संकट व इसको लेकर जागरूकता व शिक्षा फैलाने में आप स्वयंसेवी संस्थाओं की भूमिका पर क्या सोचते और इन्हें कितना महत्त्व देते हैं?
>
> २. ग़ैर-सरकारी संगठन अक्सर विदेशी पूँजी पर निर्भर करते हैं आपको यह किस हद तक ज़रूरी व जायज़ लगता है?

हमारे मित्र राजीव वोरा इन संस्थाओं के बारे में एक बहुत अच्छी उपमा देते हैं : स्वस्थ समाज में स्वयंसेवी संस्थाओं की ज़रूरत ही नहीं। उसके अपने ऐसे संगठन हैं जिनमें से वह अपने को चलाये रखता है जैसे ओरण वग़ैरह की बात है। तालाब हैं। गाँव में इतने सारे तालाब थे, मरुभूमि में सब जगह। इनको किसी स्वयंसेवी संस्थाओं ने नहीं बनाया था। आज से पचास-सौ साल पहले लोग अपने-आप बनाते थे। उनको कैसे बनाना, कैसे उसकी योजना तय करना, उसके लिए पैसे कहाँ से लाना है इत्यादि। इसके लिए विश्व बैंक से पैसा नहीं आता था, कहीं दूसरी जगह से नहीं लाना पड़ता था। स्वस्थ समाज को संस्थाओं की ज़रूरत नहीं पड़ती। वैसी

स्थिति में समाज ही सबसे बड़ी संस्था होता है। वो राज्य से भी बड़ी संस्था होता है।

अगर समाज स्वस्थ नहीं रहता, उसकी कोई एक गतिविधि पर असर आ जाये, कमज़ोरी आ जाये तो उसको पूरक भूमिका की तरह स्वयंसेवी संस्था उठा सकती है। टूटी टाँग को सहारा देने वाली बैसाखी की भूमिका बैसाखी जितनी ही होनी चाहिए, इसकी भूमिका यह होनी चाहिए कि उस अंग विशेष की कमज़ोरी को दूर कर दे और हट जाये। अभी संस्थाओं का ज़्यादातर जो स्वभाव है यह है कि वो समाज के किसी एक कमज़ोर लक्षण के कारण खड़ी होती हैं। आन्दोलन हो या समाजसेवी संस्थाएँ हों वे पैसा देशी लाती हों या विदेशी लाती हों स्वभाव उनका ये है कि वो समाज से ऊपर हैं। वे उसका हिस्सा हैं ये ताज़ा स्वभाव नहीं है। उनका स्वभाव अपने-आप को समाज का एक उद्धारक मानने का और अपने को समाज से भी ऊपर मानने का बन गया है। वे अपने को समाज का हिस्सा नहीं मानतीं। संस्थाओं में घमण्ड बहुत है। वे शिक्षा का काम करती हों, पर्यावरण का कर रही हों, श्रमिकों के बीच में कर रही हों, उनको लगता है कि उनके बिना समाज की कोई गति नहीं है। अच्छी स्वयंसेवी संस्था की भावना यह होनी चाहिए कि समाज के पैर में ख़राबी आये तो हम बैसाखी की तरह इतने दिन साथ रहें। इसके पैर को जल्दी से जल्दी ताक़त दें और फिर हट जायें। फिर भी अगर समाज को याद रखना है तो समाज ऐसी संस्था को याद रखेगा कि भई यहाँ एक संस्था आयी थी, उसने हमारे सब तालाब वग़ैरह ठीक किये अब उस संस्था का छोटा-मोटा ढाँचा हमने आज भी बरकरार रखा है। पर संस्था एक समस्या को लेकर काम करना प्रारम्भ करती है। संस्था का रोज़-रोज़ आकार-प्रकार बढ़ते जाता है और अन्ततः समस्या वहीं के वहीं रहती है क्योंकि समाज जो काम उस दौर में उँगली पकड़कर शुरू कर सकता था वह कर नहीं पाता। उसे शुरू ही नहीं करने दिया जाता। इसलिए हम यह मानते हैं कि अच्छी संस्थाओं की भूमिका तो बैसाखी की तरह होनी चाहिए। वो समाज के उस हिस्से को ठीक करें और फिर अपने को समेट लें। लेकिन आप देखेंगे कि एक भी ऐसी संस्था नहीं मिलेगी। राजस्थान वाली किताब में मैंने एक जगह लिखा है कि समाज ने पानी का जो ढाँचा बनाया है उसका आकार इतना बड़ा किया कि वो निराकार हो गया। बड़े से बड़े आकार की सबसे अच्छी

परिभाषा यही है कि उसको निराकार हो जाना चाहिए। फिर दिखायी न दे। नहीं तो आप कहेंगे हमने पाँच गाँव में काम किया अब पचास में कर रहे हैं। पाँच सौ में कर रहे हैं। आकार रोज़-रोज़ बड़ा हो रहा है। पहले पाँच हज़ार का बजट था फिर दस हज़ार का हो गया, फिर पाँच लाख का हो गया, पाँच करोड़ का हो गया। फिर सबसे बड़ा आकार इस समय किस संगठन का है? आप बताइये?—हमारी सरकार का, जो पाँच लाख गाँवों में काम करती है! संस्था कोई भी पाँच सौ गाँवों से ऊपर की नहीं मिलेगी। सरकार भी पाँच लाख गाँवों में कोई काम नहीं कर रही! लेकिन उसके मन में यह भ्रम ज़रूर है कि वो पाँच लाख गाँवों की हिफ़ाज़त करती है। ऐसी संस्थाएँ और न ऐसी सरकारों को कोई याद रखता है। इसलिए आन्दोलन, संस्थाएँ और सरकार भी सब बिलकुल एक-सी हैं, इस समय। उनके स्वभाव में बहुत अन्तर नहीं है। भौगोलिक दूरियों में फ़र्क़ हो सकता है। राजधानी में बैठी सरकार दो हज़ार मील दूर दिखती है तो एक गाँव के बीच में बैठी स्वयंसेवी संस्था दो क़दम की दूरी पर है। पर मन की दूरी एक-सी है। जब तक हम इसे कम नहीं करेंगे, काम करने की शैली की दूरी कम नहीं करेंगे, हम भी उसी तरह से काम करेंगे और इसीलिए कुछ होता दिखता नहीं।

यह एक बड़ी दुविधा है, हमारे बहुत सारे मित्र इसमें हैं और उनमें से अधिकांश ने इस पूँजी का कोई अच्छा उपयोग करके नहीं दिखाया। लेकिन एक-दो ऐसी भी संस्थाएँ हैं जिन्होंने इस पूँजी का अच्छा उपयोग करके दिखाया है। इसमें से तरुण भारत संघ का नाम लिया जा सकता है। हालाँकि आदर्श स्थिति यही कि जिस काम को करना है हम वहीं से उसकी ताक़त भी निकालें और पैसा भी निकालें, बुद्धि भी निकालें। हमारे एक मित्र हैं पौड़ी-गढ़वाल में—सच्चिदानन्द भारती। विदेशी पैसा नहीं लेते, सरकार से भी नहीं लेते। उनका कहना है कि अगर इस गाँव का जंगल अच्छा करना है तो पूरे गाँव की ज़िम्मेदारी है उसके लिए पैसा इकट्ठा करना, काम करना हर तरह से। इसलिए पूरे समय के सामाजिक कार्यकर्त्ता न होकर एक स्कूल में पढ़ाते हैं, वहीं से उनकी तनख़्वाह आती है। आजीविका सामाजिक काम से वो नहीं लेते हैं। पर १२५ गाँव में काम करते हैं। यह कोई कम विस्तार नहीं है। लेकिन न तो उनका दफ़्तर है और न घर में कोई ऐसी फ़ाइल है जिसमें १२५ गाँव की सूची दिखे। किसको

दिखाना है? पैसा तो किसी से लिया ही नहीं है। यह बहुत हिम्मत का काम है। ऐसे हिम्मती प्रयोग अभी अपने यहाँ बिरले हैं। तो इसके बीच में कम से कम यह समझौता करें कि पैसा वहाँ से आये लेकिन अक़्ल तो यहाँ की लगाओ। वो तो अपने पास है।

अर्द्धसदी के परिसर का पुनरावलोकन करने पर हम पाते हैं कि इन पचास वर्षों में अनेकानेक आन्दोलन हुए जिन्होंने एक क्षणिक हलचल व विचारोत्तेजना को तो जन्म दिया लेकिन राजनीति व व्यापक नागरिक-निष्क्रियता के चलते अन्ततः लुप्त हो गये। पर्यावरण संकट व इसकी चेतना के सन्दर्भ में आन्दोलनों के स्वरूप व इनकी प्रासंगिकता पर आपकी क्या राय है?

कोई भी समस्या उठती है तो धीरे-धीरे उसको कुछ लोग समझते हैं। फिर उसके बारे में कुछ अपनी तरफ़ से काम शुरू करते हैं। आन्दोलन को बनने में भी थोड़ा समय लगता है। कभी अचानक वो किसी एक घटना की प्रतिक्रिया में निकल आता है। जैसे चिपको के बारे में बात करें। हिमालय में वन कटे और उसका गाँवों पर असर, बाढ़ पर असर और अकाल पर असर पड़ा। यह सब बहुत लम्बे समय तक लोगों ने देखा। लेकिन आन्दोलन एक झटके में शुरू हुआ। वहाँ खेल-कूद का सामान बनाने वाली एक कम्पनी को सरकार ने क़ीमती पेड़ काटने की इजाज़त दी। पेड़ का नाम है अंगू। अँग्रेज़ी में उसको एश कहते हैं। उससे टेनिस, बैडमिंटन के बल्ले बनते हैं। बहुत हल्की और मज़बूत लकड़ी होती है। लेकिन प्रकृति ने उसे बल्लों के लिए नहीं लगाया था। किसान उससे पहाड़ में जुआ बनाते हैं। हल के लिए यह हल्का भी रहता है और मज़बूत भी रहता है। किसानों को मना करता रहा वन विभाग कि अभी हमारे पास ये देने के लिए बचा नहीं है। यहाँ १२ है वहाँ १५ पेड़, तुम्हें कैसे दे दें? लेकिन लखनऊ की एक बड़ी कम्पनी को दे दिया। सन् १९७३ की बात है। जहाँ से पेड़ काटने थे, उसके पास छोटा-सा क़स्बा था। गोपेश्वर इतना छोटा क़स्बा था कि वहाँ पर कोई होटल नहीं था। संस्था दशौली ग्राम स्वराज संघ और उसके मुख्य कार्यकर्ता चण्डीप्रसाद भट्ट इस कटान के विरुद्ध थे। उन्हीं का एक छोटा-सा अतिथि-गृह था। खेल कम्पनी के लोगों ने बस स्टैण्ड पर उतरकर जब पूछा कि यहाँ कहाँ रह सकते हैं तो यहाँ के लोगों ने कहा यहाँ तो कोई

होटल या धर्मशाला नहीं है, लेकिन एक सर्वोदय की संस्था है और उनका एक कमरे का अतिथि-गृह है, पूछ लीजिये, लोग रुका देते हैं। उनको वहीं ठहराया गया। बाद में भट्टजी को पता चला कि वे लोग आ गये हैं और अपने ही अतिथि-गृह में रुके हैं। फिर उन्होंने कहा कि उनको जाकर कहिये कि कल जब पेड़ काटने जायेंगे तो उनको पेड़ों पर लोग चिपके मिलेंगे। पहले अपनी पीठ पर कुल्हाड़ी चलवायेंगे और उसके बाद में पेड़ों को काटने देंगे।

सत्याग्रह की एक कितनी ऊँची मिसाल है। उनको अपने अतिथि-गृह में ठहराया। लेकिन उनके ख़िलाफ़ घोषणा भी की है कि कल जब वो पेड़ काटने जायेंगे तो लोग पेड़ों पर चिपके मिलेंगे। उसके बाद कभी उनको चिपकने की ज़रूरत नहीं पड़ी। अगले दिन जब कम्पनी के लोग गये तो उनको इतने सारे लोग जंगल में मिले थे कि कम्पनी के चार लोग क्या काट लाते। वो तो वापिस आ गये। तो इस तरह से किसी एक बड़ी घटना के कारण आन्दोलन जन्म लेते हैं लेकिन फिर धीरे-धीरे उनकी अपनी दिशा बदलती है, रफ़्तार बदलती है। चिपको के साथ क़रीब दस साल काम करने पर मैं ऐसा मानता हूँ कि योजना के स्तर, सरकार के स्तर पर, वैज्ञानिकों के स्तर पर हिमालय को बचाने का एक बहुत बड़ा अभियान इसके कारण चला। चिपको की बातों को लगभग सबने स्वीकार किया। अब फिर किसी तरह से कोई चीज़ अगर थोड़ी कम हो जाय तो मैं ऐसा मानता हूँ कि पूरे समय जैसे घुड़सवार घोड़े पर नहीं बैठा रहता उसको कभी उतरना भी पड़ता है, थोड़ा आराम भी करना पड़ता है। तो हमें अपने आन्दोलनों के बारे में भी यह मानना चाहिए कि वो एक रफ़्तार से दौड़ते हैं फिर थक भी जाते हैं, छाया में थोड़ा आराम भी करते होंगे। किस वजह से वो ग़ायब हो जाते हैं, इसका कोई एक कारण हम पकड़ नहीं सकते हैं। आन्दोलन के भीतर की भी कमी हो सकती है और कभी बाहर की भी कमी हो सकती है।

१. मनुष्य की पर्यावरण के प्रति बढ़ती संवेदना के दौर में शिक्षा के क्षेत्र में और पर्यावरण के क्षेत्र में शिक्षा के योगदान को आप किस तरह से देखते हैं?

२. वर्तमान पाठ्यक्रम की संरचना व गठन को लेकर जो विवाद है

उन सबके बीच स्नातक व स्नातकोत्तर स्तर पर पर्यावरण विषय को पाठ्यक्रम में समाविष्ट करने की प्रासंगिकता पर अपनी टिप्पणी से अवगत करायें?

३. हमारे यहाँ सदियों से तकनीकी शिक्षा ने श्रुति माध्यम के तहत अवस्थित रहते हुए एक लम्बा सफ़र तय किया है और एक पीढ़ी तक यह ज्ञान मौखिक तरह से ही हस्तान्तरित हुआ है। समय व स्पेस में परिवर्तन व परिष्कार के पश्चात् भी यह शिक्षा-पद्धति प्रामाणिक व प्रायोगिक सिद्ध हुई है। इस सबके बावजूद आधुनिकीकरण ने अपने उदय होने के पश्चात् अपेक्षाकृत बहुत ही कम समय में हमारी प्राविधिक शिक्षा-पद्धति को हाशिये पर पहुँचा दिया है और वर्तमान समय में अपने वजूद के लिए संघर्षरत रहते हुए शनैः शनैः ये स्वदेशी प्रणालियाँ लुप्तप्राय हो गयी हैं। आपके विचार में इन स्वदेशी तकनीकी शिक्षा-पद्धति के अवसान की क्या प्रमुख वजहें रही होंगी? क्या इसका कारण ज्ञान का मौखिक तरह से हस्तान्तरण तो नहीं था?

४. वर्तमान शिक्षा-प्रणाली में इस स्वदेशी ज्ञान को किस रूप में समावेश करना सबसे ज़्यादा उपयुक्त होगा जिससे मानवीय रचनात्मकता को नयी दिशा प्रदान की जा सके? पारिस्थितिकीय विज्ञान के पाठ्यक्रम में इस ज्ञान की क्या भूमिका हो सकती है?

मेरा अपना जो छोटा-सा अनुभव है उस आधार पर कह सकता हूँ कि पर्यावरण के प्रति संवेदना आज बढ़ने के बदले घटी है। दिखती है बढ़ी हुई, लेकिन परिणाम नहीं दिखते उस अनुपात में अपने सभी पुराने समाजों में इससे ज़्यादा संवेदना थी। उन्होंने अपनी पूरी जीवनशैली उस अपने पर्यावरण के इर्द-गिर्द ढाली थी। उन दिनों में कोई फ़र्क़ नहीं था। ऐसा नहीं था कि पर्यावरण की शिक्षा देने से पर्यावरण मज़बूत होगा या पर्यावरण के कारण शिक्षा मज़बूत होगी—उस तरह की दो आँखों में यह विषय उन्होंने नहीं बाँटा था। फिर एक बिलकुल भिन्न क़िस्म की शिक्षा प्रणाली अँग्रेज़ों के कारण आयी। वो अपने इलाक़े के पर्यावरण से कटी हुई है। वो बिलकुल एक-सा काम सिखाती है लोगों को। अब चाहे नागालैण्ड में रहता हो उसके पढ़ने वाला या मरुभूमि में रहता हो, उसको अपने

इलाक़े से कोई मतलब नहीं। सिर्फ़ साधारण शिक्षा ही नहीं, भूगोल की शिक्षा भी वही है। जानकारी सबकी चाहिए लेकिन उसको बचाने के लिए अपनी क्या परम्पराएँ रही हैं इस सबकी तरफ़ से लोगों का बिलकुल ध्यान हट गया है। एक दौर पिछले चार-पाँच साल में यह भी आया है कि पर्यावरण के अलग से कोर्स बने हैं सभी स्तर पर प्राथमिक से लेकर महाविद्यालयों तक कोर्स चलते हैं जो शायद आपने भी पढ़े होंगे। लेकिन इस समय जो कुल मिला कर शिक्षा का वातावरण है, उसमें पर्यावरण में अच्छे नम्बर मैं ले आऊँ, तो ज़रूरी नहीं है कि मैं अपने पर्यावरण की अच्छी रखवाली भी करूँ। निचले स्तर पर इसकी शिक्षा की बहुत बातचीत हुई तो उसमें आप वर्तमान शिक्षा के दोषों से भी नहीं बच सकते। पर्यावरण की शिक्षा में भी नकल से काम चलेगा। जो लोग शिक्षा की धारा से काट दिये गये हैं, उन्होंने इसको शिक्षा का विषय न मानकर जीवन का विषय बनाया था और जीवन की शिक्षा से बड़ी कोई शिक्षा नहीं होती। उसी में से सब चीज़ें निकलनी चाहिए। इसलिए मुझे लगता है कि पर्यावरण का पाठ बहुत आगे नहीं ले जायेगा। पढ़ा-लिखा समाज इसमें से बनेगा वो विद्वान ज़रूर होगा लेकिन पर्यावरण के लिए अपने को न्यौछावर करने को तैयार नहीं होगा। उस चतुर में इतनी चतुराई होगी कि समाज के, पर्यावरण के संकट में, वह अपने को बचा लेगा।

किसी एक क्षेत्र विशेष के पर्यावरण का आज की शिक्षा में कोई दख़ल ही नहीं बचा है। इसलिए वो अलग-थलग पड़ा विषय बन गया है इस समय। लेकिन वो चोट करता है धीरज से। काफ़ी अत्याचार सहने के बाद। जब ऐसा कोई संकट समाज पर आता है तो मजबूरी में उसे अपने को अपने पर्यावरण से जोड़ना पड़ता है। अपनी शिक्षा को नहीं जोड़ पाता है वो लेकिन अपने व्यवहार को जोड़ता है। उसका सबसे अच्छा उदाहरण गुजरात का अकाल है। शिक्षा को पर्यावरण से नहीं जोड़ पाया होगा गुजरात का बहुत बड़ा हिस्सा। लेकिन उसने अपने कामों को इसी पर्यावरण से जोड़ा और यह किया कि हमें अपने सब पुराने तालाबों की मरम्मत करनी चाहिए। जितना हो सके छोटे-छोटे नदी नालों को बाँधना चाहिए। एक गाँव में किसी सज्जन ने बहुत ही अच्छी बात कही। उससे शायद यह शिक्षा वाला मामला निकलता है। उन्होंने कहा कि हमने इस अकाल में तीन आधुनिक व्यवस्थाओं को असफल होते देखा। एक हमारे घर में

पाईप की सप्लाई, दूसरा हमारे खेत का ट्यूबवैल और तीसरे हमारे मुहल्ले में हैण्डपम्प। तीनों सूख गये इस अकाल में। हमारे तालाब टूटे पड़े थे। तालाब उन्होंने ठीक किये। उसके बाद थोड़ा-सा एक झला गिरा, थोड़ा-सा पानी गिरा। वो तालाब में इकट्ठा हुआ। तालाब ठीक हो गया था। टूट-फूट उसकी उन्होंने ठीक कर दी थी तो पानी नीचे गया और उसने थोड़े ही दिनों में हैण्डपम्प को चालू कर दिया और फिर नलकूप में भी पानी आ गया। तो उन्होंने यह कहा कि हमने तीन आधुनिक चीज़ों को अपने सामने असफल होते हुए देखा और एक पुरानी व्यवस्था, जिसको हम भूल गये थे, जिससे हम कट गये थे, उसको हमने थोड़ी-सी मेहनत करके ठीक किया तो उसने इन चीज़ों में भी जान डाल दी। इसलिए मुझे लगता है कि शिक्षा में यह बात दूसरे सिरे से जुड़ेगी कि अब हमको अपने स्कूल और कॉलेजों में पानी के प्रबन्ध के बारे में ऐसी शिक्षा देनी चाहिए या नहीं। बहस तो उठ सकती है। हो सकता है कि ये क्षेत्र अपनी औपचारिक शिक्षा में, तकनीकी शिक्षा में तालाबों की बात करें। तो इस तरह से शिक्षा भी हमारे पर्यावरण में जुड़ सकती है।

इस पाठ्यक्रम की एक और बड़ी दिक़्क़त दिखती है। सरकारी वाक्य है—कश्मीर से लेकर कन्याकुमारी तक। एक स्टैण्डर्डराइजेशन समाज में चाहिए एक-सी नौकरियों के लिए। लेकिन शायद एक-से जीवन के लिए नहीं चाहिए। सारा ज़ोर नौकरियों का पढ़ाई पर है। जो होना भी चाहिए। लेकिन वो बहुत कम लोगों को रोज़गार दे पाती है। और उसके बदले बहुत सारे लोगों का रोज़गार नष्ट करती है। एक-सा पाठ्यक्रम होने के नाते। गुजरात में नये से नये पानी के प्रबन्ध के साथ पुराने प्रबन्ध को भी कम से कम पूरक तो माना जा सकता था। पर उसको उन लोगों ने उसमें से हटा दिया। और एक बार जब हम बुरी तरह से ठोकर खा चुके हैं तो हमें लगता है कि इस की तरफ़ ध्यान जाना चाहिए।

अभी तो पर्यावरण का विषय भी उतना ही नकली है जितना बाक़ी पढ़ाई का विषय है। उसका अपने लोगों से कोई सम्बन्ध नहीं है।

अँग्रेज़ों के आने से ठीक पहले हमारी शिक्षा व्यवस्था क्या थी इसके बारे में आज कोई जानकारी नहीं बची है। एक तरह से पूरी स्लेट साफ़ कर दी गयी है और फिर उसमें अँग्रेज़ी की 'बारहखड़ी' लिखी गयी है। कभी-कभी उस स्लेट के प्रति हमारे मन में शुभ इच्छा जग जाती है तो हमें लगता

है कि हमारे यहाँ ज्ञान की बहुत बड़ी मौखिक परम्परा थी। मौखिक परम्परा थी या लिखित थी? इसके भी प्रमाण नहीं हैं अभी अपने पास। धर्मपालजी नाम के एक बड़े वरिष्ठ गाँधीवादी हैं, उन्होंने इस पर कुछ बुनियादी काम किया है।

उन्होंने मद्रास प्रेसिडेंसी में अँग्रेज़ों के आने से ठीक पहले कैसे स्कूल चल रहे हैं, उनमें क्या विषय पढ़ाया जाता है कौन उनमें पढ़ने आते हैं इस सबका बहुत विशेष अध्ययन किया है। उनकी शैली बहुत अच्छी है। १८-१९ साल वे लन्दन में रहे। यहाँ की लाइब्रेरी में राज लिटरेचर सबसे अधिक भरा पड़ा है। अँग्रेज़ों के अपने हाथ के हिन्दुस्तान के बारे में नोट्स, संस्मरण, सरकारी दस्तावेज़, डायरी वग़ैरह। उन्होंने यह सब निकाला है। आगे भूमिका दी है ७०-८० पन्ने की। बाक़ी पीछे पूरे दस्तावेज़ हैं। उस दौर में लन्दन से आये अँग्रेज़ अधिकारी स्कूल का वर्णन कर रहे हैं। स्कूल की व्यवस्था कैसी होती थी। कैसे पैसा आता था। मन्दिर द्वारा संचालित थे। इस सबका बड़ा वर्णन कर रहे हैं वे अँग्रेज़ ही। उसमें देखें तो यह पता चलता है कि ऐसे विषय बाकायदा पढ़ाये भी जाते थे। स्वतन्त्र समाज के अपने लक्ष्य थे। वो अपने स्कूल चला सकता है, उसमें एक पाठ्यक्रम होना ज़रूरी नहीं है। राजा की आज्ञा की मर्ज़ी से पाठ्यक्रम नहीं बनते थे। प्रजा की ज़रूरत को देखकर पढ़ाई-लिखाई तय होती थी।

किसी एक शिक्षा मन्त्री की सील नहीं लगी थी उस पर। तो बहुत सारे विषय इन स्कूलों में नये-नये होते थे। कुछ ओवरलेप करते थे। कुछ गेप्स भी होते थे। उन्होंने लिखा है कि इन पाठशालाओं के अलावा काफ़ी बड़ा हिस्सा घरों में गुरुओं के माध्यम से पढ़ाया जाता है। इसके अलावा तीसरी एक सीढ़ी रही होगी जो केवल मौखिक परम्परा थी गुरु-शिष्य परम्परा की। जैसे गजधर परम्परा, जिसको हम उस समय का सिविल इंजीनियर या वास्तुशिल्पकार मान सकते हैं। कुछ लोग काम करते-करते सीखते थे। लिखा-पढ़ी वाली पाठशालाएँ भी थीं और मौखिक व्यावहारिक शिक्षा वाली भी। कौन-सी कितनी ज़्यादा थी या कम थी के बदले मैं कहूँगा यह दोनों धाराएँ एक-दूसरे की पूरक थीं। लेकिन अचानक अँग्रेज़ों के आने के बाद किस तरह से यह टूटा यह तो अभी एक रहस्य है। मैं उसको नहीं समझा सकता। लेकिन इतना ज़रूर कहूँगा कि अपने सबसे अच्छे समाज सेवक वो जो बुद्धि में किसी से कम नहीं थे, राजा राममोहन राय जैसे

लोगों के मन में भी यह बात आयी कि अँग्रेज़ों के आने से पहले हमारे यहाँ शिक्षा थी ही नहीं। कितने बड़े पैमाने पर विस्मृति हुई है! हमारे सबसे अच्छे शिक्षाविद् भी कहते रहे कि स्त्रियों की शिक्षा नहीं थी। धर्मपालजी ने १८वीं शताब्दी में मद्रास रियासत (तमिलनाडु ही नहीं, उसमें केरल और कर्नाटक सब शामिल थे) स्कूलों की संख्या में स्त्रियों की हाज़री बतायी है। क्योंकि एक अँग्रेज़ गया है स्कूल में अपने, सब हाज़री ले ली है कि कितनी लड़कियाँ बैठी हैं, कितने लड़के बैठे हैं। उस किताब का नाम है 'द ब्यूटीफुल ट्री।' यह वैसे २०-२५ साल पहले की किताब है। वह पुस्तक ज़रूर पढ़नी चाहिए। तो उससे थोड़ा अन्दाज़ लगता है कि अँग्रेज़ों से पहले हमारी शिक्षा कैसी थी। गाँधीजी ने शायद गोलमेज़ कॉन्फ्रेंस में या किसी जगह पर कहा था कि आप इस मुगालते में न रहें कि आपके आने से पहले हमारे यहाँ शिक्षा नहीं थी। आपके आने से पहले शिक्षा का एक भरा-पूरा वृक्ष हमारे पास था जिसकी जड़ें बहुत गहरी गयी थीं और जिसकी शाखाओं का अनन्त विस्तार था। इस वाक्य में से धर्मपालजी ने अपनी किताब का नाम 'द ब्यूटीफुल ट्री' रखा था।

मुझे लगता है कि दो तरह की शिक्षा रही होगी। एक जीवन की कुछ गम्भीर बातों की और दूसरी रोज़मर्रा के काम की। यानी दोनों तरह की शिक्षा का उतना ही सम्मान था। यह सब कैसे नष्ट हुआ? यह मेरा विषय नहीं है इसलिए मैं कह नहीं सकता। लेकिन एक बार हारा हुआ समाज हारता चला जाता है। फिर उसके सिरहाने पर भी कुछ रखा हो तो उसको वह भूल जाता है। उसकी ऐसी मनोदशा हो जाती है। तालाब वाली किताब चूँकि आधार है इस सारी बातचीत का इसलिए दर्ज करना ठीक रहेगा कि तालाब कैसे बनाते थे इसका कोई छोटा-मोटा दस्तावेज़, पुरानी हस्तलिपि संस्कृत में, बोली में बहुत खोजने पर भी हमको कहीं नहीं मिली। फिर एक जगह हमको यह सूझा कि तालाब कैसे बनते थे के बदले समाज ने यह किया कि तालाब ऐसे बनते थे। बना के दिखाया। आप उसे बना लीजिये। तो कैसे बनते के बदले ऐसे बनते थे पर ज़्यादा ज़ोर दिया। एक के बाद एक हर पीढ़ी तालाब बनाती चली गयी तो कोई नयी चीज़ किसी को सीखने की ज़रूरत नहीं थी। वह नयी रही ही नहीं।

शून्य हो तो सीखना पड़ेगा। जब रोज़मर्रा का काम हो तो फिर सिखाने की ज़रूरत नहीं।

आप प्रतिष्ठा हर लीजिये, साधन हर लीजिये, तब तालाब कैसे बनेंगे फिर? अपने यहाँ कभी ऐसी कर प्रणाली नहीं थी राजा की तरफ़ से। क्रूर राजाओं के क़िस्से पिछले १००-१५० सालों में हमने सब सुने हैं। पर किसी भी राजा के हाथ में कभी इतनी शक्ति नहीं रही जितनी आज शायद एक कलेक्टर के हाथ में होगी या डी.एम. के हाथ में होगी। जैसे हर्षवर्धन के बारे में कहते हैं कि वे हर कुम्भ में अपना ख़ज़ाना ख़ाली कर जाते थे। इसके दो अर्थ हो सकते हैं कि राजा बहुत उदार था। पूरा ख़ज़ाना वह कुम्भ में बाँट देता था। दूसरा शायद ज़्यादा व्यावहारिक है कि उसका ख़ज़ाना इतना कम होता था कि उसे बारह साल में ख़ाली कर जाना कोई कठिन काम नहीं होता था!

आज की सरकार जैसा करोड़ों का और वो भी करोड़ों के घाटे का ख़ज़ाना नहीं रहा होगा। कुछ पैसा देना है तो वहाँ पर न्यौछावर कर दिया। ऊपर राजा तक बहुत कम राशि पहुँच पाती थी। अधिकांश चीज़ें नीचे छूट जाती थीं। धर्मपालजी ने अँग्रेज़ों से पहले के भारत में बताया है कि एक अच्छे कृषि सम्पन्न गाँव में से कितनी पैदावार हुई, रुपया या मुद्रा के हिसाब से उसका कितना प्रतिशत वहीं रह गया। उसमें यह पता चलता है कि सबसे बड़ा भाग, अधिकांश हिस्सा वहीं रह जायेगा और वो मन्दिर को जायेगा। मन्दिर का मतलब चढ़ावे के लिए नहीं। उस समय का मन्दिर उस आमदनी को सामाजिक कामों में लगाता था। किसी एक अँग्रेज़ डॉक्टर का वर्णन है कि किसी इलाक़े में चेचक जैसी महामारी फैली है तो मन्दिर का पुजारी टीका लगा रहा है।

एक जगह यह वर्णन है कि पुलिस की सारी व्यवस्था मन्दिर देखना है। आज हम इसकी कल्पना नहीं कर सकते और उसमें यह भी कि अगर उस गाँव में चोरी हो जाती है और पुलिस पता नहीं कर पाती है तो पुलिस के कुल वेतन में से वो रकम काट के वापस करता है मन्दिर। पुजारी कहेगा कि भई हमसे ग़लती हुई। इतने रुपये चोरी हुए, हम इतने दिन में पता नहीं कर पाये। यह इनकी तनख़्वाह में से काट कर जमा किया जा रहा है। इसके बाद कौन-सी चोरी होगी ऐसी कि जो पकड़ में नहीं आ सके! यह स्मृति २०० साल बाद भी पूरी तरह से मिटी नहीं है। अभी इस अकाल में एक गाँव का बहुत वर्णन छपा है। गुजरात के राजसमदड़िया नाम के गाँव का। उसके सरपंच हैं। वे बीस साल पहले अँग्रेज़ी में एम.ए. कर के

पुलिस की नौकरी में जा रहे थे। पर उन्होंने कहा कि नहीं अपने गाँव की सेवा करनी चाहिए। तो गाँव में सरपंच बन गये। उन्होंने अभी एक अख़बार में इण्टरव्यू में कहा है हमारे यहाँ अगर कोई अपराध हो, चोरी हो तो उसकी रिपोर्ट पुलिस में लिखवाने पर हम दण्ड देते हैं। पुलिस के पास मत जाओ। ग्राम सभा को रिपोर्ट करो। तीन दिन में हम अगर आपका हल नहीं ढूँढ़ पाये तो हम उतना पैसा वापस करेंगे।

आज की शिक्षा प्रणाली में स्वदेशी ज्ञान की रत्ती भर गुंजाइश नहीं दिखती। एक तरफ़ हम देखते हैं कि स्वदेशी शब्द पिछले दो-चार साल में बहुत ऊपर आया है। इसके बाद भी वो व्यवस्था में कोई जगह बना पायेगा ऐसा नहीं लगता। लेकिन एक दौर ज़रूर आ सकता है। जैसे कि गुजरात वाली बात हुई। ऐसे दो-तीन छुट-पुट क़िस्से अगर होते हैं तो लोगों का ध्यान इस बारे में तो ज़रूर आयेगा कि स्वदेशी की बात एक सिद्धान्त के नाते नहीं व्यवहार के नाते भी ज़रूरी है। जिसकी स्मृति में से जो चीज़ जाती है पहले वहीं वापस आनी चाहिए। पहले समाज के मुख्य हिस्से से जो चीज़ें गयीं वो उनके ध्यान में आनी चाहिए। फिर शिक्षा में वापस आयेगी। ऐसी नहीं होगा कि शिक्षा के माध्यम से समाज में आयेगी, कुछ पूरक भूमिका ज़रूर हो सकती है।

इसलिए अकाल के कारण, कभी बाढ़ के कारण, कभी किसी और चीज़ के कारण ठोकरें लगेंगी। उनको लगेगा कि ये तालाब मामूली गड्ढे नहीं थे। ऊलजलूल ऊटपटांग हरकतें नहीं थीं। सोची-समझी एक तकनीकी व्यवस्था का रूप था। लेकिन यह वैसा रूप नहीं था जो आज हम इंजीनियरिंग के पाठ्यक्रम में पाते हैं। उसके पीछे एक सांस्कृतिक आधार था। उसके पीछे तीज-त्यौहार थे। उसी से लौटना होगा क्या? दो शब्द हैं—समयसिद्ध और स्वयंसिद्ध। अगर कोई चीज़ समयसिद्ध है तो २५-५०, १०० साल की उपेक्षा की आँधी उस पर कोई असर नहीं डालेगी। अगर कोई समयसिद्ध है, स्वयंसिद्ध है तो उसे किसी बाहरी चीज़ की कोई ज़रूरत नहीं है। उसने समाज के बहुत बड़े इतिहास की सेवा की है। वर्तमान में वह थोड़ी देर के लिए लुप्त हो गयी है। भविष्य में वह वापस आ सकती हो तो ही वह एक परम्परा या स्वदेशी कहलायेगी। नहीं तो उससे जब छुटकारा मिले मिल जाने दो। उसका मोह क्यों करें? यह 'हमारी' चीज़ है मोह इसलिए रखना ज़रूरी है? हम तो कहते हैं कि कोई आधुनिकतम मशीन या आविष्कार

अगर मरुभूमि को पानी दे दे तो हम कुण्ड, कुएँ व तालाबों को एक म्यूज़ियम बना कर रख दें हमेशा के लिए। चार आने का टिकट लगा देंगे। लेकिन हो यह रहा है कि जिनको हम आधुनिक मानते हैं वो तकनीक, तरीक़े केवल पानी निकाल सकते हैं। पानी पैदा नहीं कर सकते, पानी का संग्रह नहीं कर सकते। इसलिए लौटकर आपको उसी पर आना पड़ेगा। और यह सब यहाँ का नहीं केवल अपने यहाँ का नहीं—सभी जगह यह अनुभव ठोकर खाकर वापस आयेगा।

अभी के विज्ञान की पढ़ाई और 'पारिस्थितिकी विज्ञान' की पढ़ाई में कोई अन्तर नहीं है। यह नया है। अपने समाज से कटा हुआ पढ़ाई-लिखाई का कोई भी ढाँचा एक तरह से बोझा ही होता है। पर्यावरण विषय भी उसी पद्धति में से निकला हुआ एक विषय है। माध्यम हिन्दी हो, अँग्रेज़ी हो यह बहस नहीं है। कुल मिलाकर जो ज्ञान दिया जा रहा है, वो अँग्रेज़ी विचार का दिया जा रहा है। फ़र्क़ समझ में आ गया ना? भाषा हिन्दी हो सकती है, सिंधी, गुजराती हो सकती है लेकिन विचार अँग्रेज़ी का है। दुनिया को देखने का, पर्यावरण को समझने का। उसमें से कोई भूमिका बनती हो यह मुझे अभी नहीं दिखता। भूमिका बन ज़रूर सकती है, लेकिन उसके पीछे कुछ लागों की अच्छी मेहनत और परिस्थितियों का भी हाथ हो शायद। जैसा गुजरात वाले अकाल में चर्चा की। वन विज्ञान जो पढ़ाते हैं वे बिलकुल एक भिन्न क़िस्म की प्रोडक्शन फॉरेस्ट्री है। उस विज्ञान से वनों का कटना लोगों ने देख लिया। तो उसके बाद जब उन्हीं को लगा कि इसमें से कुछ ज़्यादा नुकसान हो रहा है तो उन्होंने सोशल फॉरेस्ट्री नाम से उसमें से एक छोटा-सा कार्यक्रम निकाला। लेकिन अच्छे से अच्छे, ईमानदार वन वैज्ञानिक, अधिकारी के मन में भी यह बात कभी नहीं आ सकी कि अपने यहाँ सामाजिक वानिकी का सबसे अच्छा रूप तो ओरण परम्पराएँ हैं। चलो उसी को क्यों नहीं सुधार लें! ओरण शब्द आपको मरुभूमि के एक भी विश्वविद्यालय में देखने, सुनने, पढ़ने को नहीं मिलेगा। यह आज इतना अछूत शब्द कैसे है? उसको विश्वविद्यालय हाथ लगाते हुए क्यों डरता है? चाहे इस सरकार के समय में हो चाहे उसके। स्वदेशी के समय में हो, विदेशी के समय में—सभी इन चीज़ों को हाथ लगाते हुए डरते हैं। इसलिए अभी औपचारिक शिक्षा में यह विषय उस रूप में नहीं उतरेगा, जिस रूप में हमें वह समाज में मिलता है।

जाति, धर्म, सम्प्रदाय में बँटे समाज को एकसूत्र में पिरोने के लिए आप व्यक्ति के पर्यावरण के प्रति संवेदन को कितना कारगर मानते हैं और पर्यावरण के माध्यम से इस तरह की एकता को आप किस रूप में देखते हैं?

पक्का नहीं कह सकता कि जाति, धर्म और सम्प्रदाय ने समाज को कितना बाँटा है और कितना एक सूत्र में पिरो कर रखा है। अभी गुजरात का ताज़ा उदाहरण है जहाँ पर अकाल के बाद पाटीदार समाज ने क़रीब-क़रीब दो हज़ार गाँवों में पानी का काम शुरू किया। अभी वो चार हज़ार में फैलाना चाहते हैं। इतनी बड़ी कोई संस्था नहीं है। इतनी बड़ी कोई सरकारी पहल नहीं। पाटीदार समाज ने अपने-आप को एक साल में संगठित करके दो हज़ार गाँव में फैलाया और क़रीब-क़रीब १५० करोड़ रुपया, १.५ अरब चन्दा इकट्ठा किया। यह जाति की एकता के कारण हुआ होगा। उसमें वो गाँव भी शामिल हैं, जिसमें उनकी जाति नहीं है। पर्यावरण के कारण एक हुए, उनको पानी की चोट पड़ी थी। वे हीरों के व्यापारी हैं। उन्होंने देखा कि उनके पास हीरा है, पैसा भी है पर पानी कहीं नहीं बचा। पानी लगातार कम हुआ है गाँव में। तो उनको लगा कि इन दोनों को फिर से जोड़ना चाहिए। यह एक उदाहरण है। जाति द्वारा जोड़ने का। धर्म ने भी समाज को बाँटा है या जोड़ा है यह पक्का नहीं कह सकते। धर्म तो बाद की बात है, सम्प्रदाय भी समाज को जोड़कर रख सकते हैं। परिस्थिति कैसी है यह देखना पड़ता है। सम्प्रदाय या धर्म तोड़ने का ही काम करेगा या जोड़ने का ही काम करेगा ये दोनों ही आवश्यक नहीं है। कभी वो तोड़ भी सकता है कभी वो जोड़ भी सकता है। इसका सबसे अच्छा उदाहरण हमें बाड़मेर में एक ओरण में देखने को मिला। ओरण के मन्दिर की पूजा मुसलमान पुजारी करते हैं। उनसे हम लोगों ने पूछा कि इस्लाम में बुत-परस्ती को अच्छा नहीं मानते। यह तो मूर्ति पूजा हुई। वह भी हिन्दू देवी की हुई। उन्होंने बड़ी कड़क आवाज़ में उत्तर दिया कि यह देवी साक्षात् देवी है, बुत नहीं, पत्थर की नहीं। ऐसा उत्तर शायद सनातन हिन्दू भी नहीं देगा कि मैं जिस पत्थर की पूजा कर रहा हूँ, वह पत्थर नहीं है। मुसलमान कहे कि मैं तो सामने जो देवी बैठी है उनकी पूजा कर रहा हूँ यानी उसमें प्राण है। मुझे लगता है इसका कारण है कि ओरण इतना ज़रूरी है उनके लिए। उस इलाक़े के गोधन के लिए। चरायी के लिए। अपने जीवन के लिए। वहाँ

हिन्दू हो या मुसलमान, वह उस ओरण सेवा से जुड़ा रहेगा। उसका नाता ओरण से है। ओरण इतना महत्त्वपूर्ण नहीं होता तो वह अपने धर्म को दाँव पर नहीं लगाता।

इसलिए जो आपने कहा है वह सही है कि पर्यावरण उन दोनों को जोड़ कर रख सकता है, क्योंकि वो ही सबको पानी देगा। इसलिए उसे गन्दा नहीं होने देना है। तो उसके जो भी नीति नियम हैं वो मानने पड़ेंगे।

> पर्यावरण-तन्त्र को समझने वाले लोगों ने बहुत ही प्रामाणिक तौर पर यह कहा है कि प्रकृति का चैक और बैलेंस होता है। और इसके अन्तर्गत यदि कोई भी प्रजाति अपनी सीमाओं का अतिक्रमण करती है तो उसका अन्त हो जाता है यानी की एक सीमा के पश्चात् हर प्रजाति का अवसान होता है। और अब तक के इतिहास में प्रकृति में ऐसा ही घटित हुआ है जो इस तर्क का पुख़्ता साक्ष्य प्रदान करते हैं कि जब भी कोई प्रजाति, प्रकृति की केरिंग कैपेसिटी से ज़्यादा हो जाती है तो अन्तर-प्रजातीय प्रतिद्वन्द्व के फलस्वरूप स्वयं के विनाश की ओर ही अग्रसर होती है। परन्तु इसके साथ-साथ एक और तर्क यह भी है कि चूँकि मानव में बुद्धि है, क्षमता है चीज़ों को जानने, समझने और विश्लेषण करने की, मानवीय विकास प्रक्रिया में उस तरह का मुकाम नहीं आयेगा। फिर भी आज जिस तरह की आपातकालीन परिस्थितियों में हम घिरे हैं उसमें इस तरह के तर्कों के बारे में आपका सोचना क्या है?

नींद में चलना एक बीमारी है। सोते-सोते कोई भी उठ जाता है और चलने लगता है। उसके लिए वह बिलकुल सहज है पर दूसरों को देखकर लगता है यह कैसी बेवकूफ़ी हो रही है। मैं सोचता हूँ समाज के इतिहास में कई क्षण आते हैं जब वो वास्तव में नींद में चलने लगता है। कुछ लोगों को दिखायी देता है कि यह नींद में चल रहा है। इसको जागना चाहिए। इस समय का दौर एक सोये हुए समाज का है जो चल रहा है। वो किसी भी समय छत पर नीचे गिर सकता है। मुण्डेर पर टकराकर। पर उसे इतना आत्मविश्वास है। उसको लगता है कि वो ठीक सीढ़ियों से चढ़ेगा और उतरेगा और बाद में अपने बिस्तर पर आकर विश्राम करेगा। तो ऐसा नहीं

है कि ऐसी दुर्घटना नहीं होगी। इसको हम दूसरे अर्थों में यह भी कह सकते हैं कि कई बार हमें विज्ञान पर अन्धश्रद्धा हो जाती है या अन्धविश्वास जो विज्ञान के स्वभाव से परे है। पर विज्ञान और वैज्ञानिक भी अन्धविश्वास का आधार बन सकते हैं। तभी हमको लगता है कि हम कितनी भी अत्त (अति) करें, हम तो बच जायेंगे। कोई न कोई हल निकल आयेगा। एक नदी सुखा दें हम, विज्ञान तकनीक दूसरी नदी ले आयेंगे। पिछले कई साल से सुन रहे हैं कि सारी नदियों को जोड़ देंगे हिन्दुस्तान की। बाढ़ का पानी अकाल तक ले जायेंगे और शायद अकाल का सूखापन बाढ़ के इलाक़े में आ जायेगा! सूखा गीले में बदल जायेगा और गीला सूखे में। यह अन्धविश्वास है आज के सबसे पढ़े-लिखे लोगों का। तो इससे कुछ होता नहीं है। इसलिए हर एक समय में समाज में ऐसी समझदारी, विवेक, आधार चाहिए कि कब वो अपनी कुल्हाड़ी से न सिर्फ़ पेड़ काट रहा है या उसी तरफ़ बैठा है। दूसरा कब उसने पेड़ काटना बन्द कर अपना पैर काटना शुरू किया है। अपने हाथ से, अपनी कुल्हाड़ी से अपना पैर काटा। यह इस समय का बहुत बड़ा लक्षण है और उसको यह दिखायी नहीं देता। वो नींद में चल रहा है। और अपने-आप को जागा हुआ मान रहा है। ऐसे में प्रकृति ज़रूर झटका देती है। अकाल, बाढ़ वग़ैरह उसके झटके हैं याद दिलाने के लिए कि भई अब तुम जग जाओ, बहुत हो गया अब जिसको हम माँ की ममता वग़ैरह कहते हैं, प्रकृति ऐसे शब्द कभी-कभी भुला देती है। और फिर अच्छी तरह से थप्पड़ भी लगा देती है।

समाज के कुछ हिस्से में यह विवेक हो कि वह सोते हुए को हलके से हिलाकर बता सके कि तुम नींद में चल रहे हो। अगर वो भूमिका बिलकुल समाप्त हो जायेगी तो समाज टकरायेगा, गिरेगा।

> आपके विचार में किसी भी स्थान के क्लाइमेटिक सेटअप और पैटर्न्स एक समाज की जीवन-पद्धति व शैली को निर्धारित व निर्देशित करने में क्या भूमिका अदा करता है?

पूरी भूमिका उसी की होती है मैं तो यह मानता हूँ। अगर हम अलग-अलग समाजों के रीति व्यवहार इन सब में परिवर्तन देखते हैं तो यह कोई दुर्घटना नहीं है। अगर वहाँ पानी की बहुतायत है तो उसके कारण पानी की आदतें वैसी होंगी, कमी है तो वैसी होंगी। समुद्र के किनारे हैं तो समुद्र

जैसा उसका स्वभाव होगा। पता नहीं ऐसा उदाहरण देना चाहिए या नहीं लेकिन बिहार में बड़ी नदियों के किनारे रहने वाले ब्राह्मण मछली खाने की सोच भी नहीं सकते। उसको माँस मानेंगे। पर बिहार, बंगाल में मछली का नाम है जल-तरोयी। तरोयी तो अपने यहाँ सब्ज़ी है। बिलकुल यह जल-तरोयी है। ऐसे नाम भी देने पड़े उनको। उस इलाक़े की जो रीति बनती है जो संस्कार बनते हैं, वह वहाँ हवा, पानी, मिट्टी से बनते हैं। बर्फ़ के इलाक़े में अलग संस्कार होंगे। लेकिन इसके बाद भी एक कोई समान व्यवहार भी होता है। और उससे आपको लगेगा कि वो आसपास के उन इलाक़ों से भी मेल खाता है। समाज को हम ईको ज़ोन में नहीं बाँट सकेंगे कि देश में १८ ईको ज़ोन हैं तो १८ संस्कृतियाँ होंगी! संस्कृति एक ही होगी—मरुभूमि की भी और महाराष्ट्र की भी। लेकिन उनके बीच में अन्तर बराबर दिखेंगे।

हम स्वदेशी शब्द सुनते हैं। यह जीवन शैली भी है। उस इलाक़े की सब चीज़ों में मन रम जाय। वहाँ की जो चीज़ें हैं उनको अपने भोजन में शामिल करना, उनको अपनी पढ़ाई में शामिल करना यह सब स्वदेशी का हिस्सा है। फिर एक स्थिति ऐसी आयी हमारे समाज में कि अपने आसपास की चीज़ों का ध्यान ही नहीं रखना है। उनसे हमारा जीवन नहीं चल रहा। अब जो इस समय हमारे आधुनिक लोग हैं उनका सुबह का नाश्ता, दोपहर का भोजन, रात का खाना हो सकता है दो-चार सौ क़िलोमीटर दूर से आता हो। उनके कपड़े हाँगकाँग के बने होंगे कि सिंगापुर के। एक अगर औसत अमेरिकी या यूरोपीय व्यक्ति के जीवन का हम विश्लेषण करें तो अधिकांशतः उनकी चीज़ें आस-पास से न होकर दूर-दूर से आ रही हैं। यानी वो अपने निकटतम पर्यावरण पर आधारित न होकर दूर से दूर के पर्यावरण पर आधारित हैं। चीज़ें बहुत दूर से भी आती हैं और उस दूरी में भी सघन रूप से निचोड़ी जाती हैं। इस कारण वहाँ का पर्यावरण बुरी तरह बर्बाद होता है। लेकिन दूर बैठे लोगों को वहाँ की बर्बादी से कोई लेना-देना नहीं है। कहीं से कुछ भी आ सकता है। ताज़ा फल अपने यहाँ तो फिर भी केला भुसावल का है। लेकिन अमेरिका वग़ैरह में तो 'बनाना स्टेट' से आता है। ये विशेष देश हैं, उनके यहाँ से केले की फ़सल पूरी की पूरी उखाड़ कर अमेरिका की खाने की टेबिल पर आती है। बड़ी-बड़ी कम्पनियाँ टमाटर की चटनियाँ वग़ैरह बनाती हैं। वो इन देशों को गिरवी रखती हैं। वहाँ से टमाटर पैदा होता है क्योंकि वहाँ सस्ता मज़दूर है और

हवाई जहाज से यहाँ पटका जाता है उनकी टेबिलों पर तो इससे पर्यावरण के प्रति कोई लगाव नहीं बचता है।

> किसी भी पारिस्थितिकी-तन्त्र के स्वस्थ व समृद्ध होने के लिए अधिकतम जैव-विविधता अनिवार्य है और पारिस्थितिकी-विज्ञान का सिद्धान्त है कि higher the diversity the more stable an eco-system is.
>
> १. मानवीय अतिजीविता और विकास को सुनिश्चित करने के लिए आप जैव-विविधता की क्या भूमिका मानते हैं?
>
> २. भारत जैव-विविधता के क्षेत्र में एक सम्पन्न देश है और यहाँ पर विश्व के कुछ गिने-चुने जैव-विविधता के हॉट स्पॉट्स हैं। हमारा पारम्परिक ज्ञान विविध flora और fauna के कई सारे इस्तेमाल और संरक्षण की समृद्ध जानकारी रखता है परन्तु उनका कोई लिपिबद्ध संग्रहण नहीं है। ऐसे में आप वर्तमान IPR संरचना और पैटेंटिंग तन्त्र की इस माने में सक्षमता को कैसे और किस तरह से आँकते हैं जिससे कि हम अपनी अमूल्य प्राकृतिक व जैविक सम्पदा को विकसित राष्ट्रों की लालची व्यापारिक जकड़न से बचा सकें?
>
> ३. इस तरह के ख़तरों को ध्यान में रखते हुए क्या आपको यह नहीं लगता कि आधुनिक वैज्ञानिक और तकनीकी दक्षता यदि नियन्त्रित और व्यवस्थित हो तो हमारी धरोहर को अक्षुण्ण रखने में हमारी मददगार सिद्ध हो सकती है, जोकि हाल ही में नीम का पेटेंट जीतने से साबित होती है, क्योंकि अगर बी.एच.यू. के प्रोफ़ेसर सिंह आधुनिकतम तकनीकी व वैज्ञानिक दक्षता से लैस नहीं होते तो हम इस जीत और अपनी अमूल्य धरोहर के अधिकार से भी वंचित रह जाते?

कई बार चीज़ हमारे हाथ से निकल जाती है तब हमको याद आती है। जैव-विविधता वैसा ही शब्द है। जिन समाजों ने अपनी आदतों के कारण अपने विचारों के कारण न सिर्फ़ अपने यहाँ बल्कि पूरी दुनिया में जैव-विविधता को नष्ट किया है, उन्होंने यह नया शब्द भी निकाला है। शब्द

को आये हुए भी कुछ चार-पाँच साल से ज़्यादा नहीं हुआ। इसलिए अच्छा ही है कि इसके क़ारण कुछ बच-बुचा जाये। लेकिन जो आपका मुख्य सवाल है वह बहुत महत्त्वपूर्ण है—किसी भी समाज में यह स्थिति जब सब विषयों में होती है तभी वो बचता है। विविधता सिर्फ़ जैवीय नहीं। हमारे यहाँ ऐसा शब्द नहीं पर ऐसा काम कर रहा है। चाहे अन्न में हो, वनस्पति में हो। उसने इसको जैव-विविधता नहीं कहा है। बोलियों में इसके लिए शायद कुछ शब्द मिल जायेंगे तो मुझे नहीं पता। खोजना चाहिए। लेकिन अपने यहाँ एक पुराना शब्द अन्नब्रह्म भी है। उसमें सब कुछ आ जाता है। उसमें हर तरह का जीवन आता है। सबका विचार भी समेटता है। इसी तरह यहाँ तीन हज़ार-चार हज़ार या छत्तीस हज़ार धान के बीज थे, गेहूँ के बीज थे, इन्हें तो हर वर्ष लाखों किसान लाखों खेतों में बोते थे। वास्तव में वे कृषि पण्डित थे। उन्होंने यह देखा कि एक गाँव में जितने अधिक तरह के धान हम बोयेंगे उतना कम कीड़ा लगने वाला है। मिट्टी, पानी, हवा बदलती है तो बीज भी बदलते गये।

सांस्कृतिक विविधता भी उसमें शामिल थी। सहिष्णुता उसमें शामिल थी। मुख्य तो उसमें सहिष्णु शब्द रहा कि सबका आदर करना है। सहना नहीं है। सहना और सहिष्णु होना इसमें अन्तर है। इज़्ज़त भी करनी है। इनको भी साथ लेकर चलना है। सब चीज़ों को सब जीवों को बचाना है। हम ही सृष्टि के केन्द्र नहीं हैं। इसलिए पशुओं में भी ऐसा नहीं रहा कि कोई एक को रखा, बाक़ी को भूल गये। मरुभूमि में और राजस्थान के एक बहुत बड़े हिस्से में धराड़ी नाम की एक प्रथा है। वो धारण से बनी है। हर एक गोत्र के, जाति के जिम्मे पाँच-पाँच पेड़ कर दिये जाते थे। सब अपने-अपने पेड़ों की रक्षा तो करते ही थे, दूसरों को भी नष्ट नहीं करते थे। किसी को यह नहीं कहा कि तुम्हारा देवता सफ़ेदा है उसको लगाओ और पैसे कमाओ। इस समय तो सब जातियों की एक ही धराड़ी है। लेकिन यहाँ तो एक-एक छोटे-बड़े पेड़-पौधों का ध्यान रखकर उनको पनपने के अवसर बाक़ायदा दिये गये। यह अनजाने में हो गया ऐसा नहीं। एक व्यवस्थित ढाँचा उसका खड़ा किया गया था। इसलिए वह जैव-विविधता और वह समाज भी बहुत लम्बे समय तक बचा रहा। आज वह हमको गिरता-पड़ता दिखता है तो शायद यह बहुत छोटा इतिहास है।

ऐसा नहीं है कि आधुनिक ज्ञान और उसके ख़िलाफ़ कमर कस लेनी है।

अलग-अलग समय के अलग-अलग हथियार होते हैं। उनको चलाने में जो सिद्धहस्त हैं उन्हें उनको चलाने देना चाहिए। हो सकता है कि उन्हीं के कुछ तरीक़े भी अपनाने पड़ें। इसमें कोई विवाद नहीं है। लेकिन विवेक तो अपना होना चाहिए। कई बार तो ऐसा हो जाता है कि हम उनके ख़िलाफ़ लड़ते दिखायी देते हैं पर उनके विवेक से लड़ते हैं, अपने विवेक से नहीं लड़ते।

१. हाल ही में वन संरक्षण और प्रबन्धन की चर्चा सारे विश्व में ज़ोरों से की जा रही है परन्तु सदियों से जो वनवासी इन वनों को धरोहर के रूप में पीढ़ी दर पीढ़ी एक-दूसरे को सौंपते आये हैं और इनकी देखभाल करते आये हैं उन्हें इस पूरी चर्चा में कहीं शामिल नहीं किया जा रहा है। उल्टा उन्हें ही दोषी करार देकर इन वनों से बेदख़ल किया जा रहा है। इनकी आबादी में वृद्धि से जंगलों पर ईंधन और चारे का बोझ बढ़ा है, फिर भी इस पूरे परिदृश्य को आप किस दृष्टि से देखते हैं और क्यों?

२. धरती को हरा-भरा करने के चक्कर में वन-विभाग के अफ़सरों ने जो कई सारी exotic प्रजातियाँ इंट्रोड्यूज़ की हैं जैसे की यूकिलिप्टस (जिसकी वजह से हिमालय में जल-स्तर नीचे चला गया है) और प्रॉसोपिस जूलिफ्लोरा यानी विलायती बबूल (जो कि बावलों बवाल के रूप में जाना जाने लगा है) इस तरह के बिना सोचे-समझे किये गये इंट्रोडक्शन हमारी जैव-विविधता के लिए एक बहुत बड़ा ख़तरा हैं और चूँकि भारत एक जैव-विविधता सम्पन्न देश है हमारी ज़िम्मेदारी इस सम्पदा को संरक्षित करने की और बढ़ जाती है। ऐसे में इस तरह के ख़तरों से आपके विचार में कैसे निपटा जाये जिससे कि वर्तमान समय और आने वाले समय में इनकी वजह से कोई गहरा संकट न पैदा हो?

अँग्रेज़ों के आने से पहले तक जिन्हें हम अँग्रेज़ी के अनुवाद के कारण आदिवासी, वनवासी कहते हैं, उनके बड़े-बड़े राज्य थे। मध्य प्रदेश, राजस्थान, गुजरात वग़ैरह में। उनके राज्य थे, उनके जंगल भी थे। अचानक उससे वे बेदख़ल कर दिये गये। वे अपने ही आँगन में पराये हो गये। उसके बाद समय-समय पर कुछ करुणा, कुछ उद्धार, इस तरह से इनके

बीच कुछ काम हुआ वन के प्रश्नों को लेकर। कभी उनको मालिक मान कर काम नहीं किया कि यह एक लड़ाई हार गये थे लेकिन मालिक तो ये ही थे। आज भी आप देखेंगे चाहे सर्वोदय हो, चाहे कोई ईसाई मिशनरी हो, राष्ट्रीय स्वयंसेवक के लोग हों जो कोई भी वनवासी क्षेत्र में काम करने जाते हैं उद्धार की भावना से ही जाते हैं। उन्हें मालिक मानकर नहीं जाते। तीन सौ साल पहले हमारे आपके पुरखों में से क़ोई न कोई इन वनवासी राजाओं के यहाँ सलाहकार रहा होगा, नौकर रहा होगा दरबार में। पर इनका मालिक नहीं था। लेकिन अँग्रेज़ों के आने के बाद इन वनों का इस्तेमाल शुरू हुआ। सबसे पहले रेल के लिए इनको काट के नीचे लाया गया था। अगम्य इलाक़ों में उनके ऊपर रेल की पटरियाँ बिछायीं। वहाँ के जंगल भरपूर काटे। आज़ादी के बाद भी वही व्यवस्था चली। पिछले दो–चार साल से बात हो रही है कि अब संयुक्त वन प्रबन्ध करना चाहिए। वन–विभाग से वनों का बोझा ढोते नहीं बना। उनके पैर डगमगा गये। तो विभाग ने कहा, 'आप लोग भी आओ इसमें आप भी शामिल हो।' इसलिए 'संयुक्त प्रबन्ध' की चर्चा में कम से कम 'सोलो' के बारे पूछना चाहिए कि इनका एकल प्रबन्ध कौन करता था। इससे पहले वो जो जाति और समाज प्रबन्ध करते थे, उनको प्रयोग के तौर पर एक ज़िला, प्रखण्ड तो सौंप कर देखो।

हम सुनते रहे हैं कि गाँव के बोझ के कारण वनों पर बोझ पड़ा, लकड़हारे हैं, लकड़हारिनें वन काट रही हैं। सभी वन क्षेत्रों के नज़दीक हर जगह पेड़ काटने वालों की कतार चलती आती है। पर यह लकड़ी किसके लिए काट रहे हैं ये? यह अपने चूल्हे के लिए नहीं काट रहे। ये लोग लकड़ी शाम को बाज़ार में बेचते हैं। जो आबादी गैस नहीं ले पायी है अभी, चूल्हे से छोटे क़स्बों में काम चलाती है, उनके लिए लकड़ी कटकर आ रही है। सिर का बोझा अपने लिए नहीं है। आदिवासी अपने लिए तो कचरा जला रहा है। क्या जला रहा है यह तो पता ही नहीं। उनका खाना कैसे बन रहा है? इसमें से तो वह दो पैसे बचाता है। इसलिए यह कहना कि उसके कारण नष्ट हुआ, यह तो बहुत बड़ी ग़लती है। इसको हम कब सुधारेंगे? कब उनसे क्षमा माँगेंगे? जिनको बिना किसी मुआवज़े के बेदख़ल कर दिया गया, आज उनको ज़मीन के लिए लड़ना पड़ता है, आज उन्हें जंगल के लिए लड़ना पड़ता है, उन्हें पानी के लिए लड़ना पड़ता है। इन तीनों

चीज़ों पर उनका पूरा नियन्त्रण था। उनका प्रबन्ध भी बहुत अच्छा था। किसी भी दूसरे समाज से कमज़ोर नहीं था।

कुछ हिस्सों में—पहाड़ों में और मैदानों में—सफ़ेदा नाम का पेड़ लगा है। हिमालय में भी है, गुजरात में भी आया है। लोगों ने अनाज बोना बन्द कर यह बोना शुरू किया। कहा गया कि अनाज से ज़्यादा पैसा तो इसमें से मिलेगा। पूरा समाज इसी काम को करने लग जायें कि अनाज से ज़्यादा तो इसमें से पैसा मिलेगा तो खाओगे क्या? सफ़ेदा खा नहीं सकते। इसी तरह विलायती बबूल का क़िस्सा है। पूरी मरुभूमि इसमें गयी और कच्छ भी गया। कच्छ का बहुत बड़ा हिस्सा। दिल्ली वग़ैरह में भी आ गया है ख़ूब। वो तो बिलकुल एक खरपतवार की तरह बढ़ता है।

तीसरा एक पेड़ और है। इसके प्रति वन विभाग का मोह तो है ही, अच्छी स्वयंसेवी संस्थाओं का भी मोह रहा है। वो है सुबबूल। उसका नाम पहले कुबबूल था। बाद में अपने गुणों के कारण इसे सुबबूल नाम मिला। वह भी किससे?

इस पेड़ की तारीफ़ इन्दिरा गाँधी को इतनी सुनायी गयी कि उन्होंने पूछा कि अगर इतनी तारीफ़ करते हैं इस पेड़ की तो इसका नाम कुबबूल क्यों है? इसका नाम तो सुबबूल होना चाहिए। उसी दिन से वो सुबबूल हो गया। ऐसे तीन पेड़ों को लगाकर देश को हरा-भरा दिखाने का काम चलता रहा है। यह लीपापोती अपनी ग़लतियों को छिपाने के लिए है। सफ़ेदा तो सिर्फ़ इसलिए लगता रहा है क्योंकि उसे जानवर नहीं खाते। ऐसे वृक्षारोपण का मतलब क्या जिसको जानवर नहीं खाये। इसका मतलब कि इसे राजनीति वाले, वन-विभाग वाले खाते हैं। जो किसी विभाग की कमियों को छिपाने के काम आये, इसका मतलब है वह उस विभाग का चारा है। उसके काम का पेड़ था इसलिए विभाग ने उसको बहुत प्यार किया और फिर थोड़ा बाज़ार के भी काम का था। पर बाज़ार का अपना स्वभाव होता है। बहुत लग गया सफ़ेदा तो दाम गिर गये।

तो उसका इतना मामूली दाम मिलने लगा कि धीरे-धीरे लोग हतोत्साहित होने लगे। सोयाबीन का भी एक दौर आयेगा और भी कुछ चीज़ों का। गन्ने का भी आता है। कभी पश्चिमी उत्तर प्रदेश में लोग उसे भट्टी में जला देते हैं। भैंसागाड़ी में लाद कर उसे चीनी मिल ले जाने तक का ख़र्चा नहीं

निकलता। लेकिन सुबबूल और विलायती बबूल अभी भी टिके हैं। ये दोनों खरपतवार की तरह फैल गये हैं। इतना बड़ा नुकसान हुआ है। इसकी तरफ़ किसी आन्दोलन का भी ध्यान नहीं है। संस्थाओं का नहीं है।

इन तीनों पेड़ों के बारे में हमेशा यही कहा गया था कि ये बड़ी तेज़ी से बढ़ते हैं। लेकिन समाज केवल 'तेज़ बढ़ने' के तर्क से नहीं चलता। अच्छे कामों, अच्छे उपयोगी पेड़ों को, सन्तति को भी धीरज और प्यार के साथ पाल-पोस कर बड़ा करना पड़ता है।

ऐसी चीज़ों से निपटने के लिए ऐसे विचारों से यानी बीजों से भी बचना पड़ेगा। बीज रूपी विचार से भी बचने की तैयारी होनी चाहिए। बाहर से कोई पेड़ आया है, वो हमको तार ले जायेगा। हमारे पर्यावरण को ठीक कर देगा। वह हमारी सब समस्याएँ हल कर देगा। ख़ूब तेज़ी से बढ़ता है, इसलिए लकड़ी की कमी पूरी कर देगा—ऐसे विचार रोकने की आदत होनी चाहिए। एक बार ठिठक जायें हम इसे सुनकर कि इसकी कोई और अच्छी बात बताओ। अभी तो यह अपनाने लायक नहीं है। लेकिन यह ठिठकने का स्वभाव इस बीच में नष्ट हुआ। इसका कारण यह है कि समाज के मुखर हिस्से की पढ़ाई भी उसी विचार से हुई है। विशेषज्ञता पाने के लिए भी वो वहीं जाता है। सामाजिक विज्ञान ही नहीं, वन विज्ञान हो, भाषा विज्ञान हो, साहित्य हो कोई भी चीज़ हो उसकी विशेषज्ञता हासिल करने का मतलब आप अपने गुरुत्त्वाकर्षण वाले केन्द्र पर गये कि नहीं। यह केन्द्र यूरोप और अमेरिका है। बस्तर के जंगल पर भी विशेषता प्राप्त करनी है तो बस्तर जाने के बदले लन्दन जाना ज़्यादा योग्य माना जाता है! इसलिए विचार रूपी बीज को जब तक हम ठीक नहीं कर पायेंगे, ऐसे पेड़ समय-समय पर आयेंगे, ऐसे हल भी समय-समय पर आयेंगे जो वास्तव में हल न करके हमारी समस्यायें बढ़ायेंगे। उस बढ़ी हुई समस्या को समझने का विवेक भी ख़त्म हो गया है। नहीं तो सुबबूल लगने के दो साल बाद पता चलता कि यह काम ग़लत है। उसने भी दस साल लिए। विलायती बबूल को तो अभी समझने का भी दौर नहीं है। समाज का एक हिस्सा उससे त्राहि-त्राहि कर रहा है। लेकिन जिसे नीति निर्धारक कहते हैं उसका अभी भी ध्यान नहीं। लेकिन ग्वालों को जिनकी गाय उसे खा नहीं पाती हैं या उसको खाकर ज़हरीली हो जाती हैं, उनको रोज़ ध्यान में आ रहा है। कच्छ में रोज़ इसे खाते-खाते गाय मर रही हैं।

समस्या सब जगह है लेकिन उसको आज स्वीकार करने लायक तक विवेक नहीं बचा। जो अच्छे वन विज्ञानी हैं उनके ध्यान में नहीं आ रहा है कि इसके पीछे क्या विज्ञान है, यह तो हमारे काम का नहीं है। हम जिस चीज़ को अपनी थाली में खा न सकें, उसको लगातार लगाते चले जायें। वही बात आपको सोयाबीन में मिलेगी। उसकी दाल नहीं बनती। फिर भी हम उसे बोते चले जा रहे हैं—पश्चिम के बाज़ार के लिए।

> हमारे समय में बराबर यह रेखांकित किया जा रहा है कि भारतीयों में राष्ट्रीय चरित्र व नागरिक बोध का गहरा अभाव है। ऐसे में एक स्वस्थ पर्यावरणीय संरचना व चेतना हमारे समाज में कारगर तरह से व्याप्त हो सके इसके लिए आप किस तरह के नागरिक उपायों को सुझाना चाहेंगे?

एक बहुत बड़ा हिस्सा समाज का बिलकुल किनारे कर दिया गया है। समाज के बड़े हिस्से को हाशिये पर कर दिया जाय और बहुत थोड़ा-सा हिस्सा पूरा घेर लें और वही मुख्यधारा कहलाने लगे, तब ये दिक़्क़तें शुरू होती हैं। इसलिए मुझे लगता है कि नागरिक बोध से भी काम नहीं चलेगा। मुख्यधारा के इन नागरिकों में बोध वाली गुंजाइश मुझे बहुत कम दिखती है। मुझे लगता है कि ऐसे में कर्त्तव्य बोध की ज़्यादा ज़रूरत होती है। जो जहाँ है उसका क्या कर्त्तव्य है, जो जहाँ है उसका क्या कर्त्तव्य होना चाहिए, वह सोचना शुरू करें। समाज का अधिकांश हिस्सा तो अभी भी अपने जीवन को उस ढंग से चलाना चाहता है, लेकिन उसके हाथ में अब किसी तरह की पहल, शक्ति, साधन नहीं बचे हैं। वह सब तो उससे छीन लिया गया है। शायद कहीं बीच में एक बातचीत छूट गयी थी। गाँव का सबसे अधिक राजस्व वहीं का वहीं छोड़ा जाता था। मैसूर का एक क़िस्सा है। तालाब की किताब में है। जो लोग तालाब की रखवाली करते थे उनसे सबसे कम कर लिया जाता था। तालाब बनाने वालों को भी कर में विशेष छूट दी जाती थी। तो वो सब जब नष्ट कर दिया जाय तो तालाब सरकार के हवाले हो ही जायेगा। हमारा तो सारा पैसा सरकार ने ले लिया, अब हम क्या कह सकते हैं! ऐसे में पर्यावरण के शिविर लगाये जायें या चेतना जगायें तो भी क्या हो जायेगा। उनके हाथ में साधन नहीं हों और उनकी प्रतिष्ठा भी नहीं हो। इसलिए शायद पहले प्रतिष्ठा वापस करना ज़्यादा

सरल होगा। उसमें कोई ताक़त और पैसा नहीं लगने वाला। केवल मन लगाने की बात है कि ये लोग हैं जो तालाब बनाते थे, अपना पर्यावरण सँवारते थे, सजाते थे इनके कारण बाक़ी चीज़ें टिकती थीं। इसलिए उनको पहले हम इज़्ज़त वापस करें, इज़्ज़त आने के बाद वो साधन भी ला सकते हैं। कुछ इलाक़ों में पहले साधन आ सकते हैं। वैसे इलाक़े कम होंगे। जैसे गुजरात का उदाहरण यहाँ दे सकते हैं। पाटीदार समाज ने १५० करोड़ रुपये पहले साधन के रूप में डाल दिये पर वह भी इसलिए हुआ कि उनकी प्रतिष्ठा है वहाँ पर। लेकिन हम ऐसी उम्मीद बस्तर से नहीं कर सकते।

अलवर में तरुण भारत संघ ने पहले साधन जुटाये, फिर वहाँ प्रतिष्ठा भी वापस आयी। कहीं यह होगा, कहीं वह। लेकिन इतनी मेरी श्रद्धा है कि जैसे बुरी बातें तेज़ी से महामारी की तरह फैलती हैं, अच्छी बातें भी समाज में उसी तेज़ी से फैल सकती हैं। बिलकुल एक आग की तरह फैलती हैं। तालाब वाला काम एक छोटे-से हिस्से में शुरू किया था। आज उसको धड़ा-धड़ दूसरे लोग अपनाते जा रहे हैं। जिस परिस्थिति को बिगड़ने में दो सौ साल लगे, उसे सुधारने में इतना धीरज तो रखना पड़ेगा। एक-दो दिन में नहीं होगा। हम अपनी मेहनत करें, अपना कर्त्तव्य करें समय जो लगेगा वह तो लगेगा।

और अब आपकी पुस्तकों से जुड़ी कुछ जिज्ञासाएँ :

१. 'आज भी खरे हैं तालाब' में ज़िक्र है 'अनपूछी ग्यारस' का, तालाब बनाने में इस दिवस का क्या विशेष औचित्य है—इस बात को थोड़ा विस्तार से समझायें?

२. तालाब बनाने के लिए मुहूर्त, तिथियाँ, लग्न, ग्रह, नक्षत्र आदि का मिलना सिर्फ़ मान्यताओं के आधार पर होता है या इसका कोई ठोस कारण है? और अगर है तो क्या है वह?

३. जलसूंघा लोगों द्वारा भूजल की तरंगों के संकेत आम या जामुन की लकड़ी की सहायता से किस तरह से पकड़े जाते हैं? क्या हम आज तक उसका वैज्ञानिक आधार खोज पाये हैं या नहीं?

४. राजस्थान में नवरात्रि के दिनों में तालाब का जल-स्तर देखकर पुजारीजी (भोपा जी) आने वाले समय की भविष्यवाणी किस

आधार पर करते थे तथा वह किस बात का संकेत होती थी और आज हमें उसे किस रूप में समझना और ग्रहण करना चाहिए?

५. अलग-अलग प्रान्तों और प्रदेशों में बनने वाले तालाबों का वास्तु-शास्त्र वहाँ की प्राकृतिक और भौगोलिक संरचना पर ही आधारित होता था या समाज में उनका उपयोग व उपभोग भी उनके निर्माण को निर्धारित करता था?

६. इन तालाबों से जुड़ी कहानियाँ, जातक कथाएँ किस तरह से संस्कृति और पर्यावरण की रक्षा में अपना योगदान देती हैं?

मोटे तौर पर समाज अपने काम को याद रखने के लिए कुछ सरल तरीक़े ढूँढ़ता है। उसमें यह मुहूर्त वग़ैरह उसी तरह की चीज़ें हैं। नहीं तो आपको एक आदेश निकालना पड़ेगा कि तालाब बनाने का मौसम आ गया है। सारे लोगों को कॉपी जायेगी तो कोई एकाध लाख फ़ोटो कॉपी करवानी होंगी। सरकुलर या प्रिंट करना हो तो कितने पतों पर भेजोगे, कौन भेजेगा? आधी डाक में गड़बड़ हो जायेगी। पता चला कि पाने वाले छुट्टी पर हैं। इस तरह तो वर्षों तक तालाब ठीक नहीं होंगे, नये नहीं खुदेंगे। तो समाज जब बड़े पैमाने पर कोई चीज़ करना चाहता है तो उसको सरल बनाता है। प्रकृति भी ऐसा ही करती है। तो मुझे यह लगता है कि ग्यारस वग़ैरह इसलिए तय किये गये, दिन रखे गये। शुभ दिन का मतलब अनपूछी ग्यारस सबसे व्यावहारिक दिन भी है। दीपावली के ११ दिन बाद छोटी दीपावली आती है, तुलसी विवाह वाला वो दिन है। इसका शास्त्रीय नाम है देवोत्थान एकादशी। देवउठनी भी उसी तरह बना है।

एक व्यावहारिक दिन भी है। पानी का काम करने के लिए। तालाब का काम आपको करना हो तो मिट्टी ऐसी चाहिए कि उसमें कुदाल, फावड़ा चल सकता हो। कीचड़ में नहीं चल सकता। बिलकुल सूखे में भी नहीं चल सकता। तो यह बीच का दौर है। वर्षा का पूरा मौसम निकल गया— सितम्बर-अक्टूबर। आकाश नीला हो गया। बादल सब छँट गये। थोड़ी-सी धूप भी पड़ गयी। मौसम खुल जाने से कीचड़ भी सूख गया। अब इतनी नमी है कि आप अपने फावड़े, कुदाल का प्रयोग करके मिट्टी का काम कर सकते हैं। इसलिए इस दिन को रखा गया। अब जब एक शुभ दिन है, अच्छा मुहूर्त है तो उसका व्यवहार में यह उपयोग हुआ कि भई

आज के दिन के लिए क्या पूछना। बहुत ही अच्छा दिन है यह तो काम शुरू करने के लिए। तो फिर धीरे-धीरे लोगों के बीच तो उसका नाम प्रचलित हुआ अनपूछी ग्यारस। आज पूछने की भी ज़रूरत नहीं ऐसी मान्यता बन गयी। बाक़ी के लिए तो पण्डितजी से एकाध बार पूछना पड़ेगा। काग़ज़-पत्तर दिखाने पड़ेंगे कि हम यह काम करना चाहते हैं, महाराज बताओ कौन-सा दिन ठीक है। पर इसको इस व्यवस्था से भी मुक्त करके इतना व्यापक कर दिया तो मुझे लगता है कि वह एक व्यावहारिक दिन था। तो उसको मुहूर्त माना कि आप बस काम शुरू कर दीजिये।

एक बात और भी है। किसान समाज के फुर्सत का दिन भी वो ही हैं। एक फ़सल कट चुकी है। किसान के पास थोड़ी समृद्धि आ गयी है। उसके पास अब थोड़ा वक़्त भी है। अगली फ़सल बोने से पहले समय भी है और साधन भी है। समय है इसलिए बिना पूछे अच्छा काम शुरू करो। समाज को अच्छे कामों में लगाना है तो कोई न कोई प्रेरणा देनी पड़ती है।

इसलिए एक दिन इस कोने से उस कोने तक तय हो गया। पूरे देश के पंचांग अनपूछी ग्यारस को इसी रूप में रखते हैं और अपने लोगों से यह कहते हैं कि आज के दिन आपको कोई भी अच्छा काम करना हो, बेझिझक शुरू कर दीजिये। एक तरह का आदेश भी है कि यह अच्छा काम है। शुरू करो और जल्दी ख़त्म करो। निश्चिन्त भी कर दिया कि भगवान साथ है।

यह सब भी इसी तरह जुड़े हैं कि समाज के उस तरह के व्यवहार में जो सबसे अनुकूल दिवस हो उनमें यह करना है। फिर थोड़ा-बहुत गणित है। हरेक समाज थोड़े-बहुत गणित पर चलता है। शुभ-अशुभ अच्छे काम का विचार भी करता है। एकाध बार कभी कुछ ग़लत समय में फावड़ा चलाया वो तालाब बाद में कभी टूट गया होगा तो लोगों को लगा होगा कि मुहूर्त नहीं देखा। फिर कुछ इस तरह के क्षण निकल गये। यह एक चेतना का भी स्तर हो सकता है। इससे ज़्यादा तो मैं नहीं जानता। किताब में हम लोगों ने इसलिए लिखा कि लगभग हर जगह दक्षिण में, बंगाल में, मध्य प्रदेश में, राजस्थान में एक-सी तिथियाँ मिलती हैं, इस काम को करने के लिए।

कुल जानकारी बाद में सिमट के मुहूर्त में बदल जाती होगी। पहले तो यही

रही होगी जानकारी कि अमुक दिन करने से लगता है थोड़ा नुकसान हुआ। अमुक दिन करने से नहीं हुआ। फिर वो एक जगह आकर एक सामूहिक चेतना में बदल जाती है। इस तरह से ये दिन तय हुए होंगे। जब सबका अनुभव एक जगह निचुड़ कर आया होगा कि भई यह अच्छा दिन है। तो यह व्यवहार भी है, विज्ञान भी है, लगभग एक जैसा है सब जगह।

पानी के जो ये सिद्ध पुरुष हैं उनको बोली में जलसूँघा भी कहा गया है। पानी सूँघना जानते हैं। जल की अपनी एक तरंग होती है और उसको आज आधुनिक विज्ञान यन्त्रों से खोजता है। कुछ के हाथ में शरीर में ऐसी संवेदनाओं का संचार होता होगा कि वो जल तरंग का कम्पन ग्रहण कर लेते हैं। ये लोग हाथ में जामुन की, आम की लकड़ी लेकर उसे ज़मीन के समानान्तर ले जाते हैं। राजस्थान में बहुत सारी संस्थाएँ या घर नये चलन के अनुसार हैण्डपम्प या ट्यूब वैल वग़ैरह की जगह आधुनिक यन्त्रों से पक्की करवाते हैं। बाद में जलसुंघे को बुलाकर उसकी पुष्टि भी करते हैं कि भई यही जगह ठीक है कि नहीं। यह बहस सन् ५० में अमेरिका में भी ख़ूब चली। तब तक वहाँ ऐसे यन्त्र वग़ैरह नहीं आये थे। एक इस पर किताब भी थी। पानी को लकड़ी से कैसे ढूँढ़ते हैं यह विज्ञान है कि नहीं, वहाँ बड़ी बहस चली। वहाँ भी यह ज्ञान मिलता रहा है। यह भी मान्यता रही कि इसे बेचना नहीं है। इसको पैसे के काम में मत लगा देना। अगर आप को कुएँ की ज़रूरत है तो मैं दो सौ से कम में नहीं बताता ऐसा लालच मत करना, श्रद्धा से जो मिल जाये बस उतना लेना। ये जो टोटके किये कि इसे बेचोगे तो यह लुप्त हो जाय, ये इसलिए किये गये कि ऐसे ज्ञान को रखने वाला अपने ज्ञान को बेचे नहीं। इसे समाज के काम में लगाये और यह भी देखा कि वो भूखा भी नहीं मरे। जिसकी सामर्थ्य ५१ रुपये देने की है वह ५१ रुपये देगा। कोई १०१ देगा, कोई २५१ दे देगा। उसको कुछ न कुछ अपनी जीविका चलाने के लिए भी मिले। लेकिन वह इसको बेचने की दुकान न लगाये।

राजस्थान में और ख़ासकर मरुभूमि में एक शब्द है जमानो। जमाने से बना है। लेकिन वो दुनिया के अर्थ में नहीं है। आने वाली परिस्थिति अच्छी होगी। फ़सल के दिन अच्छे होंगे। इस शब्द से जमानो शब्द निकलता है। और यह बहुत ही वैज्ञानिक पद्धति थी कि पानी पूरा बरस गया। जिस देश में प्रकृति की तरफ़ से पानी की एक निश्चित ॠतु या समय तय है। अब

उसके बाद बारिश नहीं होने वाली। तो यह एक कितना बड़ा वैज्ञानिक संगठन था समाज का कि हर गाँव में सब लोग सितम्बर–अक्टूबर में नवरात्रों के आसपास तालाब के आसपास आयेंगे। वहाँ एक विशेष व्यक्ति तालाब की पाल पर खड़ा होकर उस तालाब में कितना पानी भरा है, यह देखकर अपने सब लोगों को बता सके कि आने वाला दौर अच्छा होगा या आने वाला ज़माना ख़राब होगा। भोपाजी यह भविष्यवाणी करते थे। वो कोई टोटके के रूप में नहीं करते थे। जल–स्तर देखकर ही करते थे। तालाब आधा भरा है कि पूरा भरा है। अपरा चल दी, चादर चल दी तो ख़ूब पानी है। ख़ूब पानी का मतलब है फ़सल भी अच्छी होगी। अब कोई बड़ी दुर्घटना हो जाय वह अलग बात है। लेकिन कृषि समाज का मुख्य आधार है पानी। उसका इन्तज़ाम हो गया तो उसकी फ़सल आ गयी। अच्छी हो जायेगी। इसलिए भोपाजी इसकी घोषणा करते थे कि ज़माना कैसा होगा। आज भी ऐसे लोग बचे हैं। अलवर वग़ैरह में वहाँ ज़माना देखने वाली परम्परा लोग नहीं भूले थे। भोपा जैसा संगठन नहीं है। लेकिन उनकी स्मृति में इस काम का महत्त्व है। अरवरी नदी के किनारे के जितने गाँव हैं, उन्होंने आपस में बैठक करके सितम्बर में यह तय किया कि इस वर्ष पानी बहुत कम गिरा है। चालीस प्रतिशत पानी गिरा। इसलिए ऐसी फ़सल नहीं लगायें जो पानी ज़्यादा माँगती है। नहीं तो यह पानी ख़त्म हो जायेगा। कम पानी गिरा है तो व्यवहार में भी ऐसा रखो कि पानी का ख़र्च कम हो। इसलिए वे लोग, उनके गाँव अकाल को सह गये। उन्होंने कहीं भी गेहूँ, गन्ना इस तरह की चीज़ें नहीं बोयीं। अगर वो वैसी फ़सल ले लेते रबी में जिसकी पानी की माँग ज़्यादा होती तो जो कम पानी गिरा है वो उनको धोखा दे जाता। गुजरात, महाराष्ट्र आदि में सब जगह यही हुआ कि पानी कम गिरा। कोई भोपा न पुराना है, न नया भोपा है। नये भोपे कौन हो सकते हैं? यह मज़ाक़ में नहीं कह रहा। नये भोपे कलेक्टर होते हैं। उस ज़िले का प्रमुख अधिकारी जो यह मुनादी करे। रेडियो, टी.वी. से सन्देश दे कि भाई इस साल पानी कम गिरा है किफ़ायत रखनी पड़ेगी। कुएँ में पानी का स्तर देख कर ही सिंचाई करो। ज़्यादा मत करो। नहीं तो हम दोनों तरफ़ से चले जायेंगे। तो बाक़ी जगह यह हुआ कि लोगों ने विवेक नहीं दिखाया इस मामले में। ऐसी फ़सलें लगायीं जो पानी ज़्यादा लेती हैं। पानी भी गया और फ़सल भी गयी। अकाल पड़ा इसलिए। उनका भूजल भी चुक गया। अलवर में उसको बचा कर रख लिया।

साधारण फ़सल लगायी। मोटा अनाज। कुछ फ़सल भी हाथ आयी। पीने का पानी भी रहा और पशुओं के लिए भी रहा। इसलिए वहाँ से आबादी का पलायन नहीं हुआ। तो यह भोपा वाली पद्धति ही थी। कोई न कोई एक प्रतिष्ठित व्यक्ति यह जानकारी दे कि आने वाले ज़माने में तुम्हें क्या व्यवहार करना है। यह ऐसी व्यवस्था थी।

आज लोगों को लगता है कि हमारा जीवन तो विज्ञान पर, तकनीक पर है। पानी कम है तो और गहरे उतर जायेंगे। सब जगह गुजरात, महाराष्ट्र में यही हुआ। पानी कम गिरा है तो क्या हुआ हमारा तो ट्यूबवैल है। तालाब तो है नहीं। तालाब से सिंचित तो कोई इलाक़ा है नहीं। इसलिए बटन दबायेंगे, पानी निकलेगा। इस तरह दो तीन दिन तो पानी निकला। उसके बाद नहीं निकला। इसलिए अब अन्य रूपों में भी भोपाओं को देखना चाहिए। उसमें कलेक्टर हो सकते हैं। संस्थाएँ हो सकती हैं। अलवर में यह सब काम तरुण भारत संघ से हुआ। ये आधुनिक भोपा बन गये। आज के युग में उन्होंने तो काम पूरा किया।

दोनों बातें हैं। कितना पानी गिर रहा है उसको कम क्षेत्र से जल्दी से समेट सकते हैं। अगर वर्षा बहुत अच्छी होती है तो तालाब का आगोर जिसको अब हम जलागम वग़ैरह के नाम से जानते हैं, वो छोटा भी हो सकता है। गोवा, कोंकण वग़ैरह के जो इलाक़े हैं, जहाँ पानी ख़ूब गिरता है, असम के इलाक़े हैं जहाँ तेज़ पानी गिरता है, वहाँ छोटा आगोर काम देता है। वहाँ १००-२००, ३०० इंच से ऊपर पानी गिरता है पर मरुभूमि में ६ इंच-८ इंच पानी गिरेगा इसलिए वहाँ आगोर बड़ा बनता है कि चारों तरफ़ से एक-एक बूँद आ जाय तब वह भर सकेगा। एकदम से नहीं भरने वाला। एक यह कारण और दूसरा यह कि उपयोग भी इसी आधार पर होंगे। जितनी अच्छी आपके पास वर्षा है, जैसी ज़मीन है उसको रोपने वाली, उसकी क्षमता, उसका स्वभाव सब देखा जाता है। उसी आधार पर फ़सलें तय करनी होंगी। आप देखेंगे कि मरुभूमि में इतने सारे तालाब हैं, लेकिन वे सिंचाई के काम आते ही नहीं हैं। सारे तालाब भूजल, पाताल पानी के संवर्धन के लिए, निस्तारी के लिए, नहाने-धोने के लिए, पशुओं के लिए बनते रहते हैं। उनमें फ़र्क़ होगा कि यह केवल पीने के पानी का है तो उसमें नहाना मना है। इस तरह का आरक्षण अलग-अलग कर रखा गया था। उपयोग के आधार पर। छत्तीसगढ़ में भी निस्तारी के तालाब अलग मिलेंगे।

नहाने के अलग मिलेंगे। स्त्रियों के लिए अलग, पुरुषों के लिए अलग। राजस्थान में तालाबों में स्त्रियों के नहाने के लिए विशेष इन्तज़ाम रखा जाता था। उनको पानी में तैरने का पूरा आनन्द भी मिले और वो बाक़ी हिस्से से कटे भी रहें। जालीदार परकोटा, सीढ़ियाँ, उसमें कूद कर नहाने तैरने का पूरा प्रबन्ध रखा जाता था। वे बाहर देख सकें, बाहर के लोग उनको न देख सकें—इसका बहुत अच्छा इन्तज़ाम बीकानेर के कोलायत नामक तालाब में मिलेगा। छत्तीसगढ़ धान का इलाक़ा है। धान को पानी चाहिए। वर्षा के अलावा भी सिंचाई चाहिए तो बहुत सारे ऐसे तालाब हैं, उनको सिंचाई के लिए बनाया गया। फिर मछली पालन का चलन है। मरुभूमि में नहीं है वो। मछली के तालाबों में अपरा वग़ैरह सब अलग ढंग से बनेंगी। उसमें नीचे एक नाली बनाते हैं जिससे एक बार वर्ष में पूरा तालाब ख़ाली कर दिया जाय। मछली की बढ़त के लिए यह ज़रूरी है कि एक बार तालाब का तल सूख जाय, उस पर धूप पड़ जाय। हानिकारक कीटाणु वग़ैरह नष्ट हो जायें। फिर से उसमें पानी भरा जाय। तब मछली बहुत अच्छी पनपती है। इसे एक फ़सल की तरह देखते हैं। उनके रीति-रिवाज हैं। आख़िरी फ़सल को पकड़ने के भी अलग नियम हैं। उसमें पूरा गाँव इकट्ठा होता है। मछली के ढेर लगते हैं। सब के नाम के, हर परिवार के। फिर तालाब ख़ाली कर दिया जाता है। उसको धूप दिखायी जाती है। फिर वो दुबारा भरता है। जहाँ बहुत तेज़ पानी गिरता है वहाँ तालाब अलग-अलग ढंग से भरते हैं। उनकी अपरा अलग ढंग से बनायेंगे। वहाँ पानी की मात्रा को देखकर, मिट्टी की सहन शक्ति देखकर संरचनाएँ बदलती हैं।

तालाब और पर्यावरण की जितनी भी कहानियाँ हैं वे तो एक तरह से समाज को बार-बार उससे बाँधे रखने के लिए हैं। उसको प्रेरणा देने के लिए हैं। हर बार यह कहो कि भाई तालाब बनाओ। तो दो लोग सुनेंगे दो लोग नहीं सुनेंगे। अनसुनी कर देंगे। लेकिन तालाब बनाने के अच्छे क़िस्से अगर समाज में घूमते रहें, चल रहे हों तो बचपन में कोई काका से सुनेगा, कोई काकी से सुनेगा, कोई दादी से सुनेगा। आदेश न होकर वह एक सहज प्रक्रिया हो जाती है। नहीं तो किसी एक उमर में आदेश मिलेगा हमको तब हम जायेंगे अच्छे काम करने। वातावरण बनाने के लिए यह एक बहुत बड़ा काम होता था। अपने यहाँ तालाब की कुछ ऐसी कहानियाँ

प्रचारित हुई हैं, जो किसी को भी रुला सकती हैं। और उसने अगर कभी तालाब बनाने के बारे में न सोचा हो तो वो तालाब बना बैठेगा!

केवल पर्यावरण की नयी संस्थाएँ खोल देने से पर्यावरण नहीं सुधरता। सिर्फ़ थाने खोलने से अपराध कम नहीं हो जाते। ये कथाएँ समाज को चलाये रखती हैं। अच्छे काम सरल बनाती हैं, बुरे काम कठिन। यह पर्यावरण शिक्षा भी है, पर्यावरण-चेतना भी है, पर्यावरण का पाठ्यक्रम भी है। सब चीज़ लिखत-पढ़त वाली औपचारिक होती है। सब कक्षा में, स्कूल में बैठकर नहीं होता इतने बड़े समाज का संचालन करने, उसे सिखाने के लिए कुछ और ही करना पड़ता है। कुछ तो रात को माँ की गोद में सोते-सोते समझ में आता है। तो कुछ काका, दादा के कंधे पर बैठ चलते-चलते समझ में आ जाता है। यह उस ढंग का काम है जीवन शिक्षा का।

महात्मा गाँधी अन्तरराष्ट्रीय विश्वविद्यालय की पत्रिका
'बहुवचन-चार' में प्रकाशित साक्षात्कार

प्रकृति का रास्ता

उमेश आनन्द के साथ

प्रकृति का रास्ता

तत्कालीन ऊर्जा मन्त्री सुरेश प्रभु को देश की नदियों को जोड़ने का काम सौंपा गया है। क्या आप नदी जोड़ के विचार को अच्छा मानते हैं?

प्रभु (भगवान) का काम सुरेश प्रभु न करें। एक तरफ़ तो हम भारत माता की बात करते हैं, और दूसरी ओर देश के भूगोल के साथ बेमतलब की बात करते हैं। हमारी नदियों का तन्त्र सैकड़ों वर्षों से विकसित हुआ है। यह सोचना कि हम पूर्व से पश्चिम और पश्चिम से पूर्व तक नदियों को बहा सकते हैं, सिवा मूर्खता के और कुछ नहीं है। हमारी नदियों का अपना एक तर्कशास्त्र है, विज्ञान है। इस तर्कशास्त्र के भीतर ही हमारी पानी की समस्याओं के समाधान छिपे हैं। केवल स्थानीय स्तर के विभिन्न समाधानों से ही राष्ट्रीय स्तर पर इस समस्या का समाधान निकल सकता है। नदियों को जोड़ने की तो बात ही भूल जाइये।

दिल्ली में पानी की समस्या दिन पर दिन बढ़ती जा रही है। आख़िर क्या समाधान है?

कहा जाता है किसी शहर की सेहत का आकलन, उस नदी की सेहत के आधार पर किया जाना चाहिए, जिस नदी के किनारे वह शहर बसा हुआ है। आज यमुना की स्थिति से दिल्ली की हालत का अन्दाज़ लगाया जा

सकता है। नदी की सफ़ाई पर करोड़ों रुपये ख़र्च किये जा रहे हैं और यह अब भी गन्दी ही बनी हुई है। सच्चाई तो यह है कि यमुना को साफ़ करने के लिए आपको पैसे की ज़रूरत नहीं है, ज़रूरत है पानी के प्रति लोगों के व्यवहार को बदलने की। अभी यमुना का सारा पानी दिल्लीवासियों की ज़रूरत के लिए ले लिया जाता है। इसके बाद नदी में इतना पानी बचता ही नहीं है कि वह मल आदि गन्दगी को बहा सके। केवल मानसून में ही इस गन्दगी को बहा पाना सम्भव हो पाता है। बाक़ी समय यमुना गन्दा नाला बनकर रह जाती है।

एक समय था जब टैंक और तालाब में बारिश के पानी के साथ-साथ नदी के अतिरिक्त पानी का संग्रह किया जाता था। लेकिन नदी के साथ कोई छेड़छाड़ नहीं की जाती थी। दिल्ली की पानी की ज़रूरतों को पूरा करने के लिए यमुना के किनारे तमाम जल-संरचनाएँ बनायी गयी थीं। इससे सतह के पानी का उचित उपयोग होता था, भूजल रिचार्ज होता था और यमुना को ख़ुद को साफ़ रखने में आसानी होती थी। यह आज भी सम्भव है और इसे करने के लिए बहुत कम पैसे की ज़रूरत है।

> तो, सवाल यह है कि संसाधन के रूप में पानी का उपयोग कैसे किया जाये?

दिल्ली में पानी के स्रोत के रूप में टैंक, नहरें और बावड़ियाँ थीं। इन्हीं पर जीवन टिका था और कभी पानी की कमी नहीं हुई। अब हम इस नाज़ुक सन्तुलन को पलट चुके हैं और परिणामस्वरूप वही कमियाँ हैं जिन्हें हम इस समय भुगत रहे हैं। आप धरती से उतना ही पानी निकाल सकते हैं, जितना आपने उसमें डाला है। इससे अधिक एक बूँद भी नहीं।

यह समस्या केवल दिल्ली तक ही सीमित नहीं है। पूरे देश में यही स्थिति है। अठारह राज्यों को सूखे का सामना करना पड़ रहा है। इसमें छोटे और बड़े, अमीर और ग़रीब सभी राज्य शामिल हैं। मध्य प्रदेश जैसा बेहतर प्रशासित राज्य या अति आधुनिक उन्नत तकनीक से युक्त आन्ध्र प्रदेश और कर्नाटक जैसे राज्य भी सूखे से पीड़ित हैं।

स्पष्ट है, हमारे विकास मॉडल के साथ कहीं कुछ तो गड़बड़ है। मेरा मानना है कि प्रकृति अपने प्रत्येक चक्र में कुछ सेंटीमीटर बारिश बचाकर

रखती है। तो कुछ कमज़ोर सालों के बाद भारी मानसून आ सकता है। समस्या तो तब उत्पन्न होती है जब आप इस समस्या से निपटने के लिए तैयार नहीं होते हैं और प्रकृति के साथ तालमेल नहीं बैठा पाते हैं, यही वह समय होता है, जब कम बारिश का परिणाम सूखे के रूप में आता है और थोड़ी अधिक बारिश से बाढ़ आ जाती है।

मुझे बताया गया है कि कच्छ में इस मानसून से हुई पर्याप्त बारिश ने पिछले तीन वर्षों के सूखे की क्षतिपूर्ति कर दी है। जिन इलाक़ों में भारी बारिश का पानी रोकने के लिए टैंक, तालाब और अन्य जल संरचनाएँ मौजूद हैं उन्हें अपनी इस तैयारी का लाभ मिलेगा।

लेकिन हम जानते हैं कि सरकारें, स्थानीय या क्षेत्रीय वास्तविकताओं के प्रति, संवेदनशील नहीं हैं!

यह सच है और यही समस्या है। हमारे पास एक बुलडोज़र है, जो विकास के नाम पर हर जगह चलाया जा रहा है। हम उम्मीद करते हैं कि हर क्षेत्र और हर किसी के लिए एक समाधान होगा। लोग संसाधनों का ठीक तरीक़े से उपभोग करेंगे, ख़र्च करेंगे और बचायेंगे। लेकिन यह सच्चाई नहीं है। हमें अलग-अलग क्षेत्रों के लिए अलग-अलग समाधान की ज़रूरत है—रेगिस्तान से लेकर पहाड़ों और तटीय इलाक़ों तक। हर इलाक़े में संसाधन मौजूद हैं और स्थानीय प्राथमिकताओं के अनुसार ही उन्हें संरक्षित किया जाना चाहिए और उनका उपयोग किया जाना चाहिए।

प्रकृति को मानकीकरण पसन्द नहीं है। यह आई.एस.आई. चिह्न को नहीं पहचानती है। राजस्थान की इन्दिरा गाँधी नहर का ही उदाहरण लें। यह एक ऐसा क्षेत्र है, जो नमक भण्डार के लिए जाना जाता है; पानी आते ही ज़मीन पर ऊपर नमक आ जायेगा। यदि योजनाकार और इंजीनियरों ने केवल इसके मूल नाम—लूणकरणसर—लूण यानी नमक—पर ध्यान दिया होता तो उन्होंने वहाँ नहर बनाने का प्रयास नहीं किया होता।

तो समाधान क्या है?

प्रकृति ने जो हमें विविधता दी है उसका सम्मान करना और ग़लतियों से

सीखना ही समाधान है। जैसे राजस्थान नहर के उदाहरण से सीखा जा सकता है। उन हैण्डपम्पों के बारे में भी यही सच है जिनका एक समय में यूनिसेफ जैसी एजेंसियों ने ज़ोरदार प्रचार-प्रसार किया था। आज हम जानते हैं कि यह एक बहुत बड़ी ग़लती थी। उत्तरदायित्त्व, जवाबदेही में भी समाधान निहित है और यह केवल अधिकारियों और इंजीनियरों की ही ज़िम्मेदारी नहीं है बल्कि उतना ही उत्तरदायित्त्व जन-प्रतिनिधियों का भी है। विनोबा भावे ने एक बहुत ही अच्छी बात कही है—एक अच्छा समाज दूसरे समाजों की ग़लतियों से सीखता है, लेकिन ऐसा लगता है कि हम अपनी ही भयानक भूलों से सबक लेने पर तुले हुए हैं।

अँग्रेज़ी से अनुवाद : प्रदीप सिंह

सूखे का यह अन्तिम साल

पानी के मुद्दे पर वर्ष २०१६ में अख़बारों में दो सुर्ख़ियाँ छायी हुई थीं। दोनों एक-दूसरे के बिलकुल उलट, मन को परेशान करने वाली थीं। पहली ख़बर, महाराष्ट्र के लातूर में रेलगाड़ी से पानी पहुँचाने की थी। शहर में सूखा पड़ा था। दूसरी ख़बर आगामी अच्छे मानसून की थी। मानसून के कारण गाँवों में माँग बढ़ने के अनुमान थे, और इस अनुमान के आधार पर देश के शेयर बाज़ार आसमान छू रहे थे।

अपना प्यारा भारत देश प्रकृति की इन दो चरम अवस्थाओं के बीच फँसा हुआ था। ऐसे में 'सिविल सोसायटी' ने पानी पर देश के सर्वमान्य प्रतिष्ठित विचारक और शोधकर्ता अनुपम मिश्र से बात की। आख़िर हमारी जल-नीतियाँ कहाँ विफल हो गयी हैं? आख़िर वे कौन-से कारण हैं कि एक तरफ़ लातूर सूखे में फँसा है, तो दूसरी तरफ़ न जाने कब से राजस्थान के रेगिस्तान के लोग हमें पानी का पाठ पढ़ा रहे हैं। उन्हें पानी की कोई समस्या नहीं है, जबकि वहाँ लातूर के मुक़ाबले नहीं के बराबर वर्षा होती है।

अनुपम जी ने सामाजिक परम्पराओं और प्राचीन जल प्रणालियों पर वर्षों तक अध्ययन किया था। वे एक शान्त, गहरी अन्तर्दृष्टि वाले गाँधीवादी थे, जिनके काम में उदारता और विनम्रता की गहरी तासीर थी। यहाँ प्रस्तुत है उनके जीवन का अन्तिम साक्षात्कार।

हम बाढ़ और सुखाड़ के बीच फँसे हैं। एक तरफ़ दो वर्षों तक ठीक से वर्षा नहीं हुई, वहीं अब कहा जा रहा है कि इस बार मानसून अच्छा होगा। ऐसे में हम अपने पानी का प्रबन्ध कैसे करें कि इस बाढ़-सुखाड़ की समस्या से ऊपर उठ जायें?

अकाल या सूखा अकेले नहीं आता। पहले विचारों का अकाल आता है। लेकिन दुख की बात यह है कि हमें ये सारी चीज़ें दिखायी नहीं देतीं। प्रकृति ने हमें मानसून दिया है। फिर भी सत्ता में बैठे लोग आज सोचते हैं कि विकास एक ऐसा रामबाण है, जिसके ज़रिये वे मानसून को मात दे सकते हैं। हम ऐसी बातें भाखड़ा नंगल बाँध के समय से सुनते आ रहे हैं। आज पंजाब और हरियाणा के बीच पानी के लिए एक नहर बनायी गयी है, लेकिन दोनों एक-दूसरे को पानी देने को तैयार नहीं हैं, जबकि केन्द्र से लेकर दोनों राज्यों में भाजपा की सरकारें हैं।

इसलिए, यह सोचना कि इस साल अच्छा मानसून होगा और हमारी सारी समस्यायें सुलझ जायेंगी, अपना सिर खपाने के सिवा कुछ नहीं है।

मानसून कोई मदर डेयरी का बूथ नहीं है कि आपको जितने दूध की ज़रूरत है, उतने टोकन डालिए और दूध मिल जायेगा।

अच्छे और बुरे मानसून का अन्दाज़ा बारिश होने पर ही लगता है कि आख़िर कितनी बारिश हुई। यही कारण है कि कश्मीर से कन्याकुमारी तक हमारे समाज ने न जाने कब से बारिश के पानी को रोकने के लिए तरह-तरह की जल संरचनाएँ बना रखी थीं, चाहे अधिक बारिश हो या कम। यही हमारी परम्परा रही है।

आप यह भी कह सकते हैं कि हमने इन जल संरचनाओं को बनाते समय इस बात का भी ध्यान रखा था कि अधिक बारिश होने पर उसे भी रोक लिया जाये। उन दिनों शायद लोगों को २० इंच बारिश का अनुमान रहा होगा, या ३५ इंच भी हो सकता है। लेकिन जो संरचनाएँ बनायी गयीं, उनमें १५ इंच अतिरिक्त बारिश रोकने की क्षमता जोड़ी गयी, ताकि पानी की एक बूँद भी बेकार बह कर न जाने पाये।

इस तरह, बारिश का जो भी पानी गिरता, उसे पूरी सावधानी के साथ जमा कर लिया जाता था।

सूखा उन दिनों भी पड़ता था। बाढ़ भी आती थी। लेकिन समाज के इन उपायों के कारण दुराग्रही मानसून भी कुछ बिगाड़ नहीं पाता था। लोगों का जीवन बिलकुल सहजता के साथ चलता रहता था।

> महाराष्ट्र के कई ज़िलों में सूखे की ख़बर हर साल आती है। आख़िर इससे अब तक कोई सबक क्यों नहीं लिया गया है?

पहली बार यह सवाल खड़ा हुआ कि जब राज्य में सूखा पड़ा हुआ है, तो क्या हमें मुम्बई में आई.पी.एल. आयोजित करने चाहिए? यह एक व्यावहारिक प्रश्न है।

मुम्बई के वानखेडे स्टेडियम के अलावा हमारे पास ऐसे ४८ स्टेडियम हैं, जहाँ अन्तर्राष्ट्रीय क्रिकेट मैच खेले जा सकते हैं। लेकिन क्या किसी भी एक स्टेडियम में बारिश का पानी रोकने का बन्दोबस्त किया गया है? एक स्टेडियम में लगभग ५०,००० लोग बैठ सकते हैं। हम कम से कम पाँच से पचास करोड़ लीटर पानी तो रोक ही सकते हैं।

राज्य में एक मामूली-से सूखे ने आई.पी.एल. मैच को ज़ीरो पर आउट कर दिया। इसलिए हरेक स्टेडियम में पानी रोकने का बन्दोबस्त किया जाना चाहिए, ताकि वहाँ इतना पानी हो कि स्टेडियम की ज़रूरतें तो पूरी हों ही, ज़रूरत पड़ने पर लातूर को भी पानी भेजा जा सके।

लातूर में तो फिर भी रेलगाड़ी से पानी पहुँचाया जा रहा है। कोई १२-१५ साल पहले गुजरात के तटीय हिस्सों में जहाज से पानी पहुँचाया गया था। आज दिल्ली में वही नेतृत्व शासन कर रहा है, इसलिए, वाइब्रेंट गुजरात या वाइब्रेंट भारत के लिए बस एक रास्ता और बचा है : दो घण्टे में हवाई जहाज से पानी भेज दीजिये। हम बुलेट ट्रेन से भी पानी भेज सकते हैं। यह भारत में विकास की चरम स्थिति होगी!

मानसून हमारे लिए चार माह तक बारिश लेकर आता है। हम बारिश के पानी को रोकते नहीं हैं। हम इसे समुद्र में बह जाने देते हैं। अभी पिछली रात मैंने अपने मित्र जैसलमेर के चतर सिंह से बात की। रेलगाड़ी से लातूर पानी भेजने की बात पर वे हँसने लगे।

उन्होंने मुझे पिछले दो वर्षों में जैसलमेर में हुई बारिश का हिसाब बताया।

वर्ष २०१४ में वहाँ मात्र ११ मिलीमीटर बारिश हुई थी और २०१५ में ५१ मिलीमीटर। उन्होंने कहा कि जिन १० गाँवों में पुरानी जल संरचनाओं को दुरुस्त कर दिया गया था, वहाँ पीने के पानी, चारा या अनाज की कोई कमी नहीं थी।

क्या महाराष्ट्र, उत्तर प्रदेश, मध्य प्रदेश, कर्नाटक या आन्ध्र प्रदेश के मुख्यमन्त्री अपने विशेष विमान लेकर इन गाँवों में नहीं जा सकते? वे इस ज्ञान को नहीं सीख सकते?

मेरे कहने का अर्थ यह है कि लातूर में जैसलमेर के मुक़ाबले बहुत अधिक बारिश होती है। मैं इस बात से सहमत हूँ कि यह कोंकण नहीं है, लेकिन प्रकृति ने लातूर को बारिश से पूरी तरह वंचित भी नहीं किया है। यह बात अपनी जगह ठीक है कि लातूर की आबादी जैसलमेर से ज़्यादा है। लेकिन यह भी सच है कि इतने कम बारिश वाले रेगिस्तान के इन गाँवों में पिछले दो साल से कोई टैंकर नहीं भेजा गया है।

जैसलमेर ज़िले के इन गाँवों ने आख़िर सूखे को मात कैसे दी?

जैसलमेर का भूगोल बिलकुल विचित्र है। हज़ारों साल पहले प्रकृति ने वहाँ कई स्थानों पर ज़मीन के नीचे जिप्सम की पट्टियाँ बनायीं। जिप्सम की ये पट्टियाँ नमी को नीचे जाने से रोकती हैं और उसे वाष्प बनकर उड़ने नहीं देतीं। ये मीठे जल को नीचे के खारे पानी में मिलने से भी रोकती हैं।

जैसलमेर के इन गाँवों में जहाँ ज़मीन के नीचे जिप्सम की पट्टियाँ हैं, वहाँ बेरियाँ, कुएँ और तालाब मौजूद हैं। ऊपर की रेत सूरज की गर्मी को रोक लेती है और इससे पानी वाष्प बनकर उड़ने से बच जाता है। रेत को जब आप स्पर्श करेंगे तो वह गरम ज़रूर लगती है। लेकिन थोड़ी-सी रेत हटाने पर आपको नमी मिल जायेगी, जो जिप्सम की परत के कारण वहाँ बनी रहती है।

आपने हमें इसके विज्ञान की बात समझायी है। लेकिन इसमें गाँव के लोगों की क्या भूमिका है?

जैसलमेर के इन गाँवों में रहने वालों की सफलता और ताक़त उनकी

परम्परा में छिपी हुई है। उन्हें अपने तालाबों और पानी आने के रास्तों की देखभाल करना आता है। पानी आने के रास्तों को साफ़ रखा जाता है और वहाँ कचरा, गाय का गोबर और अन्य पशुओं के मल-मूत्र नहीं जाने पाता। वे अपने पीने के पानी को स्वच्छ रखने के लिए बहुत सावधानी बरतते हैं। वे बहुत गर्व के साथ कहते हैं कि, आइये और हमारे पानी को चख कर देखिये।

इस परम्परा का पालन सिर्फ़ जैसलमेर में ही नहीं हो रहा है। दिल्ली से महज़ पाँच घण्टे की दूरी पर एक गाँव है—लापोड़िया। यहाँ मात्र २२ इंच वर्षा होती है। एक समय गाँव के तीन तालाब बिलकुल जर्जर अवस्था में पड़े हुए थे और उसके कारण वहाँ के लोगों का जीवन भी जर्जर हो चला था। फिर गाँव के लोगों ने उन तालाबों की मरम्मत करने का निर्णय लिया।

उस साल वहाँ ३५ इंच बारिश हुई, जो वहाँ के सामान्य औसत से अधिक थी। तालाब भर गये। लापोड़िया ने समझदारी दिखाते हुए अतिरिक्त बारिश को रोकने का भी इन्तज़ाम कर लिया था। पड़ोस के गाँव पानी में डूब गये, लेकिन लापोड़िया में बाढ़ नहीं आयी।

बाद के वर्षों में इस इलाक़े में सूखा भी पड़ा। मात्र छह या आठ इंच बारिश हुई। लापोड़िया के आसपास के गाँवों में टैंकर, चारा और अनाज सब कुछ भेजना पड़ा था। लेकिन लापोड़िया के लोगों ने साफ़ मना कर दिया, किसी चीज़ की कोई ज़रूरत नहीं है। उनके पास १०३ कुएँ हैं और हर साल वे कहते हैं, 'कृपया आकर देखिये। हमारे कुओं में पर्याप्त पानी है और हमारे पास भूजल भी है।' भूजल और ज़मीन के ऊपर के पानी के बीच एक तालमेल है। यदि सतह का पानी सूख जाता है तो आप भूजल को निकाल सकते हैं।

लातूर, मराठवाड़ा में हमने ज़मीन के नीचे का पूरा पानी निचोड़ने के लिए आधुनिक प्रौद्योगिकी का इस्तेमाल किया है।

मुम्बई में हमें २२ मीटर का क्रिकेट का पिच तो दिखायी देता है, लेकिन मराठवाड़ा में हज़ारों एकड़ में गन्ने की खेती हमें नहीं दिखती। हम १२५ चीनी मिलों की तरफ़ से भी आँखें मूँद लेते हैं।

लेकिन लापोड़िया में लोगों ने निर्णय लिया है कि अधिक पानी वाली

फ़सलें नहीं बोयी जायेंगी। समाज के लोग समझदारी के साथ अपना निर्णय लेते हैं। यदि समाज निर्णय लेना छोड़ दे और उसके बाद उसे सूखे का सामना करना पड़े, फिर वह राजस्थान से सीखने के बारे में सोचे, तो ऐसा नहीं चलने वाला है। राजस्थान के गाँवों में जो किया जाता है, आप उसकी नक़ल नहीं कर सकते। पहले आपको अपने सोचने का तरीक़ा बदलना होगा।

कई ऐसे स्थान हैं, जहाँ पानी का काम बस एक दिखावा भर है। वहाँ आपको किसी संस्था का बोर्ड तो टँगा मिल जायेगा, मगर पानी नहीं होगा। वे सिर्फ़ अपना प्रचार करते हैं। लेकिन जैसलमेर के गाँवों में आपको कहीं कोई बोर्ड नहीं मिलेगा कि पानी के इस काम को किसने किया है।

यानी यह उनकी जीवनशैली का हिस्सा है?

यह उनके जीने का तरीक़ा है, उनकी संस्कृति, उनकी परम्परा और एक ज़िम्मेदारी है, जिसे वे अपने बाद अपने बच्चों को देकर जाते हैं। हरियाणा और पंजाब में आज धान की खेती होती है। यह दोनों राज्यों की पारम्परिक फ़सल कभी नहीं थी। इन दोनों राज्यों में सबसे ज़्यादा कृषि विश्वविद्यालय हैं। उनके कुलपति क्या करते हैं? वे कौन-सा शोध कराते हैं? आख़िर वे सरकार से क्यों नहीं कहते कि हम पाँच साल बाद धान की फ़सल नहीं लगा पायेंगे, क्योंकि तब तक हमारे पास पानी ही नहीं बच पायेगा?

पंजाब का पारम्परिक भोजन मक्की की रोटी और सरसों का साग था। आज यहाँ गेहूँ और चावल है और दोनों की गुणवत्ता अच्छी नहीं है। गुणवत्ता के बखान के लिए किसी गेहूँ की बोरी पर मध्य प्रदेश लिखा जायेगा। वे क्यों नहीं अपनी बोरियों पर पंजाब या हरियाणा का गेहूँ लिखते? यदि आप इतना ज़्यादा पानी ख़र्च कर रहे हैं तो अच्छा गेहूँ और चावल भी पैदा कीजिये।

भारत के कई इलाक़ों में पानी का संकट है। हमें उन इलाक़ों में पानी के लिए क्या करना चाहिए?

भारत में राजनीति के स्तर पर इतनी गिरावट आ चुकी है कि वह अपने जलस्तर को और भी नीचे ले जा सकती है। आज ऐसा लगता है कि राजनीतिज्ञों में एक–दूसरे के मुक़ाबले नीचे गिरने की होड़ मची हुई है। आज की राजनीति का स्तर कम से कम पानी के स्तर को तो ऊँचा नहीं उठा सकता है। संकट की स्थिति में आपको रेलगाड़ी से पानी भेजना पड़ता है। आप इसे हवाई जहाज से भेज दीजिये, सभी साधनों से भेजिये। हमें इसमें कोई परेशानी नहीं है। लेकिन अपने–आप से यह भी पूछिये, अगले वर्ष जब मानसून आयेगा, तब कितने गैलन पानी रोका जा सकता है?

यह भी हो सकता है कि मानसून अच्छा न हो, फिर भी कुछ तो बारिश होगी ही। हम मराठवाड़ा से शुरू करें और यह सुनिश्चित करें कि २०१७ से अब इस क्षेत्र में दुबारा कभी इस तरह का सूखा नहीं पड़ेगा। लातूर में सूखे का यह अन्तिम साल होना चाहिए।

> शहरीकरण तेज़ी के साथ हो रहा है और यह पानी रोकने की पारम्परिक संरचनाओं तालाबों, झीलों और कुओं को निगल रहा है। हम गाँवों के पानी पर निर्भर होते जा रहे हैं। दिल्ली में द्वारका को देखिये।

बिलकुल, और ये टैंकर पानी लाते कहाँ से हैं? गाँवों से। भारत के गाँव आख़िर शहरों को कब तक पानी पिलाते रहेंगे। यदि हम द्वारका में स्टेडियम, मेट्रो स्टेशन और शॉपिंग मॉल बना सकते हैं तो चार बड़े तालाब क्यों नहीं बना सकते? द्वारका में बारिश भी होगी और बाढ़ भी आयेगी। गुड़गाँव कितना पानी में डूबता है।

किसी स्मार्ट शहर की परिभाषा तो यह होनी चाहिए कि शहर में पानी का प्रबन्धन बहुत स्मार्ट है। गाँवों का पानी सोखने के बदले शहर अपनी ज़रूरतों के लिए बारिश का पानी रोक सकते हैं।

चाहे चेन्नई हो या मुम्बई, हमारे शहर बाढ़ और सुखाड़ के बीच फँसे रहेंगे। लोग पीड़ित होने के लिए अभिशप्त हैं, क्योंकि वे अपने तरीक़े नहीं बदल रहे हैं। देश की राजनीति भी नहीं बदल रही है। और फिर भी हम चाहते हैं कि पानी रोकने का काम सफल हो जाय? यह सम्भव नहीं है। जैसलमेर और लापोड़िया में लोगों का अपार साहस दिखता है।

वैश्विक परिदृश्य क्या है? जल-संचयन भी तो आधुनिक बुनियादी ढाँचे का एक हिस्सा है।

वैश्विक परिदृश्य भी यही है। फ्रेंकफर्ट हवाई अड्डे ने अपने १० रनवे पर लगभग १५ साल पहले पानी रोकने का इन्तज़ाम किया था। उन्होंने यह काम किसी नैतिक मजबूरीवश नहीं किया था। नगरपालिका ने हवाई अड्डे से कह दिया कि आप बहुत ज़्यादा पानी ख़र्च करते हैं और इसके लिए सबसे ज़्यादा कर चुकाना होगा।

अब फ्रेंकफर्ट हवाई अड्डे के पास देने के लिए इतने पैसे नहीं थे। किसी ने उन्हें बारिश का पानी रोकने का सुझाव दिया। आज हवाई अड्डा पानी के लिए नगरपालिका पर निर्भर नहीं है।

फिर जयपुर, जोधपुर, दिल्ली और मुम्बई के हवाई अड्डे ऐसा क्यों नहीं कर सकते? दिल्ली हवाई अड्डे पर २०१० में टी-३ टर्मिनल बना। उसके बाद से यह टर्मिनल चार बार पानी में डूब चुका है। हमने इस टर्मिनल के निर्माण के लिए १० तालाबों की बलि चढ़ायी है। तो क्या हम १० नये तालाब नहीं बना सकते? यदि ऐसा नहीं करेंगे तो मानसून आयेगा और कहेगा कि हम तो तुम्हारे हवाई अड्डे को डुबोयेंगे।

चेन्नई हवाई अड्डा सात दिनों तक पानी में डूबा रहा। मानसून लोगों को चेताता है, 'यह मत समझिये कि मैं सिर्फ़ बस अड्डों को ही डुबा सकता हूँ, मैं आपके हवाई अड्डों को भी डुबा सकता हूँ।'

लातूर के अलावा इन्दौर के पास देवास नामक एक औद्योगिक क़स्बा है। २० साल पहले वहाँ भयानक सूखा पड़ा था। इन्दौर को पाईप लाइन के ज़रिये नर्मदा से पानी मिलता है। अब देवास के लोगों के लिए इन्दौर से रेलगाड़ी के ज़रिये पानी भेजने का निर्णय हुआ है। रेलगाड़ी से पानी निकालकर बूस्टर पम्प के ज़रिये नगरपालिका को पूरे देवास में उसकी आपूर्ति करनी थी।

रेल विभाग ने कहा कि देवास पानी पहुँचाने के लिए वह एक दिन का १६ लाख रुपये लेगा। सवाल अब यह उठा कि इस पैसे का भुगतान कौन करेगा। लोगों ने कहा कि अकेले मध्य प्रदेश सरकार यह भुगतान क्यों करे। पानी का लाभ तो विभिन्न उद्योगों, केन्द्र सरकार के कर्मचारियों और

तमाम अन्य लोगों को मिलने वाला था। नगरपालिका ने हाथ खींच लिए।

उसके बाद इन्दौर से देवास तक एक पाईप लाइन बिछाने का निर्णय हुआ। आख़िर नर्मदा कितने शहरों को पानी देगी? सरदार सरोवर बाँध में आप कितना पानी जमा करेंगे? गंगा से कितने शहर पानी ले पायेंगे?

संप्रग सरकार ने जोधपुर में एक आईआईटी के लिए १,१०० एकड़ ज़मीन आवंटित की थी। इस नये आईआईटी के निर्माण के लिए वास्तुकारों की जो टीम बनायी गयी थी, उसमें से एक व्यक्ति ने नगरपालिका से पूछा कि नये आईआईटी को कितना पानी मिल सकता है। नगरपालिका ने साफ़ कह दिया कि उसके पास सिर्फ़ जोधपुर के लोगों के लिए पानी है।

पहली बार ऐसा हुआ कि वास्तुकारों ने नये आईआईटी के लिए ३० तालाब बनाने का निर्णय लिया। उन्होंने तय किया कि परिसर में विशाल घास के मैदान नहीं होंगे। इसके बदले परिसर में हरियाली के लिए उन्होंने खेती का विकल्प अपनाया।

लेकिन दूसरे आईआईटी ने क्या किया? देश की तत्कालीन शिक्षामन्त्री स्मृति ईरानी ने देश के इन प्रमुख संस्थानों में उन्नत भारत नामक कार्यक्रम शुरू किया था। इस कार्यक्रम के तहत इन संस्थानों को गाँवों को गोद लेकर उनका विकास करना था। मुझे भी आईआईटी दिल्ली में एक बैठक में बोलने के लिए बुलाया गया था।

मैंने उन लोगों से कहा कि गाँवों को तो अभी भूल जाइये, पहले ख़ुद को गोद लीजिये, अपने-आप को सँभालिये। आपको पानी की दिक़्क़त होती है। ये प्रौद्योगिकी और बड़ी-बड़ी डिग्रियाँ किस काम कीं, जब लातूर के एक सूखे का समाधान हम न कर पायें?

सिविल सोसायटी, २०१६

अँग्रेज़ी से अनुवाद : प्रदीप सिंह

सरोकार

पर्यावरणविद् अनुपम मिश्र की पुस्तकें हमारा पर्यावरण, आज भी खरे हैं तालाब, राजस्थान की रजत बूँदें से हिन्दी में एक तरह से पर्यावरण सम्बन्धी विमर्श की शुरुआत मानी जा सकती है। 'आज भी खरे हैं तालाब' पुस्तक के चार संस्करण छप चुके हैं। पुस्तक की सामाजिकता का यह बेहतरीन उदाहरण है। कहना न होगा कि हिन्दी में अगर आज कुछ पर्यावरण का माहौल बनता दिख रहा है तो उसमें अनुपमजी का योगदान सर्वाधिक है। बाङ्ला, गुजराती, पंजाबी, मराठी आदि भारतीय भाषाओं के अतिरिक्त उनकी पुस्तकों के अनुवाद अँग्रेज़ी और फ्रेंच में भी हो चुके हैं।

पर्यावरण पर आपने इतना सुन्दर लिखा है। 'आज भी खरे हैं तालाब', 'राजस्थान की रजत बूँदें' या उससे पहले 'हमारा पर्यावरण' जैसी पुस्तक। विषय के अतिरिक्त आपकी भाषा-शैली ने भी पाठकों को चौंकाया था। हिन्दी के एक बड़े साहित्यकार के पुत्र होने के कारण आपने कुछ तो साहित्य लिखने का प्रयास किया होगा? परिवार में भी माहौल साहित्यिक रहता होगा। पर्यावरण पर लिखने से पूर्व आपने क्या कुछ लिखा-रचा था।

कभी कुछ नहीं लिखा। मुझे लगता है कि पिताजी ने हम लोगों को कहानी, कविता लिखने लायक नहीं बनाया। भाषा को समझने लायक बनाया और

वो भी शिक्षक के नाते नहीं। वे कविता लिखते थे लेकिन अपनी बातचीत कितनी अच्छी हो सकती है संवादवाली—उसकी भाषा की ख़ुशबू, उसकी गन्ध परिवार में रहती थी। हम लोग आपस में यदि बचपन में कोई प्रयोग ग़लत करते थे तो उसको वैसे न सुधारकर मज़े में कभी बता देते थे कि ऐसा शब्द है उसका यह उच्चारण है। मैंने देखा है कि खड़ी बोली पर अपनी-अपनी बोली का असर आ ही जाता है। व-ब, ष-स आदि उसके उदाहरण हैं। अगर उच्चारण सही भी हो तो उसकी ध्वनि कुछ अलग हो जाती है। उन्होंने सिखाया कि बोली को बोली की तरह रखो। ख़ूब अच्छी बुंदेलखण्डी सीखो। हिन्दी बोलो तो हिन्दी की तरह रखो। उस समय हमारे यहाँ मज़ेदार चीज़ चलती थी। उन्हीं से हमने सीखी। हम लोग होशंगाबाद के आस-पास के हैं, उधर व-ब और ष-स का अन्तर नहीं होता बोली के कारण। वे कहते हैं कि होशंगाबाद का हरेक वक्ता बकता कहलाता है और ज़्यादातर बकते भी थे तो लोग कहते थे ये तो बकता ही है। तो यह दोनों ही अर्थों में था—बकने के कारण भी और व और ब में अन्तर न होने के कारण भी। तो हम लोगों को सावधानी समझ में आती थी कि वक्ता को बकता नहीं कहना चाहिए। ऐसी कुछ न कुछ चीज़ें उनके द्वारा हम लोगों को मिलती थीं।

दफ़्तर की सामान्य क्लर्की की रिपोर्टों के अलावा हमने ऐसा कोई काम नहीं किया था। गाँधी शान्ति प्रतिष्ठान में बीस-बाईस सालों में कुछ न कुछ किताबें, कुछ बड़ी किताबें भी सम्पादित कीं। कुछ लिखा भी, पर पर्यावरण के अलावा कुछ नहीं लिखा। उसमें हमको ये समझ में आया कि पर्यावरण पर लिखने का मतलब ये नहीं है कि आप ख़राब हिन्दी लिखें। भाषा अगर उस विचार का वाहक है तो वो ठीक होनी चाहिए और उसमें से आपको अपनी बात कहनी आनी चाहिए। ये नहीं कि पर्यावरण पर लिख रहे हैं तो ख़राब हिन्दी में लिखेंगे और कहानी, कविता अच्छी हिन्दी में लिखेंगे। दोनों में फ़र्क़ नहीं होना चाहिए।

> एक जिज्ञासा यह हो रही है कि हिन्दी में काम करने का निर्णय क्यों लिया आपने? आमतौर तर आप जिन विषयों पर काम करते रहे हैं हिन्दी में उसका कोई ख़ास माहौल नहीं था। आपको काम करते हुए ऐसा नहीं लगता रहा कि आपके काम को हिन्दी के गम्भीर

हलकों में लिया जायेगा या नहीं? इसकी कोई नोटिस लेगा या नहीं क्योंकि हिन्दी में ऐसे काम का कोई चलन नहीं था तब?

लिखने का चलन नहीं है। अनुवाद हुए हैं और जो मूल लिखे भी गये हैं तो अनुवाद जैसी हिन्दी में ही। ज़रूर उस समय कुछ न कुछ ये विवेक रहा। अँग्रेज़ी में पहुँचने का वैसा कोई मोह भी नहीं था। उसका एक सरल कारण तो ये है कि मुझे अपनी अँग्रेज़ी पर कभी वैसा भरोसा रहा नहीं, हमने वैसी पढ़ाई भी नहीं पढ़ी। दूसरा यह भी नहीं था कि अँग्रेज़ी से दुनिया खुलती है। हमारे अपने देश की दुनिया इतनी बड़ी है कि पहले वे खिड़कियाँ तो खोल लें और वे खिड़कियाँ बहुत खुलीं।

'आज भी खरे है तालाब' पुस्तक को लेकर किये गये बाक़ी प्रयास तो हैं ही १०-१२ रेडियो स्टेशन इसको पूरा ब्रॉडकास्ट कर चुके हैं। दिल्ली, पुणे, औरंगाबाद, अम्बिकापुर, जगदलपुर, सागर, खण्डवा, शिवपुरी आदि। सागर ने इसको दो बार प्रसारित किया है। आकाशवाणी जब किसी कार्यक्रम को दुबारा प्रसारित करती है तो पाठकों के पत्रों वग़ैरह यानी लोकप्रियता के आधार पर करती है। आप देखेंगे कि दिल्ली से जगदलपुर तक की खिड़की खुलती है। किसको इतना प्रेम मिलता है। पुणे में हमें उस पुस्तक के बारे में यह पता चला कि इसको हिन्दी में नहीं पढ़ा गया रेडियो पर। इसको सामने रखकर बाबा पांसारे नाम के एक सज्जन हैं, महाराष्ट्र के सामाजिक कामों में उनका बड़ा नाम है। उन्होंने जानकारी दी कि इतवार को सुबह इसको सामने रखकर मराठी में इसका सार प्रस्तुत करते थे दस मिनिट के लिए। इतना प्यार मिलना बड़ी बात है।

'आज भी खरे हैं तालाब' पुस्तक की योजना कैसे बनी? पानी पर काम करना आपने कैसे शुरू किया? कैसे आपका रुझान इस तरह के कामों के प्रति हुआ?

ऐसा है कि संस्था वग़ैरह के काम से हम लोग गाँव में ख़ूब जाते थे। इतना अन्तर देखते थे कि किसी गाँव में अगर अच्छा तालाब है तो अगर प्रकृति ने वहाँ कम पानी गिराया है या ज़्यादा पानी गिराया है—दोनों का असर नहीं पड़ता था। यानी बाढ़ से बचता था वह इलाक़ा एक तरफ़ और दूसरी तरफ़ अकाल से बचता था। इतना मोटे तौर पर आने पर यह जिज्ञासा

आयी कि ये तालाब कौन बनाता था? क्योंकि अभी अपनी पढ़ाई-लिखाई जैसी है उसमें इतना सबको अन्दाज़ है कि इंजीनियरिंग का कॉलेज खुला होगा तो अँग्रेज़ों के आसपास ही खुला होगा। उससे पहले तो ये हमारे यहाँ होते नहीं थे... और पाँच लाख गाँवों में औसत अगर हम पाँच तालाब ही मानकर चलें, कहीं कम कहीं ज़्यादा है, तो बीस लाख तालाब अँग्रेज़ों के आने से पहले बन चुके थे और वही आज भी सहारा दे रहे थे ज़्यादातर इन गाँवों में जहाँ अपने दूसरे कामों के सिलसिले में आते-जाते थे।

जो बड़ा सवाल इस किताब की तरफ़ ले गया वह यह कि अगर इंजीनियरिंग की पढ़ाई नहीं थी तो यह समाज कौन-सी इंजीनियरिंग के बल पर चलता था? इससे यह समझ में आया कि यह पढ़ाई बहुत छोटी पढ़ाई है इंजीनियरिंग की। इससे पहले एक बड़ा काम इंजीनियरिंग का हो चुका था। इसका मुख्यालय कहाँ था। कौन लोग उसमें से निकलते थे...ख़र्चा कहाँ से आता था? एक तरफ़ पढ़ाई वाले ये साधन और ये तालाब अगर बने हैं बीस लाख तो किसके फण्ड से बने हैं? वर्ल्ड बैंक नाम की कोई चिड़िया नहीं है तब जो फड़फड़ाती आती हो और पैसा गिरा के जाती हो। तब हमने दो चीज़ें चुनीं कि इंजीनियर कौन और उसके साधन कहाँ से आये इतने गाँवों में काम करने के लिए?

पूरे देश में पानी अलग-अलग ढंग से गिरता है। कहीं कम गिरता है, कहीं थोड़ा ज़्यादा गिरता है। उन सब जगहों पर बुनियादी बात पानी रोकने की है पर उन्हें रोकने के तरीक़े बदलते चले जाते हैं। जैसे-जैसे पानी गिरने के स्वभाव की सीमा बदलती है। दरअसल, एक होता है राज्य की सीमा बदलना, उससे इसका कोई सम्बन्ध नहीं है। वो पानी के नक़्शे पर आधारित है कि कोंकण के इलाक़े में ज़्यादा पानी गिरता है तो उसका वैसा काम हो। क़रीब-क़रीब सन् ८२-८३ में यह अहसास शुरू हो गया कि कौन लोग होंगे इसको बनाने वाले और ये कैसे बनते थे। उसी के आसपास काम शुरू भी कर दिया।

लगभग दस वर्षों तक हम इस पर चीज़ें इकट्ठी करते रहे। लिखने की हिम्मत नहीं की। काम इतना बड़ा था। आमतौर पर अपने यहाँ लिखने का ये होता है कि साल-दो-साल में किताब भी पूरी हो जानी चाहिए। तो हमें लगता है कि हमने न इसे लिखने में धीरज खोया और न पाठकों ने इसे

पढ़ने में धीरज खोया। किताब को छपे दस साल हो गये हैं। चार संस्करण उसके अब तक निकल चुके हैं। हर बार इसके पाठक बढ़ते जा रहे हैं—कम होने के बदले। हर बार हमको लगता है कि यह ज़्यादा इलाक़ों में पहुँची है।

'आज भी खरे हैं तालाब' से आपको क्या-क्या उम्मीदें थीं? उस पुस्तक से क्या-क्या फ़ायदे हुए। यानी किस-किस रूप में पुस्तक कहाँ-कहाँ पहुँची?

मैं सबसे पहले यह मानूँगा कि आज अपने पढ़े-लिखे लोगों को समाज से बहुत शिकायतें हैं। हमें इससे उलटा लगा। हमने बहुत थोड़ा-सा काम किया—उसने हमको बहुत सारा उसमें से वापस किया। वापस करने में पैसा या प्रसिद्धि नहीं, काम भी। हमने जब लिखा था तब ये नहीं सोचा था कि इससे तालाब सुधारने का कोई आन्दोलन चल निकलेगा या कुछ इक्का-दुक्का कोशिशें होंगी। मोटे तौर पर यह लगा कि पढ़ा-लिखा समाज जो इससे कट गया है इसको देखकर ख़ुश होगा। उसमें से कुछ को अच्छा लगेगा कि देखो भई हमारे यहाँ यह परम्परा बहुत समृद्ध थी। बाक़ी इतना काम बढ़ता चला जायेगा ये हमने कभी नहीं सोचा था।

हम अपनी संस्थाओं को भी देखते थे। अच्छी तपी हुई काम करने वाली संस्थाएँ भी थीं, दूसरी संस्थाएँ भी हैं। उनको हर चीज़ में देश के लोगों को प्रशिक्षित करने की आदत पड़ गयी है। उसमें हमें लगा कि यह किताब थोड़ी अलग एक राय रखेगी। इस समाज से हम कुछ सीख सकते हैं। इसकी हर चीज़ सिखाना ज़रूरी नहीं है। दूसरा मन में ये आया कि शायद इसका असर यह पड़ेगा कि सारी संस्थाएँ, सारे समाज-सेवक और सारे अच्छे अधिकारी—इन तीनों का कुल जोड़ कर लें तो वो इतना कम बैठता है कि पूरे पाँच लाख गाँवों के लोगों को सुधारा नहीं जा सकता उसके दम पर। तो अपने इन लोगों के सामने यह बात रखें कि ये गाँव ख़ुद सुधरने लायक स्थिति में थे। हमने उनकी इज़्ज़त, उनके साधनों का हरण किया है, तो उसमें से साधन वापस न कर सकें तो इज़्ज़त वापस करें पहले। वे अपने पाँव पर दुबारा खड़े हो सकेंगे और ऐसे यह काम कभी नहीं हो सकता। देश में पानी का काम न सरकार कर सकेगी, न हम कर सकेंगे।

इसका वातावरण शायद बनेगा लेकिन इतनी जल्दी बनेगा इसका हमें अन्दाज़ा नहीं था।

१९९३ में इसका पहला संस्करण छपकर आया तीन हज़ार प्रतियों का। आठ महीने बाद मार्च, १९९४ में चार हज़ार प्रतियों का दूसरा संस्करण छपा। मार्च १९९८ में तीन हज़ार प्रतियों का तीसरा संस्करण आया और अब जुलाई २००२ में तीन हज़ार प्रतियों का इसका चौथा संस्करण छप कर आया है। बहुत सारी संस्थाओं ने इसको अपने-अपने तरीक़े से छापा है। दिल्ली के भारत ज्ञान-विज्ञान परिषद् ने 'हमारे तालाब' नामक इसका एक संक्षिप्त संस्करण छापा। इसका एक छोटा संस्करण राज्य संसाधन केन्द्र, भोपाल ने छापा। मध्य प्रदेश सरकार ने सभी पंचायतों, ज़िला सरकारों और नगर निकायों में निशुल्क बाँटने के लिए इसका पच्चीस हज़ार प्रतियों का एक संस्करण छापा। अहमदाबाद के संस्थान 'उत्थान माहिती' ने इसका फ़ोटो कॉपी संस्करण छापा।

बहुत सारी पत्र-पत्रिकाओं ने इसको धारावाहिक भी छापा। पुरुलिया में एक संस्था है जो लघु पत्रिका भी निकालती है उसने इसे धारावाहिक छापा। मध्य प्रदेश शासन का एक अख़बार निकलता है पंचायतों के लिए उन्होंने इसको धारावाहिक छापा। गुजराती में 'जन्मभूमि प्रवासी' नामक अख़बार में यह पूरा छप चुका है। पंजाबी में 'तरकश' नाम की पत्रिका ने इसको धारावाहिक छापा। बाद में इसका एक सस्ता संस्करण भी छापा। असल में कॉपीराइट न होने का जो अधिकतम फ़ायदा हो सकता था वह इस पुस्तक से हमें हुआ।

हिन्दी के बौद्धिक समाज से आपने अपने काम को लेकर क्या-क्या अपेक्षाएँ की थीं? कैसा रिस्पॉन्स मिला? आप सन्तुष्ट हैं?

हमें उससे ऐसी कोई आशा भी नहीं थी और उसने हमें बिलकुल निराश भी नहीं किया। लेकिन धीरे-धीरे जब किताब गयी है तो शायद कैसी छपी है, कैसी भाषा है इसको लेकर लोगों ने थोड़ी पीठ थपथपायी। ज़्यादा तो नहीं किया होगा। मुझे ऐसा लगता था कि जैसी हिन्दी आजकल चल रही है उसके बीच यह लोगों को थोड़ी अच्छी लगेगी। लिखते समय अपने को अन्दाज़ तो हो ही जाता है कि हमारा कोई भी वाक्य डगमग नहीं हुआ है,

गिरा नहीं है मतलब कुल मिलाकर किताब सीधी चलती हुई लगेगी लोगों को। तो इस पर अलग से ध्यान जा सकता है हिन्दी समाज का। पर मुझे उससे कोई शिकायत नहीं है। उसकी दूसरी व्यस्तताएँ हो सकती हैं। लेकिन अख़बारों ने बहुत प्रेम दिया। लगभग दो सौ अख़बारों ने इस किताब का नोट लिया। अंश छापे। इस पर टिप्पणियाँ छापीं। किसी न किसी जगह इसका उल्लेख किया। इस पर किसी ने लेख दिया तो वे छापे। अब आजकल तो पत्र-पत्रिकाएँ साहित्य ही हैं तो यही कहना चाहिए कि साहित्य का हमें प्यार मिला। और हम कोई साहित्य वाले समाज के वैसे परिचित भी नहीं हैं। एक अपरिचित को जितनी जगह दी जा सकती है उतनी तो उसने दी है।

> आपकी पुस्तक 'आज भी खरे हैं तालाब' पुस्तक के आरम्भ में एक वाक्य आता है कि 'पिछले दो सौ बरसों में नये क़िस्म की थोड़ी-सी पढ़ाई पढ़ गये समाज ने इस इकाई, दहाई, सैकड़ा, हज़ार को शून्य ही बना दिया।' तालाबों के सन्दर्भ में कहे गये आपके इस वाक्य में वर्तमान शिक्षा-व्यवस्था के प्रति असन्तोष दिखता है। कब आपको अपनी शिक्षा-व्यवस्था की सीमाएँ दिखायी देने लगीं क्योंकि आपकी स्वयं की पढ़ाई-लिखाई भी इसी शिक्षा-व्यवस्था में हुई है?

पर हम उस शिक्षा व्यवस्था के कमज़ोर हिस्से हैं। हमने कभी ऐसा उसमें कोई झण्डे लगाने वाला काम नहीं किया। और हमें वो कोई ठीक बहुत समझ में भी नहीं आती थी। जब वो पढ़ाई पढ़कर हम ऐसी सामाजिक संस्थाओं में आये, गाँवों में जाना शुरू किया और जब ये तालाब वग़ैरह दिखने लगे तो ये पता चलने लगा कि नये लोगों ने नहीं बनाये हैं ये सब। यह दो सौ साल पुराना है या पाँच सौ साल पुराना है। आज भी पानी दे रहा है। आज भी गाँव के लिए सुरक्षा कवच बन जाता है। तो फिर लगा कि नये लोगों ने इस तरफ़ क्यों नहीं ध्यान दिया? और जब नये हिस्से से कभी इनके बारे में बात हुई तो उन्होंने इनको निहायत अनपढ़, उनको साक्षरता सिखाने लायक बताया कि हम एक प्रोजेक्ट बनायेंगे। उनको सिखायेंगे, उनको प्रशिक्षित करेंगे।

तो ये दो छोर देखकर ऐसा लगा कि इस तरह की कोई चीज़ इसको समझा

नहीं सकती है। तीन संस्करण तक किताब बिलकुल एक-सी छपी है। चौथे संस्करण में सन्दर्भ बदले हैं। अभी जो आपने किताब के आगे की लाईन कोट की है चौथे सन्दर्भ में बहुत ज़्यादा प्रामाणिक ढंग से उभरती है। आई.आई.टी. कानपुर के एक सिविल इंजीनियरिंग के विभागाध्यक्ष थे जी.डी. अग्रवाल। अभी ७०-७५ की उम्र होगी। रिटायर हुए बहुत साल हो गये। शासकीय पदों पर भी रहे हैं। बड़ी-बड़ी संस्थाओं में भी उनका सम्पर्क रहा है। पिछले दस सालों से मैं उनको अलवर में जो हमारी मित्र संस्था तरुण भारत संघ काम देखती है, के कार्यक्रमों में बड़े प्रेम से आते देखा है। इनका वात्सल्य उनमें कि यह काम अपनाया। सब ग़लतियाँ बताना, टेक्नीकल चीज़ें बताना। वे इस किताब को बहुत प्रेम देते हैं। उन्होंने मुझे इस किताब के निकलने से कुछ पहले रुड़की कॉलेज का इतिहास नाम से किसी मित्तल साहब की किताब पढ़ने को दी। उससे हमको बिलकुल एक-दो-तीन शैली में ऐसी प्रामाणिक जानकारी मिली जो बिलकुल उसी शैली में आपके सामने रख देता हूँ।

देश का पहला इंजीनियरिंग कॉलेज सन् १८४७ में, दिल्ली, बम्बई, कलकत्ता, मद्रास जैसे किसी बड़े शहर में नहीं खोला गया। वह रुड़की नाम के एक छोटे-से गाँव में खोला गया। आज भी रुड़की की आबादी शायद एक लाख से ज़्यादा नहीं होगी। उस समय कितनी रही होगी जानना चाहिए। मज़ेदार है कि तब अँग्रेज़ सरकार भी नहीं थी। उसको तो थोड़ा सरकार के रूप में सभ्य संस्था माना गया। इसे तो ईस्ट इण्डिया कम्पनी ने खोला था जो शुद्ध व्यापार के लिए यहाँ आयी थी। वो पुण्य कमाने या इस देश में उच्च शिक्षा की अवस्था को सुधारने की दृष्टि से कॉलेज नहीं खोलना चाहती है। निपट बाज़ारू लक्ष्य देखकर उसको कॉलेज खोलना है। वह कॉलेज वहाँ क्यों खोला गया वह इस किताब में समझ में आता है कि १८२० में उन्होंने वहाँ पर अपर गंगा नहर बनायी है। और ऐसी नहर को बनाने का उनका अनुभव यह है कि सिर्फ़ एक अँग्रेज़ सुपरवाइज़र है कटेले नाम से। सर आर्थर कॉरप दक्षिण के इनके बड़े अँग्रेज़ अधिकारी हैं। इन दो लोगों ने ऊपर-ऊपर की चीज़ें सम्भाली हैं। नीचे पूरा डिज़ाइन, उसका कंस्ट्रक्शन, सुपरविजन लालाओं ने किया है। लाला एक ऐसा शब्द है जो तालाब बनाने वाली मेरी किताब में 'गजधर' के रूप में है। रुड़की के इलाक़े में ये 'लाला' कहे जाते हैं। 'लाला' का अर्थ बनिया नहीं है यहाँ

पर। ये थोड़ा पानी का काम करने वाले उस समय के इंजीनियर रहे होंगे उनको लाला शब्द से सम्बोधित करता होगा उधर का समाज। सबसे बड़ी चुनौती थी इस नहर को बनाते समय कि ये नहर एक नदी के ऊपर से निकलने वाली थी। नदी में पानी कम बहता है, नहर में उससे ज़्यादा बहेगा क्योंकि नदी छोटी है। उसके ऊपर हम पानी ला रहे हैं तो अँग्रेज़ों को इसमें बहुत दिक़्क़त आ रही थी। ये अनपढ़ क़िस्म के लोग नहर तो बना लेंगे शायद पर ये नहर को नदी के ऊपर कैसे निकालेंगे? उसको अक्वाडक कहते हैं सिविल इंजीनियरिंग में। उस अक्काडक की इतनी सुन्दर डिज़ाइन की इन्होंने। केवल नहर नहीं उसके ऊपर चार शेर बिठाये हैं पत्थर के पन्द्रह–बीस फुट ऊँचे। अँग्रेज़ों को भरोसा नहीं था तो उसका एक प्रोटोटाइप बनाया गया। चार के बदले पाँच शेर बनाये गये। पाँचवाँ शेर जो है इसका वह नहर में मुख्य अधिकारी के घर लगा जाकर। ऐसा कहते हैं उन्नीस साल बाद इंग्लैण्ड के प्रसिद्ध चौराहे पर जो शेर लगाये गये तो वे इसी की तर्ज़ पर बनाये गये। यानी कई लोगों को ये लगता होगा कि हमारे यहाँ केवल इंग्लैण्ड से चीज़ आती होगी तो उसका यह सुन्दर जवाब है।

इस किताब में इतिहास पढ़कर यह समझ में आता है कि सिविल इंजीनियरिंग का पहला कॉलेज रुड़की में इसलिए खुला कि वहाँ सिविल इंजीनियर पहले से मौजूद थे। लेकिन उनको अँग्रेज़ी नहीं आती। इसका जो सिलेबस बनाया है थॉमसन नाम के सज्जन ने। उन्होंने जो नोट ईस्ट इण्डिया कम्पनी को भेजा है कि कॉलेज कैसा होना चाहिए? पाठ्यक्रम कैसा होगा? तो उसमें उन्होंने कहा है कि हिन्दी, हिन्दुस्तानी, उर्दू और फ़ारसी आती हो और अपने इलाक़े में सिंचाई की समझ हो। तब गली–गली में अँग्रेज़ी स्कूल नहीं थे आज की तरह। आजकल सब परिवारों के बच्चे किसी न किसी दर्जे के अँग्रेज़ी स्कूलों में जा रहे हैं। तब देश के बड़े–बड़े लोगों को भी अँग्रेज़ी नहीं आती थी १९४७ में। लेकिन शायद १८५७ बहुत जल्दी आ गया दस साल बाद ही...और यह रुड़की मेरठ का ही इलाक़ा है। तो ये पूरा कॉलेज अगर थॉमसन साहब जिस रास्ते पर ले जाना चाह रहे थे उस पर जाता तो शायद आज इंजीनियरिंग कॉलेज में भर्ती होने के लिए आपको अँग्रेज़ी जानना ज़रूरी नहीं होता। अपने इलाक़े की मिट्टी–पानी की परख और 'तालाब' पुस्तक जिस इलाक़े के लोगों का वर्णन करती थी वे मुख्यधारा में शामिल हो जाते। वे इससे बाहर फेंके नहीं जाते।

एक सवाल यह है कि आपने एक तरफ़ लिखा है कि इस देश में कुल-मिलाकर दस से बारह लाख तालाब इस सदी के आरम्भ में थे। यानी इसकी एक समृद्ध परम्परा थी। अगर वह इतनी ही समृद्ध परम्परा का हिस्सा रही है तो वह इतने कम समय में विस्मृति का हिस्सा कैसे बनता चला गया। ऐसी परम्पराओं को इतनी आसानी से भूल जाने के क्या कारण आपको लगते रहे हैं? आपने ही लिखा है 'तालाब कैसे बनायें के बदले चारों तरफ़ तालाब ऐसे बनायें का चलन था।' तो फिर यह कैसे हुआ कि वह फिर से तालाब कैसे बनायें की स्थिति में आ गया?

पूरी तरह से समाप्त भी नहीं हुई। कैसे बनायें के बदले ऐसे बनायें का चलन तो उस दौर में भी रहा है जिसमें हमने मान लिया कि ख़त्म हो गये। दो-सौ, तीन-सौ साल पहले का तालाब आज के लोगों के पानी की ज़रूरतें पूरी कर सकता है। तालाब तो बनते रहे हैं। उसे सिखाने के स्कूल भले न रहे हों। मैं तो ऐसा मानता हूँ कि यूरोपीय ढंग के जो स्कूल हैं ये दूसरे विषयों के हैं। सिविल इंजीनियरिंग का अपने यहाँ कभी कोई स्कूल नहीं चला। इस तरह की चीज़ों को व्यवहार से ही सिखाया गया है।

उसमें तो मोटे तौर पर दो-सौ साल का जो इतिहास है उसमें स्वावलम्बन वाली जितनी चीज़ें हैं, टूटी हैं। और जिसको मैं कहता हूँ एक ग़ुलामी का दौर और एक विचित्र आज़ादी का दौर। मैं आज़ादी से पहले विचित्र ज़रूर लगाता हूँ। उसमें जो समाज ग़ुलामी में टूट गया था वो विचित्र आज़ादी में और फूट गया। छिन्न-भिन्न होता चला गया। तो उसमें लोगों में मन में बचा ही नहीं कि हम अपने-आप भी कुछ कर सकते हैं। अब तो सरकार आयेगी, वही करेगी वाला मामला है।

पर्यावरण के क्षेत्र में या अन्य क्षेत्रों में भी जो स्वयंसेवी संगठन आज काम कर रहे हैं आपको क्या लगता है कि वे कुछ वैकल्पिक कर पाये हैं? उस देश में जहाँ स्वयं सेवा की एक बड़ी परम्परा रही है। इस शताब्दी के आरम्भ में स्वयं सेवा से ही गाँधीजी ने गाँधी विद्यापीठ स्थापित किया। तीन विश्वविद्यालयों बनारस हिन्दू विश्वविद्यालय, अलीगढ़ मुस्लिम विश्वविद्यालय और विश्वभारती की बुनियाद

स्वयंसेवी प्रयासों से ही पड़ी। आज स्वयंसेवी प्रयासों की क्या स्थिति है।

इन चारों की ही ऐसी गत बनी है। अगर इन चारों संस्थाओं के मन में ये हो जाये कि यू.जी.सी. से मान्यता मिलनी चाहिए। इसको बनाने वाले तो ऐसे दमख़म के लोग थे कि यू.जी.सी. इनके पीछे भागती कि हमारे कोर्स को मान्यता दे देना। तो हम लोग उसके सर्टिफिकिट में लग गये। तो अन्त में ये वेतनमान और इस सबका खेल बनकर रह गया।

स्वयंसेवी संगठन भी एक भिन्न क़िस्म की यू.जी.सी. की मान्यता के लिए है कि समाज कल्याण विभाग की मान्यता मिल जाय, होम मिनिस्ट्री की मान्यता मिल जाय। एफ.सी.आर.ए. उसी से मिलता है विदेशी पैसा लेने के लिए। बिना विदेशी पैसे के हम अच्छा काम नहीं कर सकते। स्वयंसेवी संगठन उस तेज़ी से काम नहीं फैला पाये जैसा हम उनसे उम्मीद कर सकते थे। वे एक तरह से सरकार और गाँव की जो भौगोलिक दूरी है उस दूरी को कम करते हैं लेकिन मन की दूरी को कम नहीं करते। मैं गाँव में एक किलोमीटर की दूरी पर बैठा हूँ और सरकार पाँच-सौ किलोमीटर दूर बैठी है लेकिन दोनों का मन एक है कि इस गाँव का उद्धार करना है। शायद सरकार में किसी को लगता होगा कि नौकरी के नाते करना है। संस्था में लगता होगा कि त्याग-तपस्या से करना है। लेकिन उद्धार ज़रूर करना है। उसको कुछ सिखाना ज़रूर है, कमबख़्त को। इसको कुछ अच्छा देकर जाना है। ये तो जाहिल है। जाहिल वाला भाव नहीं जाता है संस्थाओं का। वह रह जाता है। इसलिए मेरी किताब अपने मुख्य पाठ में संस्थाओं का ज़िक्र ही नहीं करती। वह जिस सबसे बड़ी संस्था का ज़िक्र करती है वह समाज है। उसने अपने को चलाने का इतना बढ़िया ढाँचा बनाया था और वो हमने टूट जाने दिया और आज़ादी ने उसको खड़ा किया। संस्थाओं ने भी उसको नहीं किया। संस्थाएँ भी चाहती हैं उन्हें सिखाना। कोई वहाँ ये जाकर नहीं कहता कि तुम्हारे यहाँ इतने बड़े-बड़े तालाब बने थे; हम एक नया तालाब बना रहे हैं। अपनी पुरानी याददाश्त की धूल-वूल साफ़ करो। कोई नहीं कहता....।

इधर देखने में आ रहा है कि परम्परागत तरीक़ों को जानने की

दिलचस्पी बढ़ी है। आयुर्वेद, हर्बल आदि का ज़ोर बढ़ा है। बाज़ार में तेज़ी से उनकी माँग बढ़ी है। अब पानी के काम में भी उसकी याद की जाने लगी है। परम्परागत पद्धतियों के प्रति इस बढ़ते आकर्षण को आप किस तरह देखते हैं?

पानी को लेकर यह हुआ है कि परम्परागत पद्धतियों का एक माहौल तो बना है। एक तो जो वातावरण बना है उसमें ये है कि प्रकृति ने इनको दो-चार थप्पड़ तो मारे ही हैं अकाल के रूप में। एक तरह से स्मरण-पत्र दे रहे थे कि भई तुम भटक रहे हो। रास्ते पर आओ। ट्यूबवेल, हैण्डपम्प ख़ूब लगाये सरकार ने, संस्थाओं ने भी लगाये, पर वे पानी उलीचने के काम आये, संग्रह के काम नहीं आये। जो ट्यूबवेल लगाने वाली पुरानी पानी की संस्थाएँ हैं अब वे अगर थोड़ा-बहुत परम्परागत पानी की बात करने लगी हैं तो ठीक है।

अभी भी ये हर्बल की तरह फ़ैशन नहीं बना है। लोग इस पर फ़िल्म बना रहे हैं, किताब लिख रहे हैं, पैम्फलेट छाप रहे हैं लेकिन वास्तव में जो काम होना चाहिए उसमें तो वे अभी उतना ही ख़ुद को सर्वेसर्वा मानते हैं कि वे तो बड़े जानकार हैं। जैसे एक भिन्न सन्दर्भ में पंचायती राज का भी यही था। पंचायत जिस समाज का हिस्सा था उसमें मान्यता नहीं मिली। हम जैसी संस्थाएँ पंचायत पर प्रोजेक्ट लेने लगीं। हम गाँव में जाकर समझा रहे हैं कि पंचायती राज क्या है, पंचायत क़ानून क्या है? अरे भई ये तो हमारी संस्था ही रही है। तो जिसका पंचायत से कुछ लेना-देना नहीं वह पंचायत का एक्सपर्ट बन गया। परम्परागत कामों में आजकल यही हो रहा है...।

वागर्थ, अंक ८७, अक्तूबर, २००२

हम गाँव भी उजाड़ रहे हैं और शहर भी

ऋषि कुमार सिंह के साथ

हम गाँव भी उजाड़ रहे हैं और शहर भी

बीसवीं और इक्कीसवीं सदी के बीच गाँव किस तरह से बदले हैं?

बीसवीं और इक्कीसवीं सदी के गाँवों में बहुत अन्तर आया है। लेकिन यह अन्तर सदी के कारण नहीं आया है, बल्कि सदी में हुई घटनाओं के कारण आया है। एक बहुत बड़ा दौर ऐसा रहा होगा कालखण्ड का—सोलहवीं, सत्रहवीं, अठारहवीं, उन्नीसवीं सदी का... जिसमें गाँव बदले नहीं थे, लेकिन अचानक बीसवीं और इक्कीसवीं सदी में कई चीज़ों के कारण परिवर्तन हुआ। उसमें कुछ बड़ा परिवर्तन तो होना चाहिए; यातायात, और उसमें भी सड़क और रेल प्रमुख हैं। एक साल पहले गाँधी की पुस्तक 'हिन्द स्वराज' की शताब्दी मनायी सब लोगों ने। उसमें कहा गया कि गाँधीजी ने कुछ चीज़ों को उसमें ऐसा लिख दिया, यदि आज होते तो बदल देते। अरे, वो रेल की बुराई कर गये! रेल की बुराई आगे भी चलेगी, क्योंकि रेल ने और सड़कों ने सम्बन्ध जिस तरह से बदले हैं, वे समता और समानता के नहीं बचे हैं, इज़्ज़त के नहीं बचे हैं। रेल और सड़क हमारे गाँव को एक तरह से कच्चे माल की जगह की तरह देखते हैं। वहाँ से सामान लाकर शहरों के उद्योगों का पेट भरती हैं। यहाँ से रद्दी कचरा उत्पादित करती हैं, जिसको हम चीज़ें कहते हैं, आकर्षक और रंग-बिरंगी और उसे उन गाँवों में फेंककर आ जाती हैं।

एक लम्बे कालखण्ड में गाँव और शहर के सम्बन्ध परस्पर एक-दूसरे के पूरक रहे हैं और इज़्ज़त के रहे हैं। और... शहर में कोई व्यक्ति आ भी

गया है, तो उसकी जड़ें गाँव में हैं, इसे वह आदर से स्वीकार करता था, गर्व से स्वीकारता था, अभिमान से कहता था। अब हमें गाँव का होने में आपत्ति है। हम सब आये गाँव से ही हैं। एक पीढ़ी पहले आये होंगे, दो पीढ़ी पहले आये होंगे। इस समय का सबसे बड़ा अधिकारी देख लो, सबसे बड़ा नेता देख लो। अभी भी नेता तो चुनकर गाँव से ही आते हैं और वापस अपने निर्वाचन क्षेत्र गाँव में ही जाते हैं। लेकिन गाँव को अब वो चाहते नहीं हैं। दिल्ली, मुम्बई, कोलकाता के बन जाना चाहते हैं, चेन्नई के बन जाना चाहते हैं। और कोशिश यह है कि ये जो गाँव से छुटकारा मिला है, शहर में आने का, लाख जतन कर वे यहाँ एक खूँटा गाड़ना चाहते हैं कि वापस न लौटना पड़े। अच्छी जगह मकान नहीं ख़रीद सकते हैं, तो दिल्ली से पाँच किलोमीटर दूर ख़रीद लो, पाँच की मेरी हैसियत नहीं बची तो बीस पर चला जाऊँगा, तीस पर चला जाऊँगा। मैं वापस गाँव में चला जाऊँगा, लेकिन वह गाँव दिल्ली का होना चाहिए।

ग्रेटर नोएडा की ज़मीन का जो झगड़ा है, वह ज़मीन गाँव की ही है, लेकिन हम उसको गाँव नहीं रहने देना चाहते हैं। हम उस पर शहर का ठप्पा लगाना चाहते हैं। हमें गाँव के वातावरण में घर बनाकर रहने की आदत नहीं है। हम चाहते हैं कि वहाँ पर दस मंज़िल का मकान बने। उसमें लिफ़्ट लगे और चौकीदार खड़ा हो जाय। परिचित और आत्मीय आबादी के बीच में जो रहता है वह गाँव है, लेकिन अपरिचित और नितान्त एक-दूसरे को यानी पड़ोसी को भी न जाने वह शहर है। अभी हम सबकी आदत उस तरफ़ ज़्यादा जा रही है। इसलिए गाँव के सम्बन्ध बीसवीं या इक्कीसवीं में क्या पिछले बीस-तीस सालों में तेज़ी से बदले हैं। यह बदलाव स्वस्थ नहीं है। इतना हमको आज नहीं तो कल स्वीकार करना पड़ेगा।

इसके क्या-क्या सामाजिक और राजनैतिक असर होंगे?

शहरों का विस्तार गाँव के विकास के लिए नहीं है। शहरों के पैर वहाँ तक पसरेंगे। वो गाँवों का चिह्न मिटाना चाहेंगे और उस पर शहर का ठप्पा लगाना चाहेंगे। और ये भी कोई विकसित शहर की सुविधा से जुटायी गयी व्यवस्था के नहीं होंगे, बल्कि अव्यवस्था के होंगे, क्योंकि इसमें एक नितान्त अपरिचित आबादी एक-दूसरे के साथ रहने लगेगी। हमने सिर्फ़

एक फॉर्म भरा है एक मकान के लिए। हमारा पड़ोसी कौन है हमें नहीं मालूम। हम पड़ोसी नहीं चुन सकते हैं, ऐसी भी कहावतें हैं अनेक भाषाओं में। लेकिन बाद में हम उसको अपने पड़ोसी की तरह अपना सकते हैं। इन जगहों पर गये हुए लोगों का 'अपनाने का स्वभाव' भी नष्ट हो जाता है। वो दरवाज़ा बन्द करके रहना चाहते हैं—दो कमरे में, तीन कमरे में, चार कमरे में... कौन रहता है उससे उसकी कोई ज़्यादा गुंजाइश नहीं होती है। इसलिए न तो वो गाँव बचता है और न ही अच्छा शहर बनता है। हमें शहर से भी कोई तकलीफ़ नहीं है। लेकिन शहर का जो शहरीपन होना चाहिए, जैसा गाँवटीपन होना चाहिए। आज तो गाँवटी होना भी एक गाली बन गयी है। अभी ओम पुरी ने दिल्ली में आकर कहा कि ये संसद सदस्य जो हैं, वे अनपढ़ और गंवार हैं। इसका मतलब हमें पढ़ा-लिखा शहरी होना है। ओम पुरी कब से शहरी हुए? उनके पिता लन्दन से आए। मुझे नहीं मालूम। किसी भी ऐसे आदमी के बारे में अपन को जानने की ज़रूरत नहीं, न उसके प्रति घृणा है। पढ़ा-लिखा और बिना पढ़े-लिखे रह जाना दो पैमाने हैं। इनसे आप किसी की विद्वता नहीं नाप सकते हैं। सिर्फ़ एक विशेषण है। और अगर अनपढ़ होना इतना बड़ा अपराध है तो उसकी अपराधी सरकार है कि उसने इतने लोगों के पढ़ने का इन्तज़ाम क्यों नहीं किया? गाँव-गाँव में इतने स्कूल क्यों नहीं खोले? शहरों में भी आज स्कूल नहीं हैं सबके पढ़ने के लिए। तो ये जो शब्द जुड़ गये हैं ये हमारी वास्तविकता बताते हैं कि हमारा मन कितना गिरा है।

दूसरा, आज़ादी के बाद से अब तक की सारी योजनाओं में हमने ग्राम विकास सुना, लेकिन शहरी विकास कभी नहीं सुना। शहरों का विकास होना भी बहुत ज़रूरी था। अगर शहर और गाँव दोनों ढंग से विकसित होते तो शायद दोनों बचते, आज की स्थिति में न तो गाँव, गाँव जैसा रहेगा और न शहर, शहर जैसा रहेगा। शहर में क्या-क्या सुविधाएँ चाहिए— बिजली की चाहिए, पानी की चाहिए, स्कूल की चाहिए, स्वास्थ्य, मनोरंजन की चाहिए। आज इस तराजू पर आप ये बाँट रखकर किसी शहर को तौल लीजिये, सब शहर इस समय घाटे में जा रहे हैं। आने-जाने की सुविधा नहीं है, खाने-पीने की नहीं है। इसलिए हमने दोनों चीज़ों को खोया है। मानव समाज की आबादी के शरण के दो स्थल होने चाहिए—गाँव और शहर, हमने दोनों को उजाड़ने का काम किया है। इसके बाद हम चाहते

हैं कि हमारी आने वाली पीढ़ियाँ अच्छे से रह सकें, वह असम्भव है।

> गाँवों की मौलिकता यानी विविधता, सादगी, सच्चापन, रीति-रिवाज़... ये सब बातें कब तक साथ चलेंगी, बचेंगी या इस संघर्ष में मारी जायेंगी?

इस संघर्ष में उनके बचने की बहुत गुंजाइश नहीं दिखती है। क्योंकि शहर का एक बड़ा बुलडोज़र है—वो न सिर्फ़ झोपड़ों को नष्ट करता है, उनके खेतों को नष्ट करता है और उसमें कंकरीट की सीमेंट की बिल्डिंग खड़ी करता है, ये उनके मन को भी तोड़ता है, उनके संस्कारों को भी तोड़ता है। इसको तोड़ने में कई चीज़ें काम करती हैं। एक तो ये लगता है कि जो पैसा है, जो पढ़ाई है, जिस तरह से रहने को प्रतिष्ठा मानी गयी है। गाँव में किसी के पास दस-पाँच एकड़ ज़मीन है, लेकिन वह उसकी प्रतिष्ठा नहीं है। लेकिन शहर में दो सौ गज़ नापकर टुकड़ा है, वह कुछ ज़्यादा क़ीमत का है। ये मन को हिलाता है नयी पीढ़ी के। और उसका मन जब ये सारे विज्ञापन देखता है कि वो क्रिकेट का है, जिसने छक्के लगाये तो वह ख़ास तरह की मोटरसाइकिल से फुर्र करके निकल जाता है। तो सब चीज़ें उस पीढ़ी को भी तंग करती हैं कि किसी तरह ये ज़मीन बिक जाये और एक हम वो फुर्र करने वाली गाड़ी ले लें। ये सब चीज़ें आपके पास आनी शुरू हो जायेंगी गाँव में बच्चों के पास। और ये आधा-अधूरा शहरीकरण है। इसमें न वे गाँव के बचेंगे और न ही पूरी तरह शहर के हो पायेंगे। जैसा कि मैंने पहले कहा कि शहर, शहर नहीं रहेगा तो भी नुकसान है और गाँव, गाँव नहीं रहेगा तब भी नुकसान है। एक समय में दोनों की पूरक भूमिका थी। बहुत अच्छे रिश्ते हुआ करते थे। आने-जाने, मिलने-जुलने के अलावा आदान-प्रदान था चीज़ों का। बहुत सारी चीज़ें गाँवों में पैदा होती थीं। इसलिए गाँधीजी ने आज़ादी के बाद, पहले तो आज़ादी पर ज़ोर दिया, आज़ादी जब मिलती दिखी तो उन्होंने स्वराज की बात कही, सर्वोदय की बात कही। ये सब हवाई शब्द नहीं थे उनके लिए। उसमें यह था कि गाँव अगर बेरोज़गार कर दिया गया शहरीकरण से और फिर वहाँ पर अगर बीस हज़ार की आबादी है वो उखड़ गयी तो आप उसमें बीस-पच्चीस, सौ-दो सौ को जगह दे दोगे शहरों में। और अब तो जिस तरह से टेक्नालॉजी बदल रही है, उसमें आप पायेंगे कि बड़े से बड़े कारखाने

में लोगों की ज़रूरत नहीं है। मशीनें हैं और उनको चलाने वाला एक मैनेजर चाहिए—बटन दबाने वाला, कम्प्यूटर चलाने वाला। बाक़ी सब चीज़ें हो जाती हैं। इसलिए लोगों के बीच तनाव बढ़ेगा। इस तनाव से जो आग लगेगी उसे कोई राजनैतिक दल की दमकल बुझा नहीं पायेगी।

शहरीकरण से गाँवों का सांस्कृतिक पहलू कैसे प्रभावित होगा?

शहरीकरण तो पहुँच रहा है। वक़्त नहीं छोड़ रहा है। कुछ संस्कार ऐसे हैं कि हम उसको मिटा नहीं पायेंगे, लेकिन उनका रूप बदल जायेगा। सांस्कृतिक आयोजन होंगे, लेकिन वो भद्दे और अश्लील हो जायेंगे। जैसे गणेश पूजा, दुर्गा पूजा, दशहरा जो कुछ भी होगा, उसमें होड़ लगेगी कि किसका रावण कितना ऊँचा। किसका गणेश कितना ऊँचा। किसके लालबाग़ में कितने करोड़ रुपये का चढ़ावा आया। आपने लगाया और उसमें साधारण मोहल्लों के लोग आये। उन्होंने चवन्नी-अठन्नी चढ़ायी तो अपना मन उदास होगा। गणेश के आयोजन से मन ख़ुश नहीं है—चढ़ावे से ख़ुश या उदास है। तो हम प्रतीक तो गणेश का रख रहे हैं, लेकिन उससे भटककर नीचे चले गये हैं। इसी तरह सारे आयोजनों में शहरीकरण बुरी तरह से साबित होगा। उसके राजनीतिक प्रतिस्पर्धा प्रतिष्ठा... दिल्ली में ही पाँच रामलीलाएँ होती हैं। पर अब वह रामलीला न बन के प्रधानमन्त्री लीला हो गयी है। किसमें प्रधानमन्त्री जायेंगे आख़िरी दिन, सोनियाजी किसमें जायेंगी... रामजी किसमें आयें इसमें दिलचस्पी कम हो गयी, नेता किसमें आयेंगे, इसमें दिलचस्पी बढ़ गयी।

यह होगा कि सातों दिन चौबीस घण्टे चलने वाले टीवी चैनल बड़े शिक्षक हो जायेंगे समाज के। उसमें कही, सुनी और देखी गयी बातों का हमारी नयी पीढ़ी पर, बच्चों पर और मेरे मन पर जो प्रभाव पड़ेगा, वह साधारण किताब से, साधारण गुरु से अब नहीं पड़ने वाला है। गुरु भी तलाशूँगा तो आस्था चैनल पर। मेरा गुरु उसमें दिखता है कि नहीं दिखता, उसको लोग सुनते हैं कि नहीं सुनते हैं। उनकी जुल्फें-लटें, उसका चढ़ावा, उसमें कौन-कौन से बड़े-बड़े नेता जाते हैं, उस गुरु का चरण-स्पर्श करने, अभिनेता कौन-कौन से जाते हैं, क्रिकेट में छक्का लगाने वाला किस गुरु के चरणों में गिर रहा है... हम गुरु भी उसी तरह से छाँटने लगेंगे। ये एक

दौर बाज़ार का बहुत तेज़ी से उठा है। इसमें हमारी आबादी शहरी न भी हुई, स्थान विशेष के कारण मैं अभी भी गाँव में हूँ, लेकिन मन मेरा गाँव का नहीं बचेगा। उसमें शहर के जूठे की और झूठे की... दोनों शब्द इस्तेमाल कर सकते हैं... 'ज' भी और 'झ' भी... एक जूठा भी है, उसमें एक झूठा भी है, उसे हम खाना चाहेंगे।

आपने ग्राम स्वराज की बात कही, लेकिन आज की पंचायतें खड़ी होती नहीं दिखायी दे रही हैं?

खड़ी होती दिखेंगी भी तो वे इसी राजनीतिक स्ट्रक्चर का छोटा टुकड़ा हैं। वो यह पंचायत नहीं है। जिस पंचायत की कहानी आपने प्रेमचन्द में पढ़ी है—'पंच परमेश्वर'। ये अब सरकारी पंचायतें हमने बनायी हैं। ये गाँव की पंचायतें नहीं बचीं। गाँव की ग्राम सभाएँ नहीं बचीं। इसमें भी सब वही बातें होने लगीं। रिज़र्वेशन होगा, दलित का प्रश्न आयेगा, ठाकुर का प्रश्न आयेगा, ब्राह्मण का प्रश्न आयेगा। कुछ प्रश्न ज़रूरी हैं कि भाई समाज का कोई हिस्सा छूटे नहीं, राज करने के हिस्से में शामिल करो, लेकिन जब इस तरह से शामिल होगा, तो उसका कोई अन्त नहीं है। अभी कटुता बढ़ाकर होगा और इसमें पैसे का खेल पहुँचेगा। आज पंचायत के चुनाव में सरपंच भी वैसे ही पैसा ख़र्च करता है, जो एम.पी., एम.एल.ए. करता है। फिर उसमें आने वाली आमदनी को मैं पहले बचाऊँगा कि मैंने तो इतने लाख रुपये अपने सरपंच होने में ख़र्च किये हैं। ये गाँव के आत्मीय सम्बन्ध में से खड़ा हुआ पंचायत का ढाँचा नहीं है, बल्कि यहाँ से भेजा गया ढाँचा है।

विनोबाजी ने इस तरह के विकेन्द्रीकरण पर आज से लगभग ४५ साल पहले एक बहुत सुन्दर बात कही थी। उन्होंने कहा था कि, 'पत्थर के बड़े टुकड़े के सौ टुकड़े करने को विकेन्द्रीकरण नहीं कहते हैं। उन सौ टुकड़ों का स्वभाव पत्थर का ही रहेगा, वो मृदु मक्खन नहीं बनेंगे।' ये जो पंचायतें आज कल हैं, ये मृदु मक्खन वाली पंचायतें नहीं हैं। गाँव समाज का मन देखकर उसके हिसाब से काम करने वाली नहीं हैं। वो उस दिल्ली के बड़े पत्थर के सौ टुकड़े हैं, जो हथौड़े से किये गये हैं मार-मार के और वो बाँट दिये गये हैं। हम उन टुकड़ों को पाकर प्रसन्न हैं और हम सोचते हैं कि हमारे गाँव में पंचायत है।

एक बात कही जा रही है कि किसान ज़मीन बेचकर मोबाइल ख़रीद रहा है और मोबाइल बेचने वाला ज़मीन ख़रीद रहा है। बीज टर्मिनेटर बीज हो गया है। इस पर आप क्या कहेंगे?

ज़मीन वही है, अदला–बदली हो गयी है। जिस हाथ में रहना चाहिए थी उससे दूसरे हाथ में चली गयी है। वो हाथ ठीक नहीं है। उसके लिए ज़मीन एक संसाधन है, जीवन नहीं है, संस्कृति नहीं है। दूसरा, इसमें केवल आज की मोबाइल पीढ़ी या मोबाइल कम्पनी का दोष नहीं है। आज़ादी के आसपास से गाँव विकास, खेती विकास की इतनी बातें चल निकलीं और बड़े–बड़े कृषि विश्वविद्यालय बना दिये। उनमें हमने कृषि को उद्योग बनाने के तरीक़े सिखाये। किसान को विजिटिंग प्रोफ़ेसर नहीं बनाया। मैं लंदन, पेरिस और ऑस्ट्रेलिया से डिग्री पढ़कर आया हूँ खेती की। इसलिए मैं वहाँ का वाइसचांसलर या प्रोफ़ेसर बनूँगा। और किसान के बच्चों को शायद नहीं पढ़ा रहा हूँ, किसी और के बच्चों को पढ़ा रहा हूँ। और उनको इसलिए पढ़ा रहा हूँ कि वे डिग्री लेकर इन कम्पनियों के मैनेजर बनेंगे, जो लोग इस ज़मीन को ख़रीदने की निगाह से देख रहे हैं। फॉर्म हाउस वाली खेती जिनके मन में प्रमुख है। जिनके मन में बोटी वाली खेती प्रमुख है। जिनके मन में कैसे खाद खपायी जाय, हमारी फ़ैक्टरी में बनी खाद। इसलिए आपने जो एक शब्द कहा कि बीज टर्मिनेटर बन गया। बीज का मतलब ही है कि उसमें से फल आये। टर्मिनेटर का मतलब है कि हमने वहाँ विराम लगा दिया कि बीज का काम ख़त्म अब वो बो नहीं सकते। हर बार मार्केट से ख़रीदकर लाना है। ये कुल मिलाकर हमारी कृषि नीति का सबसे अच्छा उदाहरण है कि हम कितने ग़लत रास्ते पर जा रहे हैं कि प्रकृति का जो सहज स्वभाव है कि पीढ़ी–दर–पीढ़ी बीज में से फ़सल निकालना, फ़सल में से बीज निकालना, फिर बीज से फ़सल बनाना। हमने उनसे कहा कि पहले फ़ैक्टरी जाओ, फिर तुम्हारी फ़सल बनेगी। फिर फ़सल ले लो, फिर बीज ख़रीदने फ़ैक्टरी जाओ। ये जो सारी यात्रा है अगर हम इसको समेटें तो गाँव की भी यात्रा को वाया फ़ैक्टरी पूरी करने पर ज़ोर है, बिना शहर आये आप गाँव में टिक नहीं सकते हैं।

पहले किसान अपने को प्रकृति के ज़्यादा नज़दीक पाता था... एक समय बड़े नज़दीक था। जैसे एक पढ़ने–लिखने वाला पेन–पेंसिल के नज़दीक

है, ऐसे किसान प्रकृति के नज़दीक था। इसमें कोई बहुत भावना की बात नहीं है। जिसके पैर मिट्टी में गपे हैं, कीचड़ से सने हैं कपड़े, वो तो प्रकृति के नज़दीक है ही, और जो कमरों में टेबिल पर बैठा है वो टेबिल के नज़दीक है। तय ये करना है कि हम टेबिल वाले का उतना ही मान रखें मन में कि ये भी कुछ अच्छा काम करता होगा और कीचड़ में जिसके पैर सने हैं हम उसके साथ इज़्ज़त के सम्बन्ध रखें कि ये अपना पूरा परिवेश जानता है। हरेक फ़सल का चक्र मौसम देखकर बना है। जिस फ़सल को ज़्यादा पानी चाहिए वो उस दौर में बोयी जायेगी, जब बरसात होगी, जिसको कम पानी चाहिए वह रबी में बोयी जायेगी। ख़रीफ़ की फ़सल, रबी की फ़सल, चावल की फ़सल ये सब किसानों ने ही निकाले हैं। फिर एक-एक फ़सल की जो प्रजातियाँ हैं, धान कितने तरह का होगा, नदी के किनारे का धान कौन-कौन सा होगा, समुद्र के किनारे का कौन-सा होगा, इसमें हज़ारों बीज का संरक्षण किया है। ये कृषि विश्वविद्यालयों ने नहीं किया, किसानों ने किया, उनके नाम रखे, उनके गुण और दोष को समझा, ठीक उसी इलाक़े में बोया जिसके वे योग्य हैं। लेकिन इन सारी चीज़ों पर आज बात ही नहीं हो पाती है और किसान को एक तराजू में तौलकर उसको कह देते हैं कि ये बहुत कमज़ोर लोग हैं और दूसरे लोगों को कहते हैं कि पढ़े-लिखे हैं बहुत होशियार हैं।

आप कैसा गाँव सोचते हैं इस पूरी व्यवस्था के बीच में?

इस प्रश्न का जवाब देने में मुझे अच्छा नहीं लगेगा। लेकिन मैं कहूँ कि ऐसा गाँव होना चाहिए तो कोई पूछेगा कि भई क्यों होना चाहिए, तुम तो दिल्ली में रहते हो। हमारे ऊपर अपना सपना क्यों लाद रहे हो, दिल्ली क्यों नहीं ऐसी बनाते? इसलिए गाँव और शहर मेरे हिसाब से कैसे हों, इसके बदले गाँव गाँव रहे, शहर शहर रहे... जो दोनों का सम्मान है, जो दोनों की जगह है, वो एक-दूसरे से छीनने की कोशिश न की जाये।

अनभै, जुलाई-दिसम्बर २०१६ के अंक में पुनर्प्रकाशित।

पानी के सूत्र

हरमिन्दर कौर बल के साथ

पानी के सूत्र

गाँधीवादी और पर्यावरणविद् अनुपम मिश्र पारम्परिक जल संचय प्रणाली पर भारत के सबसे जानकार व्यक्तियों में एक हैं। उन्होंने देश के विभिन्न हिस्सों, विशेष रूप से राजस्थान, मध्य प्रदेश, महाराष्ट्र और उत्तर प्रदेश की यात्रा की है, और वहाँ के स्थानीय लोगों द्वारा अपनायी गयी विभिन्न जल संचय प्रणालियों को क़रीब से देखा-समझा है। उन्होंने ज़मीनी स्तर पर लोगों से बात की है और उनके पारम्परिक जल संचय के तरीक़ों को प्रोत्साहन और समर्थन दिया है। उन्होंने लोगों को पारम्परिक जल संचय प्रणाली को बढ़ावा देने के लिए कैम्पेन करने के लिए भी आगे बढ़ाया। उन्होंने दो किताबें, 'आज भी खरे हैं तालाब' और 'राजस्थान की रजत बूँदें' लिखी हैं। देश के विभिन्न हिस्सों में मिश्र आते-जाते रहते हैं। ज़मीनी स्तर पर लोगों से जुड़े होने के साथ-साथ वे एनजीओ के सम्पर्क में भी रहते हैं और जल संचय की पारम्परिक विधियों को बढ़ावा देते हैं। हाल ही में वे 'विलुप्ति के कगार पर तालाब' कार्यक्रम में शिरकत करने रायपुर आये थे। सेन्ट्रल क्रॉनिकल फीचर डेस्क के साथ ख़ास साक्षात्कार में पर्यावरणविद् अनुपम मिश्र ने जल संरक्षण से सम्बन्धित सवालों के जवाब दिये हैं।

पर्यावरण के लिए काम करना है, यह प्रेरणा कैसे मिली?

ऐसा नहीं कि मैंने लोगों को पानी की समस्या से जूझते देखा और उसका समाधान निकालने के लिए जुट गया। मेरी यात्रा स्कूली शिक्षा के बाद ही शुरू हो गयी थी। जैसे दूसरे मध्यमवर्गीय परिवारों में होता है, मुझे अपने घर और काम दोनों को सम्भालना था। गाँधी शान्ति प्रतिष्ठान के सम्पर्क में आया और मुझे यहाँ नौकरी मिल गयी। मेरा वेतन तब ३५० रुपये महीना था। उस समय गाँधी शान्ति प्रतिष्ठान के प्रमुख ने मुझे हिमालय जाने का आदेश दिया। उस समय वहाँ पेड़ों की कटाई की समस्या उत्पन्न हो गयी थी। वह 'जंगल बचाओ आन्दोलन' के शुरुआत की दस्तक थी। मैंने उसमें हिस्सा लिया और हमारे पर्यावरण में पेड़ों की वास्तविक भूमिका क्या है, इस बात को समझा। फिर मैंने पेड़ों को बचाने के लिए उत्तराखण्ड में हुए 'चिपको आन्दोलन' में भाग लिया। इस आन्दोलन का हिस्सा बन कर मैं समझ सका कि हरे-भरे जंगल हमारे पर्यावरण के लिए अत्यन्त आवश्यक हैं और इन्हें बचाये रखने की ज़रूरत है।

> आपने ज़मीनी स्तर पर पानी के प्रबन्धन पर सालों काम किया है। आपके अनुसार आज जल क्षेत्र की सबसे चुनौतीपूर्ण समस्या क्या है?

आज की सबसे बड़ी समस्या यह है कि लोग यह नहीं समझ पा रहे हैं कि पानी कितना महत्त्वपूर्ण है। जिस दिन लोग इसके वास्तविक मूल्य को समझ जायेंगे, समस्या हल हो जायेगी। मैंने बहुत से ऐसे गाँव देखे हैं जहाँ तीन इंच वर्षा होती है फिर भी वहाँ लोगों को पीने के लिए और इस्तेमाल के लिए पानी पर्याप्त मात्रा में उपलब्ध होता है। ऐसा इसलिए क्योंकि वहाँ के लोगों को पानी का असली मूल्य मालूम है। इसलिए वे इसे जमा करते हैं और इसका संचय करते हैं। दूसरी तरफ़ ऐसे भी गाँव और ज़िले हैं जहाँ वर्षा ५०-५२ इंच होती है फिर भी वहाँ पानी की किल्लत है। स्पष्ट है, जिन्हें पानी का महत्त्व मालूम है वे इसे बचा रहे हैं, जिन्हें नहीं मालूम वे गँवा रहे हैं। हम सभी को यह समझना होगा कि विज्ञान में पानी का फॉर्मूला तो है, लेकिन हम उसे पैदा नहीं कर सकते।

> आश्चर्य की बात है कि सौ साल पहले हमारे पास जल संरक्षण, वर्षा जल संचय और जल निकासी की बेहतरीन व्यवस्था थी वहीं

आज सभी आधुनिक तकनीक होने के बावजूद हम पानी की समस्या से जूझ रहे हैं। आप क्या सोचते हैं, इसके लिए कौन ज़िम्मेदार है?

प्रत्येक व्यक्ति इसके लिए ज़िम्मेदार है। हमें तकनीक को बेहतर और अच्छे कामों के लिए प्रयोग में लाना सीखना होगा। हमें इसके नकारात्मक पहलू से उबरने के तरीक़े ढूँढ़ने होंगे। हम पेड़ों को काट कर और तालाबों को भर कर नयी-नयी बहुराष्ट्रीय कम्पनियाँ और फ़ैक्ट्रियाँ खड़ी कर रहे हैं। ठीक है कि ये कम्पनियाँ और फ़ैक्ट्रियाँ भी ज़रूरी हैं लेकिन इसके साथ हमें पेड़ों और तालाबों के बारे में भी सोचना होगा। जब हज़ारों और करोड़ों रुपये उद्योगों को विकसित करने के लिए ख़र्च किये जा सकते हैं तो कुछ रुपये तालाबों को बचाने के लिए भी ख़र्च किये ही जा सकते हैं।

आपने पृथ्वी के विभिन्न हिस्सों की यात्रा की है। आपके अनुसार कहाँ के लोग पानी की समस्या से सबसे ज़्यादा पीड़ित हैं?

ये शहरी लोग हैं। जितना बड़ा शहर, उतनी बड़ी पानी की समस्या। गाँव के लोग पानी की हर बूँद की क़ीमत जानते हैं। वे तालाब की रक्षा करते हैं और उसे बचाते हैं क्योंकि उन्हें पता है कि यही एक स्रोत है जहाँ से उन्हें पानी मिल सकता है।

आपने हमेशा देश के किसानों और गाँवों को ज़्यादातर तालाबों को बचाने का श्रेय दिया है, उन्हें प्रोत्साहित किया है और उनकी प्रशंसा की है। ऐसा क्यों?

मैंने अपने विभिन्न राज्यों के दौरों में गाँवों में जो देखा है उसके आधार पर कहूँगा कि गाँव के लोग पानी को सँजोना जानते हैं। उनके पास कोई बड़ी डिग्री नहीं है लेकिन फिर भी वे पानी के संरक्षण, संचय और उसे स्वच्छ बनाने की तकनीक को जानते हैं। ये गाँव के लोग और उनके पूर्व सिविल इंजीनियरिंग के काम को तब से कर रहे हैं जब इस शब्द को कोई जानता भी नहीं था। गाँवों में बहुत से लोग ऐसे हैं जो बादलों को देख कर बता देते हैं कि बारिश होगी या नहीं। उन्होंने बादलों के नाम भी रखे हैं। कुछ बादलों को वे 'वादा करता है पर निभाता नहीं है' वहीं दूसरे को 'बिन

सताये पानी दे जाता है' नाम दिया है। इसलिए इसमें कोई सन्देह नहीं है कि वे लोग तालाबों के प्रति ज़्यादा संवेदनशील हैं जो विलुप्त होने के कगार पर हैं।

छत्तीसगढ़ तेज़ी से विकसित हो रहा है, ख़ासकर रायपुर। राजधानी में नया रायपुर शहर भी बन गया है। आप हमें कोई सलाह देना चाहेंगे?

राज्य में फ़ैक्ट्रियाँ और कम्पनियाँ ज़रूर लगायें, सड़क, एयरपोर्ट, ऊँचे अपार्टमेंट और इमारतें और बग़ीचे बनायें, लेकिन साथ ही पुराने तालाबों को संरक्षित करना और नये तालाब बनाना नहीं भूलें। जैसे-जैसे विकास होगा, दूसरे राज्यों से काम की तलाश में लोग यहाँ आयेंगे और जनसंख्या बढ़ेगी। उस समय आज जो कमी की समस्या है वह बदतर स्थिति में पहुँच जायेगी यदि हमने अभी से इस पर काम नहीं किया तो।

क्या आप कृपया बतायेंगे कि पानी को बचाने के लिए आम आदमी क्या-क्या कर सकता है?

पेड़ों और तालाबों को बचाये रखने में आम आदमी महत्त्वपूर्ण भूमिका निभाता है। सब कुछ सरकार के ऊपर क्यों छोड़ना? पहला काम जो हर व्यक्ति कर सकता है वह यह कि अपनी छत पर आने वाली वर्षा के पानी का संचय। अगर आप के लिए यह सम्भव नहीं है तो बुरा नहीं मानिये। ऐसी परिस्थिति में आप सुनिश्चित कीजिये कि आप पानी को बर्बाद नहीं करेंगे। मैंने देखा है लोगों को कि एक पूरा गिलास पानी लेते हैं और आधा पीकर बाक़ी पानी फेंक देते हैं। बहुत से ऐसे लोग हैं जो घण्टों तक अपनी कार को धोने में पानी को बर्बाद करते हैं। हम सभी को इन छोटी-छोटी बातों का ख़्याल रखना होगा। तभी हम देश को पानी की किल्लत की समस्या से बचा सकते हैं।

हमसे बात-चीत के दौरान अनुपम मिश्र ने राजस्थान के लोगों द्वारा जल संचय के अनूठे तरीक़े को साझा किया था। उन्होंने कहा कि हमारे घरों में बहुत से कमरे होते हैं। जिसमें ड्राइंग रूम, डाइनिंग रूम, बेडरूम, वाशरूम आदि शामिल होते हैं।

सामान्यतः लोग पानी के लिए अलग से कमरा बनाने के बारे में नहीं सोचते। लेकिन राजस्थान में एक वाटररूम भी होता है। इसमें वर्षा का जल इकट्ठा करते हैं। उन्होंने आगे बताया कि वहाँ के लोगों का इस कमरे से इतना लगाव होता है कि वे अजनबियों को इसकी भनक भी नहीं लगने देते हैं। क्योंकि उन्हें लगता है कि अजनबी लोगों की इस पर बुरी छाया पड़ सकती है। अनुपम मिश्र ज़ोर डाल कर कहते हैं कि हमारे देश के प्रत्येक नागरिक को चाहिए कि वे जैसलमेर के लोगों की तरह प्रकृति द्वारा प्रदत पानी से प्यार करें और उसके मूल्य को समझें।

अँग्रेज़ी से अनुवाद : प्रदीप सिंह

हमारे दिमाग़ गाद से भरे हैं

आपको सबसे पहले किस चीज़ ने पर्यावरण की तरफ़ आकर्षित किया?

मैंने १९८० में अपनी पहली किताब उस समय लिखी, जब कोई पर्यावरण शब्द का इस्तेमाल भी नहीं करता था। हमने तवा बाँध के बारे में लिखा था। तब हम अकेले थे—कोई मीडिया नहीं, कोई सरकार नहीं। फिर भी हमने कभी आँख मूँदकर नहीं लिखा। हमने तो बस जानकारी दी। हमने सभी घटकों को बताया—यदि आप बाँध बनाते हैं तो यह होगा। अब आप तय करें। हमने सरकार से कहा कि, वे लोगों से बात करें और उन्हें इस परियोजना का हिस्सा बनायें। हमने उसी समय 'चिपको आन्दोलन' पर भी पहली पुस्तक लिखी। इन सभी किताबों पर कॉपीराइट नहीं था—कोई भी उन्हें ले सकता था और अपनी पसन्द से छपवा सकता था।

मैं मज़बूती से इस बात पर विश्वास करता हूँ। हमने लोगों से बात करके ही तवा बाँध की कहानी सुनायी थी। ये उनकी कहानियाँ हैं—हम इन पर कॉपीराइट का दावा कैसे कर सकते हैं? बहुत सारे लोगों ने इन विचारों को प्रकाशित करने के लिए बहुत कुछ दिया है। 'आज भी खरे हैं तालाब' का पंजाबी संस्करण एक ऐसे बेरोज़गार युवक द्वारा प्रकाशित किया गया था, जिसने छपायी की लागत जुटाने के लिए अपने कैक्टस संग्रह को ११,००० रुपये में बेच दिया था। क्योंकि उसे इन विचारों में बहुत ज़्यादा विश्वास था, इसलिए उसने ऐसा किया।

क्या आपको ऐसा लगता है, हम अपने पर्यावरण से जुड़े मुद्दों को गम्भीरता से लेते हैं? ग्रामीण और शहरी प्रतिक्रियाओं के बीच क्या अन्तर है?

हमारी सरकारें पर्यावरण को गम्भीरता से नहीं लेती हैं। गाँवों में लोग जो कुछ करते हैं—उनके लिए यह सिर्फ़ 'मुद्दा' भर नहीं है, यह तो उनका जीवन है। यह केवल बाँधों और सुर्ख़ियाँ बटोरने वाले अन्य मुद्दों को लेकर नहीं है। पेट का सवाल है। जल, जंगल, ज़मीन—ये ही उनके जीवन के मूल हैं।

शहरों में तो पर्यावरण एक फ़ैशन बन गया है। हम पर्यावरण सम्बन्धी मुद्दों पर बातें तो बहुत करते हैं, और फिर पीढ़ियों से चली आ रही जल संग्रह जैसी परम्पराओं को आधुनिक खोज घोषित कर देते हैं और इसमें पर्यावरण के सदियों पुराने पारम्परिक विचार को दरकिनार कर देते हैं। यह कोई अच्छी बात नहीं है।

काम करने वाले भी अलग हैं। जिन ग्रामीणों को हम अशिक्षित मानते हैं, वास्तव में वे ज्ञान के भण्डार हैं। उन्हें ज़मीन और नदियों के बारे में अच्छी जानकारी है, लेकिन हम कुछ भी करने से पहले उनसे पूछना ज़रूरी नहीं समझते। शहरी विशेषज्ञ आते हैं और अपने पास इस समस्या का निदान होने का दावा करते हैं, बस इतनी-सी ही तो बात है। वे उस ज्ञान को नहीं देखना चाहते, जो पहले से वहाँ मौजूद है।

हर कोई आपको एक पक्के गाँधीवादी के रूप में देखता है। आपकी मान्यतायें आपकी पर्यावरण सक्रियता को किस तरह अनुप्राणित करती हैं? गाँधीवादी विचार और अपने काम के बीच जुड़ाव को आप किस रूप में देखते हैं?

गाँधीजी ने कहा था कि वे देश को जो कुछ दे रहे हैं, उसमें कुछ भी नया नहीं है, बल्कि वह सब पहले से ही वहाँ मौजूद है और वे तो सिर्फ़ नयी रोशनी में उन चीज़ों को दिखा-जता रहे हैं। पर्यावरण से जुड़े विषयों के बारे में भी यही सच है। यहाँ पहले से ही सारे जवाब मौजूद हैं। बस, हमें अपने भीतर झाँकने की ज़रूरत है, शहरों या पश्चिम की तरफ़ देखने की

आवश्यकता नहीं है।

अपनी पुस्तक 'साफ़ माथे का समाज' के बारे में आपका क्या कहना है?

यह पुस्तक अपने समाज को समझने के बारे में है। हमें अपने समाज को समझना चाहिए और वहाँ जो कुछ है, उसका सम्मान करना चाहिए। मैं आपको एक क़िस्सा सुनाता हूँ—देश का पहला आई.आई.टी. रुड़की नामक एक गाँव में बनाया गया था। आख़िर क्यों? क्योंकि उन्हें सिंचाई के लिए नदी के ऊपर से नहर ले जाने की ज़रूरत थी। यह कोई २०० मीटर लम्बी नहर थी। इसे १८१० में बनाया गया था। इस नहर को बनाने में—जिसे 'आजकल पारम्परिक भवन निर्माण सामग्री' कहते हैं—उसका उपयोग किया गया था। इस नहर को बनाने वालों ने कोई इंजीनियरिंग की पढ़ाई नहीं पढ़ी थी। यहाँ तक कि वे कभी स्कूल भी नहीं गये थे।

किताब का शीर्षक बिना किसी तरह की गाद के साफ़ दिमाग़ होने को दर्शाता है। हर साल जल निकायों में आप गाद भर देते हैं। आप कुछ भी नहीं कर सकते। कोई फ़र्क़ नहीं पड़ता कि आप क्या करते हैं, गाद जमा होती जाती है। कई जगहों में किसी ख़ास त्यौहार पर पूरा गाँव नदी पर इकट्ठा होता था और सब मिलकर नदी की गाद निकालते थे। किसका क्या धंधा है इससे कोई फ़र्क़ नहीं पड़ता था। यह एक ऐसे समाज का उदाहरण है जो एक साथ काम करता है और पर्यावरण के बारे में सोचता है। यह किताब उस समाज के ज्ञान और उसके दृष्टिकोण के बारे में है जो अपने पर्यावरण से जुड़ा हुआ है और उसका सम्मान करना जानता है। तालाब में गाद इसलिए है क्योंकि मन में गाद है। अगर मन साफ़ है तो गाद भी ग़ायब हो जायेगी।

तहलका, ०९.०९.२००६

अँग्रेज़ी से अनुवाद : प्रदीप सिंह

धर्म से परे पानी

बीपीएन टुडे में प्रकाशित

धर्म से परे पानी

प्रख्यात इतिहासविद् रामचन्द्र गुहा अनुपम मिश्र के बारे में कहते हैं कि भारत में एक विशिष्ट व्यक्तियों की प्रजाति होती थी जो शान्ति से केवल सामाजिक सरोकार से जुड़े कार्य करते थे और वो बिलकुल भी इस बात की परवाह नहीं करते थे कि उनको ख़्याति मिल रही है कि नहीं, अनुपम मिश्र आज के युग में उस प्रजाति के नामवर व्यक्तित्व में से एक हैं। अनुपमजी की ख़ासियत ये है कि वो पानी बचाओ, पानी बचाओ का नारा लगाते हुए घूमते नहीं फिरते हैं बल्कि वो पानी की सुन्दरता को आम लोगों के सामने रखते हैं। पानी के सतरंगी रंग को समझकर आप में न केवल पानी के प्रति संवेदनशीलता बढ़ जाती है बल्कि आपका सम्पूर्ण नज़रिया ही बदल जाता है।

मिश्रजी, आप हमें वैश्विक स्तर पर पानी के सांस्कृतिक पक्ष के बारे में बतायें?

पानी का कोई वैश्विक स्तर नहीं होता है। पानी का कोई बाज़ार नहीं होता है। बल्कि पानी के इर्द-गिर्द समाज पनपता है। पानी का कोई धर्म नहीं होता है। हाँ, उसके आस-पास रहने वाले लोगों का धर्म ज़रूर होता है। पानी तो ये भी नहीं जानता कि किसने बनाया बाँध और बाँध बनाने के लिए किसने पैसे दिये। पानी मानव के काल को लाँघते हुए आगे बढ़ता है। भारतीय उप-महाद्वीप में देखें तो पायेंगे कि पाकिस्तान के सिन्ध

इलाक़े में तालाब बनाये गये वहीं हमें बाङ्‌लादेश और नेपाल में भी तालाब संस्कृति दिख जाती है।

क्या वोट बैंक की राजनीति पानी पर भी हावी हो रही है?

लड़ाई तो हर स्तर पर है। शहरों के बीच में भी और राज्यों के बीच नदी के पानी के बँटवारे के लिए लड़ाई है। और होता ये है कि दोनों पक्ष अदालत तक पहुँचते हैं। पर निपटारा फिर भी नहीं होता है। वास्तव में हमारी माँग ही अस्वाभाविक है। हमने पानी के अन्य स्रोतों की उपेक्षा की है। वोट बैंक की राजनीति से पानी नहीं बढ़ेगा बल्कि केवल झगड़ा बढ़ेगा। मुख्यत: नीति निर्धारण में समाज की भूमिका को ख़त्म किये जाने के कारण समस्याएँ पनपी हैं।

नदियों के जोड़ने पर आपका क्या विचार है?

जब राजग की सरकार में ये प्रस्ताव आया था तब सुरेश प्रभु जल संसाधन मन्त्री थे और मैंने कहा था कि नदियों को जोड़ने का काम प्रभु का है, सुरेश प्रभु का नहीं। मेरा यही मानना है कि भूगोल को मिटाकर ही नदी जोड़ी जा सकती है पर भूगोल को मिटा नहीं पायेंगे हम। अगर पूरे भारत को एक नदी से जोड़ने का प्रकृति मन बनाती तो हमारे सामने हिमसागर एक्सप्रेस की तरह कश्मीर से कन्याकुमारी तक एक ही नदी बह रही होती।

लश ग्रीन एनवायर्नमेंट का प्रयोग रियल एस्टेट उद्योग द्वारा किया जाता है। उपभोक्ता प्रकृति के क़रीब रहना चाहता है पर वही इसका दोहन भी कर रहा है। हमारी असंवेदनशीलता हमें कहाँ तक ले जायेगी?

व्यापार करते चले जायेंगे तो वो सूख जायेगा। मेरा पानी ख़त्म हुआ तो आपके इलाक़े से लूँगा, आपका पानी ख़त्म होगा तो पड़ोस से ले आयेंगे ऐसे कितने दिनों तक भाग-दौड़ करते रहेंगे। हमारी पीढ़ी में चल जायेगा, लेकिन अगली पीढ़ी का क्या होगा? दो-पाँच साल की चीज़ें न देखें,

हालाँकि फ़तेहपुर सीकरी १६ साल में छोड़नी पड़ गयी, अभी तो १६ साल वाले बहुत सारे लोग हैं, १६ वाले २६ होंगे, ५० होंगे क्या करोगे इन जगहों का? क्योंकि ज़मीन की क़ीमत इतनी है कि हम पानी की क़ीमत नहीं मानते इसलिए हम किसी भी शहर जैसे ग्रेटर नोएडा में तालाब बनाना नहीं चाहते। रायपुर नयी राजधानी बन रहा है छत्तीसगढ़ की, लेकिन पहले रायपुर एक शहर था जहाँ १८० तालाब थे। रायपुर जब राजधानी नहीं था तो पानी के मामले में सबसे धनी था। फिर राजधानी बना तो पानी के मामले में ग़रीब हो गया। जो पैसा हम पानी की जगह को बर्बाद करके कमा रहे हैं वही पैसा फिर पानी ख़रीदने पर डालना पड़ेगा। तालाब नष्ट करके हमने ज़मीन बेची, अब उस जगह पर जो मकान बनेगा उसके लिए कहाँ से पानी आयेगा। अभी तो लगता है कि आख़िर दो पैसे का ही तो पानी है, लेकिन ऐसा नहीं है। हमें फ़तेहपुर सीकरी को भूलना नहीं चाहिए। अब नया रायपुर बस रहा है और अगर टाउन प्लानिंग के अनुसार बस रहा है तो १८० नहीं तो ८० तालाब तो बनाओ उसमें। क्या अपना पानी ख़ुद इकट्ठा कर सकोगे? कहाँ से लाओगे? जहाँ तक ग्रीन की बात है तो ये ग्रीन चलेगा नहीं, इस ग्रीन में झगड़ा होगा... लाल रंग के छींटे पड़ेंगे ख़ून के... चाहे नक्सल के नाम पर पड़ें...

बीस सालों में पानी के परिप्रेक्ष्य में आप भारत का भविष्य कैसा देखते हैं?

पानी को लेकर भविष्य निश्चित ही निराशाजनक होना चाहिए। कुछ जगह बर्बादी अपनी चरमसीमा पर होगी लेकिन कुछ जगह सुधार के कार्यक्रम, जो अब शुरू हुए हैं समझदारी से, वो भी अपनी ऊँचाई पर होंगे। पर वो इलाक़े कम होंगे।

कौन-से राज्यों में पानी के लिए ख़तरे की घण्टी बजती दिखती है?

हरियाणा, पंजाब सबसे ज़्यादा ख़तरे में हैं। क्योंकि केवल शहरी पानी ही नहीं ग्रामीण पानी का भी भयानक दुरुपयोग किया है। फिर इसी तरह गुजरात के सम्पन्न इलाक़े, फिर महाराष्ट्र के सम्पन्न इलाक़े, दिल्ली के सम्पन्न इलाक़े जैसे साउथ दिल्ली जिसका पानी बहुत नीचे चला गया है।

पानी की सबसे अच्छी स्थिति आप कह सकते हैं रेगिस्तान में है। जैसलमेर और बाड़मेर में सबसे अच्छी स्थिति है। जहाँ मात्र तीन इंच बारिश होती है। रामगढ़ वहाँ तो पाँच सेंटीमीटर से भी कम बारिश होती है। वहाँ के गाँव में एक बूँद पानी की कमी नहीं है क्योंकि उन्होंने अपनी परम्परा मरने नहीं दी। प्रयत्न भी करके रखा है और अपने संस्कार भी रखे हैं। जैसलमेर के कुछ इलाक़ों में गाँवों ने पाँच सौ साल पहले फ़ैसला किया होगा। वह आज तक उनको याद है। पुरखों ने कहा था पशुपालन करना खेती मत करना, नहीं तो मर जाओगे। खेती लायक पानी नहीं है हमारे पास। तो पानी है तो भी नहीं करते हैं खेती, कुआँ है... पर कुआँ है तो चालीस परिवारों के काम का है। सबकी बकरियों को, भेड़ों को और गायों को पानी मिल जाता है इसलिए पशुपालन करते हैं। इसलिए पानी के मामले में सन्तोष बहुत ज़रूरी है।

बीपीएन टुडे, जनवरी, २०१३

प्राकृतिक आपदाएँ

उत्तराखण्ड में १६-१७ जून को जल प्रलय से जो भारी तबाही हुई, उसकी दर्दनाक दास्तानें किसी को भी हिला कर रख सकती हैं। बद्रीनाथ और केदारनाथ के इलाक़े में ख़ासतौर पर तबाही का कहर बरपा। आशंका है कि इस आपदा में कम से कम पाँच हज़ार लोग मर-खप गये। पूरे इलाक़े में हज़ारों करोड़ रुपये की सम्पत्ति मिट्टी में मिल गयी। याद नहीं पड़ता कि इस पहाड़ी राज्य को इसके पहले कभी इतनी बड़ी प्राकृतिक आपदा का सामना करना पड़ा हो। हादसे के बाद अब इस आशय की बहस तेज़ हुई है कि इस तबाही के असली गुनहगार कौन हैं? क्योंकि, पर्यावरणवादी काफ़ी पहले से चेतावनी देते रहे हैं कि हिमालय क्षेत्र में यदि अँधाधुँध निर्माण कार्य किये गये और बिजली व दूसरी परियोजनाओं के लिए नदियों का वेग रोका गया, तो प्रकृति का विस्फोट तबाही ही लायेगा। जाने-माने गाँधीवादी, पर्यावरण विशेषज्ञ अनुपम मिश्र ने तो ढाई दशक पहले ही अपने लेख में लिख दिया था कि क्या हम हज़ारों लोगों के मरने के बाद लगने वाले शिलालेख का इन्तज़ार कर रहे हैं? क्योंकि, जिस तरह से पहाड़ी क्षेत्रों में ज़रूरत से ज़्यादा संसाधनों का दोहन हो रहा है, उससे विनाश को ही आमन्त्रण दिया जा रहा है। मिश्र की यह भविष्यवाणी एकदम सटीक साबित हुई है। वे कहते हैं कि इस तबाही के बाद भी यदि सरकार और समाज कुछ सबक ले ले, तो अच्छा रहेगा।

वरना, स्थिति और भयावह हो सकती है। अनुपम मिश्र कहते हैं कि पर्वतमालाओं की शृंखला में हिमालय सबसे कम उम्र का शिशु है। जैसे कम उम्र का बच्चा हुड़दंग और उत्पात मचाता है, वैसे ही हिमालय कर रहा है। उनके किये गये कार्यों की अन्तरराष्ट्रीय स्तर पर सराहना हुई है। भारत सरकार ने १९९६ में उन्हें 'इन्दिरा गाँधी पर्यावरण पुरस्कार' से नवाजा था। 'आज भी खरे हैं तालाब' और 'राजस्थान की रजत बूँदें' ये किताबें जल संरक्षण के क्षेत्र में किये गये कार्यों की 'लैण्ड मार्क' मानी जाती हैं। प्रसिद्ध कवि भवानीप्रसाद मिश्र के सुपुत्र अनुपम मिश्र से विशेष संवाददाता एस पी त्रिपाठी ने पर्यावरण के विभिन्न पहलुओं पर विस्तार से बात की।

आप देश के जाने-माने पर्यावरणविद् हैं। उत्तराखण्ड में जिस तरह से जल प्रलय की स्थिति बनी, इसे किस तरह से देख रहे हैं?

उत्तराखण्ड में यह पहली बार नहीं हुआ। सन् १९७० में चमोली ज़िले में गौना ताल के फूटने से बाढ़ ने जमकर तबाही मचायी, जिसका असर हरिद्वार और मैदानी इलाक़ों तक पड़ा था। छोटे-मोटे हादसे तो लगातार होते रहे हैं। बारिश के मौसम में तो पहाड़ पर बाढ़ स्वाभाविक ही है। लेकिन, हमारे योजनाकार सबक नहीं लेते। हिमालय की मूल प्रवृत्ति से वे लोग ताल-मेल बैठाना शायद ज़रूरी नहीं समझते। दुनिया की पर्वतमालाओं में हिमालय कम उम्र का है। यहाँ तक अरावली की पहाड़ियाँ, जो गुजरात से दिल्ली तक फैली हैं, यदि इनकी उम्र ९० साल मान ली जाय, तो हिमालय की उम्र इनके मुक़ाबले महज़ ६ साल की ही बैठती है। जैसे छोटे बच्चे की प्रवृत्ति है ऊधम मचाना, इधर-उधर मचलना। कुछ इसी तरह से हिमालय भी कभी भूस्खलन, तो कभी बाढ़ से तबाही बरपाता ही रहता है। आप यह नहीं कह सकते कि इस बार बाढ़ आयी है, तो फिर १५ साल नहीं आयेगी। हर साल आ सकती है और कहर ढा सकती है। यदि उसके साथ ऐसी ही छेड़छाड़ होती रही, तो विनाश का स्वरूप और भयानक हो सकता है। हिमालय क्षेत्र में विकास के नाम पर सड़क, बिजली और भवनों आदि का निर्माण लगातार हो रहा है। ऊपर से अन्धाधुन्ध पर्यटन ने हिमालय क्षेत्र को और बर्बाद करने में कोई कसर नहीं छोड़ी।

पर्यटन के नाम पर वातानुकूलित कमरे, धर्मशालाएँ, होटल, गाड़ियाँ और हेलिकॉप्टर की सुविधाएँ मुहैया करायी जा रही हैं। इससे पर्यावरण पर घातक असर पड़ रहा है। पहाड़ी राज्यों की सरकारें राजस्व और विकास की दुहाई देकर पर्यावरण विशेषज्ञों की हिदायतें ठण्डे बस्ते में डाल देती हैं। यही प्रवृत्ति प्राकृतिक आपदाओं को न्यौता दे रही है। यह स्थिति काफ़ी दुखद है। पता नहीं कोई इस तबाही से भी कुछ सीखेगा या नहीं?

> आपने क़रीब ढाई दशक पहले एक आलेख में यहाँ तक चेतावनी दी थी कि हिमालय क्षेत्र में पर्यावरण के साथ खिलवाड़ करके देश क्या तबाही से मरने वाले हज़ारों लोगों के नाम शिलालेख पर लिखवाने का इन्तज़ार कर रहा है? इस बार की तबाही में ठीक यही स्थिति सामने आयी है। ऐसा क्यों होता है कि आप जैसे विशेषज्ञों की चेतावनी पर, न समाज और न ही सरकार, ख़ास ध्यान देती है?

'प्रलय का शिलालेख' सन् १९७७ में यात्रा वृत्तान्त लिखा था। सन् १९७० में चमोली ज़िले की बिरही घाटी में बाढ़ आयी थी। गौना ताल के फूटने से बाढ़ ने जमकर तबाही मचायी थी जिसका असर हरिद्वार और मैदानी इलाक़ों तक पड़ा था। काफ़ी पहले ही इस ताल के फटने की चेतावनी दी गयी थी। लेकिन, इस पर कभी ध्यान नहीं दिया गया और वह घटित हुआ। वही बाढ़ देखने मैं गया था। जिसके बारे में ७ साल बाद सन् १९७७ में मैंने आलेख लिखा था। मैंने यहाँ अनुभव किया कि बड़ी-बड़ी चट्टानों पर पर्यावरण का एक स्थायी, लेकिन अदृश्य-सा शिलालेख खुदा हुआ है। इस क्षेत्र में चारों तरफ़ बिखरी ये चट्टानें हमें बताना चाहती हैं कि हिमालय में, ख़ासकर नदियाँ और उनकी तलहटियों के आसपास खड़े जंगलों का हमारे पर्यावरण पर क्या असर पड़ता है? ऐसे हिमालय या देव भूमि में कितना धर्म करें, कितना अधर्म होने दें? कितना विकास करें, कितनी बिजली बनायें? यह सब इन चट्टानों और शिलाओं पर खुदा हुआ है। क्या हम इन शिलाओं को पढ़ने के लिए तैयार हैं? यदि नहीं, तो फिर हिमालय को दोष क्यों दें? पहले शंकराचार्य उत्तराखण्ड में पैदल गये। देव भूमि होने के नाते लोग इस क्षेत्र में तपस्या करने जाते थे। पैदल निकलते थे ताकि पुण्य कमा सकें। पहले गाड़ियों में केवल एम्बेसडर

होती थी। अब तो उत्तराखण्ड पिकनिक का एक बड़ा सैरगाह बन गया है। यहाँ पर लोग धार्मिक पुण्य कमाने के साथ हनीमून पैकेज के तहत पहुँचते हैं। बद्रीनाथ जैसे ऊँचे पर्वतों पर हज़ारों कारें पहुँच जाती हैं। ऐसे में, भला पर्यावरण का सन्तुलन कैसे ठीक रह सकता है? शायद, सरकारें भी इसी 'विकास' के इन्तज़ार में हैं। ताकि उनका ख़ज़ाना ख़ूब भर सके। इस लालची प्रवृत्ति के चलते रोज़ाना हिमालय को हम घायल कर रहे हैं। जब प्रकृति का विस्फोट होता है, तो हम 'हाय-हाय' करते हैं। किसी को इसकी फ़िक्र नहीं है कि आख़िर ये तबाही क्यों आमन्त्रित की जा रही है? सच तो यह है कि हम लोग ख़ुद आपदाओं को न्यौता दे रहे हैं।

> राष्ट्रीय स्तर पर एक आपदा प्रबन्धन प्राधिकरण बना हुआ है। इसका गठन काफ़ी पहले हुआ था। पिछले ६ सालों में इस प्राधिकरण की एक भी बैठक नहीं हुई। दो साल पहले केदारनाथ इलाक़े को 'सेंसटिव ज़ोन' बनाने की सिफ़ारिश की गयी थी। ताकि यहाँ पर हो रहे बड़े निर्माण रोके जा सकें। लेकिन, उत्तराखण्ड की सरकार ने इस सुझाव को दरकिनार कर दिया। क्या पर्यावरण और विकास के बीच कोई बैर जैसी स्थिति है?

मुझे बताइये कि क्या नये पुलिस थाने खुलने से अपराध कम होने की गारंटी हो जाती है? आपदा प्रबन्धन प्राधिकरण के साथ भी यही स्थिति है। आपदा के नाम पर महज़ नयी संस्था बना देने से आपदाएँ बन्द तो नहीं होंगी। सवाल यह है कि केवल केदारनाथ की पट्टी ही संवेदनशील ज़ोन क्यों मानी जाय? जबकि, हिमाचल से लेकर चेरापूँजी तक का क्षेत्र बेहद संवेदनशील है। यहाँ भी बाँध जैसे बड़े निर्माण नहीं होने चाहिए। लेकिन, इस पर कोई काम नहीं हो रहा। आपदा प्रबन्धन के नाम पर सरकारी तामझाम ही ज़्यादा होता है। सवाल यह भी है कि ऐसी संस्थाओं में कितने विशेषज्ञ और बुद्धिमान लोग हैं जिन्हें ज़िम्मेदारी दी गयी है, वे पर्यावरण को लेकर कितनी समझ रखते हैं? आपदाओं को रोकने के लिए क्या प्रयास कर रहे हैं? उनकी तैयारियाँ कैसी हैं? इस पर ध्यान देने की ज़रूरत है। पर्यावरण और विकास के बीच बैर की बात नहीं की जा रही है। केवल यही कहा जा रहा है कि संवेदनशील के साथ दोनों के बीच सन्तुलन होना चाहिए।

अक्सर ऐसा होता है कि चाहे खनन क्षेत्र का मामला हो या बाँधों के निर्माण का। राज्य सरकारें विकास के नाम पर पर्यावरण को ठेंगा दिखाने की कोशिश करती हैं। इस राजनीति को क्या कहेंगे?

मेरा मानना है कि विकास एकदम अवरुद्ध नहीं होना चाहिए। गाँवों को सड़कों से जोड़ना, लोगों को बिजली उपलब्ध कराना, स्कूल, बाज़ार और स्थानीय लोगों के कष्टों के निवारण के लिए ज़रूरी निर्माण नहीं रुकना चाहिए। लेकिन विकास के नाम पर जंगलों की अन्धाधुन्ध कटाई, पहाड़ों तक में बड़े मॉल व पंच सितारा होटल बनाना कहाँ का विकास है? यह तो सरासर विनाश की आधार शिलाएँ हैं। राजनेताओं की कमाई के लिए बेतरतीब विकास की दुहायी दी जा रही है। यह ख़तरनाक खेल है। इसे जनहित में रोका जाना चाहिए। कई राज्यों में अन्धाधुन्ध खनन का काम चल रहा है, इससे भी पर्यावरण को नुकसान पहुँच रहा है। काग़ज़ों में सरकारें चिन्ता तो ज़रूर जताती हैं, लेकिन धरातल पर कुछ नहीं होता है। समझ में नहीं आता कि आख़िर सरकारें इतनी ग़ैर-ज़िम्मेदार और असंवेदनशील कैसे होती जा रही हैं?

आप ने जल संरक्षण के क्षेत्र में बहुत काम किया है। देश के कई इलाक़ों में पेयजल संकट तेज़ी से बढ़ रहा है। ज़मीन के अन्दर का जलस्तर तेज़ी से गिर रहा है।

अकाल अकेले नहीं आता। उससे बहुत पहले अच्छे विचारों का अकाल पड़ने लगता है। अच्छे विचार का अर्थ है, अच्छी योजनाएँ, बेहतर काम। लेकिन, इस दौर में अच्छी योजनाओं का अकाल है और बुरी परियोजनाओं की बाढ़ आ रही है। देश का 'जीडीपी' बढ़ाने की ज़्यादा चिन्ता हो रही है। भले, यह किसी भी क़ीमत पर बढ़े। इसलिए पर्यावरण की हिदायतों को भी मानना ज़रूरी नहीं माना जा रहा। विशेष आर्थिक ज़ोन बनाये गये हैं। इनके लिए तमाम क़ानूनी ढील भी दी जा रही है। इन क्षेत्रों में प्रकृति के साथ जमकर मनमानी होती है। पेड़ काट लिए जाते हैं। काग़ज़ों में ख़ानापूर्ति के लिए वृक्षारोपण भी दिखा दिया जाता है। लेकिन हक़ीक़त में क्या होता है, यह हम सब जानते हैं। देश को स्वर्ग बनाने की तमन्ना रखने वाले नेताओं ने विशेष आर्थिक ज़ोन, सिंगरूर और नन्दीग्राम जैसी योजनाओं

पर तो ध्यान दिया है। ऐसे में, स्थिति भयावह हो सकती है। कई राज्यों के बीच नदियों के जल विवाद को लेकर वैसे भी लड़ाइयाँ होने लगी हैं। सड़क से संसद तक बवाल आये दिन होते ही रहते हैं। जलसंरक्षण को तरज़ीह नहीं मिली, तो स्थिति काफ़ी गम्भीर बनने में देर नहीं लगेगी।

> पर्यावरण के क्षेत्र में उत्कृष्ट काम करने के लिए देश-विदेश में तमाम पुरस्कार आपको मिले हैं। इस क्षेत्र में आपकी विशेषज्ञता है। बताइये, हमें दुनिया के किस देश से पर्यावरण के मामले में सबक सीखने की ज़रूरत है?

इस मामले में हमें किसी और देश से सबक सीखने की ख़ास ज़रूरत नहीं है। बस, नेक नीयती की ज़रूरत है। सच्चाई तो यह है कि हम अपनी सहज जीवन शैली से दुनिया को सिखाते रहे हैं। यही कि कैसे प्रकृति के साथ मिल-जुलकर चला जाय ताकि, सन्तुलन बना रहे। उत्तराखण्ड में आयी तबाही के बाद केदारनाथ का मुख्य मन्दिर बच गया है। कुछ लोग कह रहे हैं कि ये सब भगवान की कृपा से हुआ है। किसी को यह समझने में रुचि नहीं है कि अगर यह मन्दिर बचा है, तो हमारे पूर्वजों की समझ के चलते बचा है। वे ऊँचे पहाड़ों पर इस विधि से निर्माण करते थे ताकि, पर्यावरण के साथ कम से कम छेड़छाड़ हो। मुझे लगता है कि केदारनाथ मन्दिर भी इसलिए बचा, क्योंकि यहाँ पर पर्यावरण के साथ उस दौरान नाइंसाफ़ी नहीं हुई थी। पर्यावरण के मामले में हमें अपने पूर्वजों के अनुभव से सीख लेने की आवश्यकता है। यही कि हम पर्यावरण से दोस्ती करेंगे, तो प्रकृति भी हमसे अपनापन दिखायेगी। वरना, प्रकृति के प्रकोपों से हम बच नहीं सकते। दुनिया के कई देश इस तरह के प्रकोपों का शिकार होते आये हैं। कुछ सीख सकते हों, तो सीख लें। वरना, देर हो सकती है।

> आदिवासी बहुल वनांचलों की दुर्गति सबसे अधिक हुई है। इसके चलते स्थानीय लोगों के जल, जंगल और ज़मीन के अधिकार छिन गये हैं। माना जा रहा है कि नक्सलवाद की समस्या के पीछे भी यही सब पहलू हैं। इस स्थिति के बारे में आप क्या कहेंगे?

चाहे हिमालय हो या खनिज और वनों से सम्पन्न इलाक़े। विकास के नाम पर इन संसाधनों का ज़रूरत से ज़्यादा दोहन हो रहा है। इस चक्कर में स्थानीय लोगों को लगातार विस्थापित किया जा रहा है। उनके रोज़गार छीने जा रहे हैं। उन्हें सरकारी कृपा पर जीने के लिए मजबूर किया जा रहा है। आदिवासियों के साथ तो पूरे देश में नाइंसाफ़ी ही हुई है। इसी के चलते राज्य व्यवस्था के प्रति इनमें ग़ुस्से का भाव आया है। इसी का फ़ायदा नक्सलवाद उठा रहा है, तो इसके लिए असली गुनहगार कौन होगा? यही स्थिति पहाड़ों पर है। वहाँ भी विकास का लाभ अमीर वर्ग उठा रहा है। नेता मण्डली फल–फूल रही है। इन लोगों को जड़–ज़मीन से कोई मोह तक नहीं होता। इसी के चलते पर्यावरण सन्तुलन जैसी बातों को ये लोग ठेंगा दिखाते हैं। ज़रूरत इस बात की है कि इन मुद्दों पर सामाजिक चेतना जागे। शायद, तभी कुछ बात बन सकती है।

डीएलए मीडिया, २९ जून, २०१३

हमारा जल प्रबन्धन, दृष्टिदोष

नीतिश कुमार सिंह के साथ

हमारा जल प्रबन्धन, दृष्टिदोष

आज भारत में किस प्रकार के जल-प्रबन्धन की ज़रूरत महसूस की जा रही है?

हम सभी लोग जानते हैं कि हमारे देश में एक तरह की जलवायु नहीं है। हर साल मौसम बदलता रहता है, जिससे बारिश कहीं ज़्यादा तो कहीं कम होती है। हमारे यहाँ मोटे तौर पर जैसलमेर में वर्षा का न्यूनतम वार्षिक औसत १५ सेंटीमीटर, मेघालय जिसका नाम ही मेघों पर है, वहाँ पानी मीटरों में गिरता है। सेंटीमीटर में नहीं! इसमें छत्तीसगढ़ भी आता है, जहाँ २०० से ४०० सेंटीमीटर तक बरसात होती है। ऐसी जगहों पर जल-प्रबन्धन कोई एक दिन में बन सकने वाली व्यवस्था नहीं है। सैकड़ों-हज़ारों साल से इन सब इलाक़ों के किसानों ने, वहाँ के लोगों ने, गाँवों ने, शहरों ने, जिनको हम कम पढ़ा-लिखा, अनपढ़ न जाने क्या-क्या कहते हैं, इन सब लोगों ने अँग्रेज़ों के आने से भी बहुत पहले अपने पानी का इन्तज़ाम कुछ न कुछ सोच लिया था। 'प्रबन्धन' तो नया शब्द है। ये लोग बिना किसी आधुनिक सरकार के, कि जवाहरलालजी आयेंगे, कि इन्दिराजी आयेंगी या राजीवजी आयेंगे अथवा महात्मा गाँधी वाटर मिशन बनेगा, या फिर मोदीजी आयेंगे—अच्छे दिन आयेंगे, कोई इसका इन्तज़ार किये बिना सैकड़ों-हज़ारों साल पहले अपना जल-प्रबन्धन कर रखा था। उनके लिए यह कोई नयी बात नहीं थी। जिसकी वे प्रतीक्षा करेंगे, तब तक वे क्या करते ज़िन्दा रहते, या तो बाढ़ में बह जाते या अकाल में मर जाते।

ऐसा नहीं है कि हमारे यहाँ अकाल न पड़े हों, लेकिन आप इतिहास में झांकें तो पायेंगे कि हमारे यहाँ जो सबसे बुरे दो अकाल पड़े हैं वो ईस्ट इण्डिया कम्पनी की राजस्व की नीति के कारण पड़े हैं। ज़मीन के स्वामित्त्व के कारण और उपलब्ध जल-प्रबन्धन को बिगाड़ने के कारण पड़े हैं।

इस समय समाज को अपने जल का समग्र ज्ञान नहीं है तो इसके लिए आप किसे सीधे तौर पर ज़िम्मेदार मानते हैं?

एक मोटा-मोटा आँकड़ा इतिहास से यह निकलता है कि पाँच लाख गाँवों का हमारा देश था, इसमें कुछ हज़ार छोटे-बड़े शहर थे। उज्जैन, काशी ऐसे शाश्वत शहर कहलाते हैं। इनका चार-पाँच हज़ार साल का इतिहास है। इन बूढ़े शहरों के आगे दिल्ली, मुम्बई जैसे शहर बच्चे हैं। किसी का पाँच-सौ साल का इतिहास है तो किसी का हज़ार-सात सौ साल का। देश भर में २५ से ३० लाख तालाब थे। सब बिना किसी इंजीनियरों के बनाये गये थे। इंजीनियरिंग कॉलेज ही नहीं थे तब बनाये गये थे। इन तालाबों की गिनती १८०० के आसपास हुई थी। तो ये वहीं के अनपढ़ बताये गये, समाज ने बनाये थे। और ये मौसम देख कर बनते थे। इनमें से शायद ही कोई ऐसा अपवाद होगा कि अति वृष्टि में कोई तालाब टूट गया हो। आज जो लोकप्रिय और नकली शब्द चलता है—वह शब्द है जन-भागीदारी। असली जन-भागीदारी तो वह कहलाती थी, जिसके तीन स्तर थे। पहले आज की जन-भागीदारी समझ लें कि योजना सरकार बनाती है और जन-भागीदारी के लिए कहती है कि आप इसमें शामिल हो जाओ। लेकिन असली जन-भागीदारी वह थी कि योजना भी गाँव बनाये कि यहाँ-यहाँ तालाब बनने हैं फिर उसका क्रियान्वयन भी वही समाज करता था। इसलिए राजस्थान से लेकर रायपुर और छत्तीसगढ़ के रतनपुर रियासत के तालाबों का बाल भी बाँका नहीं हो सका। उपेक्षा की आँधी नहीं चलती थी, प्रेम से ममत्व की हवा चलती थी, जिसमें ये सब तालाब टिके रहते थे। उस समय का समाज अपने ज्ञान से ज्ञानी था और समाज को अपने पानी का समग्र ज्ञान था। अँग्रेज़ों ने आने के बाद कुछ जान-बूझकर, कुछ अनजाने में इस ढाँचे को तोड़ा और इसको चलाने वालों को बेइज़्ज़त भी किया। धीरे-धीरे एक पढ़ा-लिखा अँग्रेज़ी जानने वाला वर्ग तैयार हो गया, जिससे हमको डर लगने लगा कि ये जल विशेषज्ञ हैं और हम नहीं। एक

समय में छत्तीसगढ़ में जिसको हम आदिवासी समाज कहते हैं, वह तालाबों का इतना बड़ा विशेषज्ञ था, उसने तरह-तरह के तालाब बनाये थे। कालान्तर में उससे ध्यान हटा दिया गया और उसके स्वामित्व का हरण कर दिया गया। उसके हाथ से उसके साधनों को ले लिया गया। उसके बाद वह ग़रीब और लाचार बनकर किसी कोने में फेंका गया। इसलिए आज हम असहाय होकर सरकार की ओर देखते हैं कि 'साहब! हमारे गाँव में जल-संकट है, आप टैंकर भेज दीजिये!'

क्या अब टैंकर की देश में एक संगठित राजनीति भी खड़ी हो गयी है?

हाँ! टैंकर में डीज़ल भी फूँकना पड़ता है, डीज़ल बाहर से मँगवाना पड़ता है और फिर सौ टैंकर गये कि पाँच-सौ टैंकर, इसका हिसाब कौन रखेगा? और आधा टैंकर भर कर ले गया कि पूरा टैंकर भर कर, यह भी नहीं मालूम। जैसलमेर में सबसे कम पानी गिरता है, जो अपने देश का सबसे बड़ा ज़िला है। इस ज़िले में औसतन १६ सेंटीमीटर पानी गिरता है तो कहीं ४ सेंटीमीटर पानी गिरता है। यानि कि रायपुर या छत्तीसगढ़ के किसी इलाक़े में एक घण्टे में जितना पानी गिर जाता होगा, उतना वहाँ एक साल में गिरता है। उन इलाक़ों में लोगों ने बहुत सुन्दर काम किया है। उसका वर्णन हमारी कुछ किताबों में भी किया गया है।

ट्यूबवेल, हैण्डपम्प जैसे साधनों से पानी निकालने से जल-स्रोतों पर क्या असर हो रहा है?

ये पानी बाँटने के साधन हैं और भयानक हैं। अगर इनका उचित उपयोग नहीं होगा, दुरुपयोग होगा तो ये हमारे जल साधनों को सुखा देंगे। हम इसको इस तरह समझें कि भीतर का पानी बैंक में रखा एक तरह का फिक्स्ड डिपॉज़िट है, ऊपर का पानी करंट एकाउण्ट है, कभी भी जाओ और निकाल लो। भीतर का कम ही निकालना चाहिए। लेकिन आज सारी नीतियाँ ऐसी हैं कि हम धड़ाधड़ सारी धरती को छेदते जा रहे हैं। हम कुछ डालेंगे नहीं, केवल निकालते जायेंगे तो हमारे ख़ज़ाने में कुछ बचेगा ही नहीं। इससे हर शहर का जल-स्तर नीचे गिरता जा रहा है। आज राजनीति

कितनी नीचे गिरी है या जल नीति कितने नीचे गिरी है, इसमें होड़ लगी है। इन दोनों को थामने में हमको कुछ मेहनत करनी होगी।

> दो तरह की सोच रखने वाले लोगों में भी द्वन्द्व की स्थिति बनी हुई है। वैज्ञानिक सोच और धार्मिक आस्था आमने-सामने है। इसे आप कैसे देखते हैं?

दोनों के बीच द्वन्द्व तो नकली है। पानी, पानी है। इसमें धर्म और दूसरी सोच से केवल इसकी रक्षा होनी चाहिए। इसको दूसरे तरीक़े से देखने की आवश्यकता नहीं है। प्रकृति हर साल पानी गिराती है, जिसका संरक्षण करना चाहिए और अपना भू-जल स्तर बढ़ाना चाहिए। तालाबों में पानी भी रोक कर रखना चाहिए। मैंने तो धर्म और विज्ञान के नाम पर कोई द्वन्द्व नहीं देखा है। आप धर्म के नाम पर फूल, माला, अस्थियाँ नहीं डालने की बात करते हैं और मल-मलबा डालते हैं। दादी माँ के फूल या पँखुड़ी डालने के लिए मना करते हैं। आप बतायें, किसको पहले रोकना ज़रूरी है। फिर यदि धर्म भी व्यापार बन गया है और एक-एक ट्रक पूजा का कचरा निकलता है, तो यह कचरा पूजा का नहीं है। ये कचरा है हमारे दिमाग़ का, एक फूल डालना अलग बात है और टनों कचरा नदी में मिलाना अलग है। अनुपात तो देखना ही पड़ेगा न, मात्रा तो देखनी ही पड़ेगी!

> पुराने शहर जैसे बनारस हो, गया हो, यहाँ शहर का गन्दा पानी गंगा में नहीं जायेगा तो कहाँ जायेगा?

किस जगह दूसरी व्यवस्था है? न रायपुर में है न दूसरी जगह। कुछ खुले दिखते हैं तो बुरे दिखते हैं। कुछ जगह करोड़ों रुपये ख़र्च करके धरती के नीचे से बहा देते हैं, छिपा कर। पर जाता वह भी है यमुना, गंगा और शिवगंगा में। किसी भी इलाक़े में नदी सबसे नीचे बहती है, और गन्दगी नदी में ही जाकर मिलती है। अभी तक इन्होंने कोई भी वैज्ञानिक प्रगति नहीं कर दिखायी है कि उस पानी को साफ़ करके उसमें मिलायेंगे। साफ़ करने में बिजली ख़र्च होती है, करोड़ों रुपये लगते हैं। दिल्ली की नगर-पालिका भी गन्दे पानी को शत-प्रतिशत साफ़ करके यमुना में नहीं मिलाती।

इसलिए हम छोटे राज्य की राजधानी से, रायपुर से, धमतरी से, बेमेतरा से या दुर्ग से ये उम्मीद ही नहीं कर सकते कि वह अपना पानी साफ़ कर नदी में मिलाये।

गुजरात, हिमाचल या बहुत सारे राज्यों में पानी को लेकर कुछ काम हुए हैं इनसे क्या सीखने को मिला है?

किसी ने भी अभी तक अच्छा काम नहीं किया है, एक राज्य के नाते। समाज के टुकड़ों ने काम किया है। सरकारों ने तो जल के अन्धाधुन्ध दोहन का ही काम किया है या नकली नारे लगाये हैं कि हम नदी जोड़ देंगे या हम यहाँ का पानी वहाँ फेंक देंगे। इन सबसे कोई हल नहीं निकलने वाला।

गंगा को लेकर जो योजना इस सरकार ने बनायी है, और गंगा जहाँ से निकलती है और जहाँ तक अपने देश में बहती है, वहाँ ग़ैर-बीजेपी या ग़ैर-एनडीए सरकारें हैं तो कैसे क्रियान्वयन होगा?

मैं तो कहता हूँ कि सब जगह उनकी सरकार आ जाये, तो भी अमल नहीं हो पायेगा। ये राजनैतिक विवाद तो छोड़ ही दीजिये, दृष्टि में ही दोष है। इस भावना से कि गंगा हमारी माँ है, पवित्र है। हम इसको साफ़ करेंगे। कुछ करोड़ बहा देंगे तो इससे साफ़ नहीं होगी, भाई! एक हम गन्दे नाले की आरती उतारते चले आ रहे हैं। पहले तो हमें यह मानना चाहिए कि हम अक्षम साबित हुए हैं। इसको साफ़ करने में क्या बाधाएँ हैं? पैसा नहीं है बाधा। पैसा बहाने से गंगा को साफ़ नहीं कर सकते। गंगा को पानी बहाने से साफ़ किया जा सकता है। इसमें पानी ही नहीं छोड़ा हमने। बिजली बनाने में, बाँध बनाने में, सिंचाई में गंगा का पानी ले गये, उद्योगों में ले गये, बड़े-बड़े एटॉमिक प्लांट जैसे नरोरा में ले गये और गंगा में बूँद भर पानी नहीं छोड़ा। बरसात में जब बाँध मुसीबत बनता है तो फटाफट गेट खोल देते हैं और कई लोगों को बिना चेतावनी के डुबो भी देते हैं। और जब गर्मी के दिन आते हैं तो उसका एक-एक बूँद डायवर्ट कर देते हैं। ऐसे में गंगा साफ़ नहीं होगी।

हाल ही में तमिलनाडु के मुल्लापेरियम बाँध की ऊँचाई बढ़ाने का

फ़ैसला आया है, जिससे वहाँ की सरकार और लोगों में ख़ुशी का माहौल है। इसको आप कैसे देखते हैं?

इसमें लोगों की ग़लती नहीं है। उनको नकली ख़ुशी हमने पकड़ायी है। गुजरात में जो नर्मदा पर बाँध है उसकी ऊँचाई बढ़ाने का भी फ़ैसला हुआ है जो डूबते हैं डूबने दो, जो आन्दोलन करते हैं, वे करते रहेंगे। मेरा तो कहना है कि गुजरात में भी बीजेपी की सरकार है और मध्य प्रदेश में भी। ये सरकारें आधा मध्य प्रदेश डुबो दे फिर वहीं की जनता चुनाव में उन्हें सबक सिखायेगी। हम झूठे नारों में लग गये हैं कि बाँध की ऊँचाई बढ़ाने से लोगों को लाभ मिलता है, पानी मिलता है। तो तमिलनाडु, कर्णाटक से कावेरी को लेकर काहे इतना लड़ रहा है। हमारी ये जीत और लड़ाइयाँ सब नकली हैं।

नदियों को जोड़ने की योजना कैसी होगी?

ज़रूर जोड़िए! उसका बजट उठाकर देख लीजिये। हमारे पास उसका जीरो फ़ीसदी भी है क्या? हमारा दिमाग़ ख़राब हो गया है।

छत्तीसगढ़ साक्षात्कार, जुलाई–अगस्त २०१४

इस धरा को सजदा करें

'मेरा जन्म महाराष्ट्र में हुआ, रहने वाला मध्य प्रदेश का हूँ, नौकरी दिल्ली में करता हूँ और चाकरी राजस्थान की।' इन शब्दों में अपना परिचय देने वाले अनुपम मिश्र को राजस्थान की धरती से गहरा लगाव है। उन्होंने पानी और पर्यावरण संरक्षण के लिए जो काम किया है, वह जगज़ाहिर है। उन्होंने मरूप्रदेश के निरक्षर लोगों के हज़ारों साल पुराने जलदर्शन और वैज्ञानिक खेती पद्धति से दुनिया को रूबरू कराया है। उनकी १७ पुस्तकें आ चुकी हैं। इनमें 'आज भी खरे हैं तालाब' और 'राजस्थान की रजत बूँदें' अन्तर्राष्ट्रीय स्तर पर चर्चित हुईं और देशी-विदेशी अनेक भाषाओं में अनुदित हुईं। अनुभवों की आँच में निखरी तपिश से ये किताबें जल संग्रह की पारम्परिक गतिविधियों का अनूठा दस्तावेज़ बन गयी हैं। हाल ही में अनुपम जयपुर आये तो उनसे जल संकट, भूजल, बाँध और नहरों से जुड़े गम्भीर मसलों पर बेबाक बातचीत हुई।

कहा जा रहा है कि तीसरा विश्व युद्ध पानी के लिए होगा, इस आशंका की वजह?

लोग तो कहते हैं कि होगा, ऐसी आशंका है। मैं तो याद दिलाना चाहता हूँ कि हो रहा है। आज भी दो प्रदेशों के बीच युद्ध हो रहा है, दो देशों के बीच भी हो रहा है। बांग्लादेश और भारत पानी को लेकर लड़े। पंजाब से

निकलने वाली नदियाँ, जो पाकिस्तान में जाती हैं, उनको लेकर भारत-पाकिस्तान में विवाद रहा। अपने देश को लें तो तमिलनाडु और कर्नाटक के बीच कावेरी को लेकर जंग छिड़ी। पंजाब-हरियाणा, पंजाब-राजस्थान कहाँ नहीं है जंग? हाँ, इसका स्वरूप ज़रूर बदल रहा है। राज्यों ने भी अपनी नदियों पर बाँध बनवाये हैं और सार्वजनिक होते हुए भी पानी का निजीकरण हुआ है।

> निजीकरण से याद आया, आज किसानों की ज़मीन सेज के तहत ख़रीदी जा रही है। वहाँ मॉल बन रहे हैं तो क्या 'जल संरक्षण' के साथ 'ज़मीन संरक्षण' भी एक मुद्दा होना चाहिए?

जब संकट आता है तो दोनों पर एक साथ आता है। ज़मीन पहले जाती है और उस पर संचय होने वाला जल बाद में। दिल्ली में बाढ़ आयी। यमुना के रास्ते में हाउसिंग सोसायटी ने घर बसाये, बिल्डिंगें बनीं, हाइवे बने, खेत उजाड़ दिये गये और पानी के रास्ते से छेड़छाड़ की। पानी को जहाँ जाकर मिलना है, वह मिलेगा ही। अब उसके रास्ते बन्द कर दिये, तो वह बिफरेगा ही। संचय अकाल के समय भी काम आता है और बाढ़ के समय भी। अभी उस पर ध्यान नहीं जायेगा। तो ज़मीन भी हम छोड़ रहे हैं और पानी भी। दोनों का मोल या तो यह पीढ़ी चुकायेगी या फिर अगली पीढ़ी। प्रकृति अपना हिसाब ज़रूर करती है।

> जल संरक्षण की जब बात आती है, सरकार काम कर रही है, एनजीओ काम कर रहे हैं, पर लोग इन मुद्दों पर बँटे हुए नज़र क्यों आते हैं, एकमत क्यों नहीं होते?

जल संरक्षण और प्रबन्धन की चर्चा दुनिया भर में ज़ोरों से की जाती रही है, लेकिन लोग जो अपनी धरोहर को पीढ़ी-दर-पीढ़ी एक-दूसरे को सौंपते आये हैं, मरुधरा में भी जल प्रबन्धन करते आये हैं, उन्हें चर्चा में कहीं शामिल नहीं किया जाता। राजस्थान में नहर आयी, यह नेतृत्त्व का निर्णय है, अधिकारियों का निर्णय है। लोगों की इच्छा हो सकता है, जगायी गयी हो लेकिन उनको नहीं मालूम कि इस प्रदेश में पानी आयेगा, तो क्या गुल खिलायेगा? वे अपने आँगन में ही पराये हो जाते हैं, जबकि

इस समाज का सुन्दर जल–दर्शन देख इस धरा को सजदा करने को जी चाहता है। इनके संचित ज्ञान का इस्तेमाल कर उस जगह का आगे का जल–प्रबन्धन किया जाये तो शायद दुनिया ही बदली नज़र आयेगी।

अभी आपने कहा 'संचित ज्ञान', इसका खुलासा करेंगे?

इन्दिरा गाँधी नहर के पहले चरण में जब पानी आया, तो लूणकरणसर के आस–पास दलदल बन गया। बाद में इंजीनियरों को पता लगा कि नीचे जिप्सम की पट्टी है, इसलिए पानी टकराकर रुक गया, वापस ऊपर आ गया। सवाल यह उठता है कि पहले यह सर्वे क्यों नहीं कराया गया। हमारे पुरखे मिट्टी के रंग और गन्ध से उसका स्वभाव जान लेते थे, सतह का दबाव भी वे ख़ूब पहचानते थे। उन्होंने गाँव का नाम कुछ सोच–समझकर ही रखा होगा। अगर पहले गाँव वालों से ही पूछ लिया जाता तो पता लगता कि लूणकरणसर में नमक की बहुतायत है। लेकिन अब पछताए होत क्या....।

समाज के जल दर्शन के मायने?

देखिये, जल–दर्शन और जल–नीति में बड़ा फ़र्क़ है। जल–नीति सरकार पाँच साल के लिए अपने कार्यकाल में बनाती है और जल–दर्शन वह है, जो हज़ारों साल से चला आ रहा है। जिस दिन इस जल–दर्शन पर ध्यान जायेगा, हम कुछ उम्मीद कर सकते हैं। सैंकड़ों, हज़ारों तालाब अचानक शून्य से प्रकट नहीं हुए। उनके पीछे एक इकाई थी बनवाने वालों की, तो दहाई थी बनाने वालों की। यह इकाई, दहाई मिलकर सैंकड़ा, हज़ार बनती थी। पर आज के पढ़े–लिखे लोगों ने उसे शून्य में तब्दील कर दिया।

आप कई बार राजस्थान के मरु इलाक़े में जाते रहे हैं। ऐसी कोई बात जिसने आप पर असर डाला?

मैं अपना परिचय देता हूँ। मेरा जन्म वर्धा (महाराष्ट्र) में हुआ, रहने वाला हूँ मध्य प्रदेश का, पढ़ाई–लिखाई दिल्ली में हुई, नौकरी दिल्ली में कर

रहा हूँ पर चाकरी मैं राजस्थान की करता हूँ। हर बार यहाँ आने पर कुछ नया दिखता है। इस ज़मीन से हम जितना सीखें, कम है। खड़ीन विशेष क़िस्म का सम्पन्न खेत है जैसलमेर के इलाक़े में। चमत्कारिक और वैज्ञानिक पद्धति है यह। किसी कृषि विशेषज्ञ से पूछिये गेहूँ जिसको दिन में ५ या ६ बार सिंचाई चाहिए और जिसकी एक औसत सिंचाई तीन इंच की बैठती है। अमूमन १८ इंच पानी जिस इलाक़े में नहीं बरसता, वहाँ गेहूँ नहीं बोया जा सकता। लेकिन इन ग्रामीणों ने अपने अनुभव से ३ से ६ इंच बारिश वाली जगह में इसे सिद्ध कर दिखाया है। सामूहिक खेती है यह, सब जाति-धर्म के लोग मिलकर काम करते हैं, वहाँ समता का भाव देखिये, समाजवाद देखिये, जाति-आरक्षण सबके हल उस खेत में मिल जायेंगे। उन गाँव वालों ने तो समाज के प्रश्नों पर हल चलाकर उत्तर के बीज बो दिये।

...तो आपकी नज़र में ये अनपढ़ लोग विज्ञान से कहीं आगे हैं... ?

बिलकुल, सौ फीसदी। सोचिये रेत का अनन्त विस्तार है वहाँ। जहाँ सबसे कम पानी गिरता है, देश का सबसे सूखा हिस्सा जैसलमेर का रामगढ़ खण्ड। पुरखों का ज्ञान देखिये कि जहाँ तीन सौ फीट नीचे तक खारा पानी मिलता है, वहाँ क़रीब चालीस-चालीस किलोमीटर की दूरी पर तीन मीठे पानी के कुएँ ढूँढ़ निकाले। किसी संस्था या सरकार ने यहाँ पैसा नहीं लगाया, कोई पंचवर्षीय योजना नहीं बनी पर उन ग्रामीणों की तपस्या देख नतमस्तक हो जाने को दिल करता है। मीलों दूर चलकर भेड़-बकरियाँ, राहगीर यहाँ मीठा पानी पीने पहुँचते हैं। वहाँ के जल की कलकल, वो मीठा नाद जिससे असीम तृप्ति का एहसास होता है, आज भी जेहन में गूँजती रहती है। सवाल उठता है कि वे आस-पास क्यों नहीं रहते। शायद प्रकृति ने इसमें भी कोई रहस्य छिपाया है कि जहाँ चारा है, वहाँ पानी नहीं और जहाँ पानी है, वहाँ चारा नहीं। 'सस्टेनेबल डेवलपमेंट' शायद इसी का नाम है। साथ ही बिना किसी लिखित क़ानून के ये लोग इस बात का ख़याल रखते हैं कि पानी एक मात्रा से ज़्यादा नहीं निकाला जाये।

हम भूजल का दोहन कर रहे हैं, ट्यूबवैल, बोरिंग वग़ैरा... क्या

भूजल के लिए कड़े क़ानून बनने चाहिए?

भूजल के लिए कड़े क़ानून ज़रूर बनने चाहिए। लेकिन जैसा मैंने नहर के लिए बताया, क़ानून का मतलब उसे पालन करना और न मानने के रास्ते खोजना भी है। एक तो वह समाज है जहाँ कोई लिखित क़ानून नहीं, पर पानी को कितना निकालना है, यह जानता है। दूसरी ओर आप क़ानून बना देते हैं तो दूसरे रास्तों से नियम तोड़े जाते हैं। मसलन, नियम है कि दो सौ फुट तक हम खोद सकते हैं तो कोई रिश्वत देकर तीन सौ फुट खुदायी करवायेगा। यह नियम तो सिर्फ़ पानी को पाल-पोसकर रखने वाले उन नियन्ताओं के ही होंगे। विवेकसम्मत इस्तेमाल तो उन ग्रामीणों से सीख कर हम भविष्य में जल संरक्षण की दिशा में आगे बढ़ सकते हैं, जिन्होंने उत्कृष्ट समाज की रचना की है। जहाँ सबसे कम पानी उपलब्ध है, उस समाज ने अपने को सबसे रंग-बिरंगा संगठित किया है।

पिता (भवानीप्रसाद मिश्र) की प्रसिद्धि से भी आपकी कोई पहचान बनी?

कुछ के लिए मन्ना (पिताजी) 'गीतफ़रोश' रहे हों पर हमारे लिए वे साधारण पिता थे। उस समय मैं नवीं कक्षा में था। किसी सहपाठी ने हिन्दी शिक्षक को बताया कि मैं भवानीप्रसाद मिश्र का बेटा हूँ तो अध्यापक ने 'झूठ बोलते हो' कह कर चुप कर दिया। उन्हें आश्चर्य था कि दिल्ली के सरोजनी नगर में टेंट में चलने वाले स्कूल में मशहूर कवि का बेटा? बाद में उन्होंने तेज़ आवाज़ में मुझसे मन्ना का नाम पूछा और फिर पता। किसी शाम वे घर भी आये। मन्ना ने उन्हें कुछ सुनाया था। मन्ना की शोहरत हमें ऐसे ही वाकयों से मालूम हुई।

'जी हाँ हुजूर.... मैं गीत बेचता हूँ....' जैसे गीत से मिश्रजी क्या कहना चाहते थे?

यह वह दौर था, जब परिवार में बुआओं की शादी करनी थी। तब तंगहाली में मन्ना ने कुछ गीत एवीएम कम्पनी के लिए लिखे। गीत बेचने की इस उतावली में उनका लक्ष्य पैसा कमाना नहीं, बल्कि पैसा जुटाना

था। कम्पनी के मालिक चेट्टियार से वे कोई भाव-ताव भी नहीं कर पाये। उन गीतों को मन्ना ने कभी अपनी उपलब्धि नहीं माना। लोगों ने उन पर आरोप लगाये तब मन्ना ने 'गीतफ़रोश' जैसी पंक्तियाँ रची होंगी। पर आप देखिये, हमारे घर में मन्ना का एक गीत भी रिकॉर्ड नहीं है, जबकि कभी-कभी नितान्त अपरिचित जगहों पर भी उनकी कविता-पाठ की रिकॉर्डिंग मिल जाती है।

राजस्थान पत्रिका, १०/०२/२००८

पानी की स्मृति कभी नहीं मिटती

अपनी पीढ़ी का ज्ञान व समझ देखिये कि हज़ार बारह सौ साल पहले उसने इन तीन मीठे कुओं को अलग-अलग समय में, सौ-दो सौ साल के अन्तर पर उसी पंक्ति में ढूँढ़ कर बना दिया। उसके बाद चौथा मीठा कुआँ कोई आज तक बना ही नहीं पाया। अब तो युद्ध के बाद से सीमा पर बीएसएफ की टुकड़ियाँ बैठती हैं। उनको भी पानी चाहिए। उनके ट्रक रामगढ़ के टाँकों से ट्रकों में पानी लेकर आते हैं। यह अछूता भारत है। अभी मैंने सुना कि किसी ने अछूतों पर एक फ़िल्म बनायी है, इण्डिया अनटच्ड। यह अवश्य ही बननी चाहिए, अछूत समस्या हमारा एक दाग़ है। परन्तु यह तो हमारा एक बेदाग़ अछूता भारत है। इसके बारे में हमारे राजनेता नहीं जानते, हमारे समाज सेवक नहीं जानते।

कार्यकर्ता तो आपको बहुत मिलेंगे, परन्तु कर्म व ज्ञान का सम्मिश्रण आपको अनुपम मिश्र में ही मिलेगा। ज्ञान, कोरी सूचना भर नहीं, अनुभव की आँच में तपा हुआ अर्जित ज्ञान। उनका समूचा जीवन जल के प्रति एक सच्ची प्रार्थना रहा है। तीन दशकों से भी अधिक समय से वे भारत के लुप्त होते जल संसाधनों को बचा रहे हैं। इसलिए उनका प्रत्येक शब्द एक दस्तावेज़ बनता है, जहाँ वे जल संकट के विभिन्न पहलुओं को अपनी पैनी दृष्टि से उघाड़ते हैं। नगर जल प्रबन्धन, शुद्ध पेयजल,

भूजल व सार्वजनिक जल, हरेक मसले पर उनके तर्क बड़े पुष्ट हैं। उनकी दोनों किताबें 'आज भी खरे हैं तालाब' और 'राजस्थान की रजत बूँदें' क्लासिक्स में गिनी जाती हैं। इनके देशी-विदेशी कई भाषाओं में अनुवाद हो चुके हैं और किसी सच्चे ज्ञानी की तरह वे अति विनम्र हैं। वृक्ष जितना फलदार होता है, उतना ही झुक जाता है। अनुपम बेहिचक स्वीकारते हैं, राजस्थान के अथाह जलकर्म के समक्ष उनका तीस वर्षीय अनुभव गौण रह जाता है। इन दिनों वे गाँधी शान्ति प्रतिष्ठान, दिल्ली में पर्यावरण कक्ष के निदेशक तथा 'गाँधी मार्ग' पत्रिका के सम्पादक हैं।

आप इतने वर्षों से जल से जुड़े हुए हैं। आपकी जलयात्रा कब शुरू हुई ?

मौटे तौर पर तो हम लोग मध्य प्रदेश के हैं, जन्म महाराष्ट्र में हुआ। थोड़ा होश सम्भाला तो कुछ समय हैदराबाद में बीता। इन सभी जगहों पर पानी के बहुत काम हुए हैं। इस तरह कुएँ, तालाब आदि के सम्पर्क में आया। बाद के दिनों में दिल्ली में पढ़ाई हुई और उसके बाद पहली नौकरी गाँधी शान्ति प्रतिष्ठान से शुरू हुई। जब मैं यहाँ १९६९-१९७० में आया तो हमारे सचिव ने किसी एक मौक़े पर मुझे बीकानेर भेजा। यह मेरा राजस्थान का तो पहला अनुभव था, साथ ही उसके नितान्त मरु हिस्से बीकानेर का भी पहला अनुभव था, जहाँ बहुत कम पानी गिरता है। मैंने बचपन में भूगोल में पढ़ा भी होगा तो इतने ध्यान से नहीं ही पढ़ा होगा कि देश में कहाँ पानी ज़्यादा गिरता है, कहाँ कम गिरता है और अगर कम गिरता है तो क्या वहाँ के समाज ने अपने को ज़्यादा मज़बूत किया है और अगर अधिक गिरता है तो समाज ने अपने को ज़्यादा मज़बूत किया है और अगर कम गिरता है तो समाज ने बचाने के क्या इन्तज़ाम किये हैं। इन सब बारीक़ियों में जाने का तब तक कोई मौक़ा नहीं मिला था। बीकानेर में जिनके घर गये थे, उनके आँगन में छोटा-सा चबूतरा बना था और उस पर ढक्कन लगा था। मैं सोच में पड़ गया कि तालाबन्द यह विचित्र-सा ढाँचा आख़िर क्या होगा ? मैंने पूछा तो उन्होंने बताया कि यह 'टाँका' है। मैंने उससे पहले टाँका शब्द भी कभी नहीं सुना था। हमें पहली बार पता चला कि वर्षा का पानी आँगन में गिरते समय एक ढाल से बहकर इस

टाँके में जाता है, इकट्ठा हो जाता है और यही पानी साल भर काम आता है। परन्तु टाँका ही क्यों बनाया गया है, कुआँ क्यों नहीं है तो पता चला कि नीचे खारा पानी है। हल्का-सा खारा तो मध्य प्रदेश या उत्तर प्रदेश में भी मिल जाता है, परन्तु इतना खारा कि पीया ही न जा सके व बादलों का पानी रोकना ही एकमात्र विकल्प है, ये सब मेरे छोटे दिमाग़ में आने लायक था ही नहीं। वह पानी के विराट कर्म का पहला दर्शन था। ऐसा लगा कि मैं तो कुछ भी नहीं जानता। राजस्थान के समाज ने पानी को कैसे देखा है, कैसे अपनी समस्याओं को आनन्द में बदला है, मुझे पता नहीं था। इसके बाद फिर राजस्थान जाना हुआ तो फिर नये अनुभव हुए, पानी के बारे में पता चला। धीरे-धीरे उस तरफ़ की खिड़कियाँ खुलती गयीं। परन्तु ये सब छोटी-छोटी खिड़कियाँ थीं, इतना बड़ा काम है कि हर बार कुछ दिखता था, कुछ छूट जाता था। फिर मैंने अपने सचिव को पानी पर कुछ लिखने को सुझाया। वे बहुत उदार थे, हरेक कार्यकर्ता को पूरी छूट देते थे। तब मैंने राजस्थान, गोवा, गुजरात इत्यादि जगहों का पानी सम्बन्धित काम इकट्ठा किया। कोई दस साल काम करने पर 'आज भी खरे हैं तालाब' नामक किताब तैयार हुई।

इसके बाद आपने 'राजस्थान की रजत बूँदें' लिखी।

हाँ! यह किताब 'आज भी खरे हैं तालाब' के लगभग दो साल बाद लिखी। 'आज भी खरे हैं तालाब' में एक अध्याय राजस्थान पर है, उसे लिखने में ऐसा लगा कि एक अध्याय से काम नहीं चलेगा। इस समाज का सुन्दर जल-दर्शन सबके सामने लाने के लिए एक और किताब लिखनी चाहिए। राजस्थान के मरुप्रदेश पर फिर हमने 'राजस्थान की रजत बूँदें' लिखी। इस तरह पानी से बहुत सार्थक ढंग से हम जुड़ सके। आज लगभग तीस साल काम करने के बाद भी कहता हूँ और ऐसा किसी विनम्रतावश नहीं कहता, आज भी जब भी राजस्थान जाता हूँ तो नयी बातें पता चलती हैं।

मैं जैसलमेर के रामगढ़, जो शायद देश का सबसे सूखा हिस्सा है, इस इलाक़े में था। अब तक मैं जो जानता था, उससे भी नयी जानकारियाँ इस बार मिलीं। हम एक सुन्दर से कुएँ के सम्पर्क में आये। इसके चालीस किलोमीटर के दायरे में मीठे पानी का कोई दूसरा स्रोत नहीं है। इस कुएँ

के आसपास इतना खारा पानी है कि भेड़-बकरी पीने से मना कर देते हैं। वे सभी इस कुएँ पर ही आते हैं। हमारा पढ़ा-लिखा समाज जो भूगोल, समाजशास्त्र, इतिहास, जल विज्ञान, राजनीति विज्ञान जानता है, ऐसे समाज के मन में यह सवाल आयेगा कि अगर चालीस किलोमीटर के दायरे में एक मीठा कुआँ है तो ये भेड़-बकरी वहीं क्यों नहीं रहते, वहाँ से किलोमीटरों दूर क्यों रहते हैं, जहाँ से उन्हें रोज़ चलकर पानी पीने यहाँ आना पड़ता है। इसका उत्तर यह है कि वहाँ मीठा पानी है लेकिन चारा नहीं है। बंजर इलाक़ा है, मुश्किल से चार पेड़ कुएँ के इर्द-गिर्द बचाकर रखे हुए हैं जिससे पशु छाया में बैठ सकें। राहगीर तीन सौ फीट नीचे से पानी निकाले तो अपना पसीना सुखाने उन पेड़ों के नीचे बैठ सके। आसपास तिनका तक नहीं है। सिर्फ़ रेत ही रेत। रेत का अनन्त विस्तार। ऐसा इलाक़ा अपने यहाँ है, इसका भरोसा नहीं होता, जबकि हम तीस साल से वहाँ जा रहे हैं। पानी मीठा है लेकिन चारा नहीं है। चारागाह बीस किलोमीटर दूर है। वहाँ प्रकृति ने चारा भरपूर दिया है। वहाँ की घास के बारे में कहावत है कि वह बादल देखकर हरी हो जाती है। वहाँ हज़ारों पशु चर सकते हैं, पेट भर सकते हैं। परन्तु वहाँ पानी नहीं है। यह भी प्रकृति का कोई रहस्य ही होगा कि चारा अलग दिया है, पानी अलग दिया है। दोनों को एक जगह देने से दोनों ख़त्म होते हैं। जिसे समाज आज अँग्रेज़ी में सस्टेनेबिल डेवलपमेंट कहते हैं यहाँ पर स्वत: ही दिखता है। हमारे मित्र छतरसिंह ने बताया कि कई जगह ट्यूबवेल आने से चारागाह नष्ट हो गये। पानी ख़ूब हो गया, सब पशु दिनभर वहीं बैठे रहते थे। वहाँ का सारा चारा ख़त्म हो गया। उस इलाक़े में मीठे पानी के तीन कुएँ हैं, जो शायद किसी अघोषित पंक्ति में बद्ध होंगे। अपन सरस्वती लुप्त होने का हल्ला सुनते हैं, परन्तु इसके नीचे कोई और ही सरस्वती होगी जो लुप्त हो गयी। अपनी पीढ़ी का ज्ञान व समझ देखिये कि हज़ार बारह सौ साल पहले उसने इन तीन मीठे पानी की जगहों को अलग-अलग समय में, सौ-दो-सौ साल के अन्तर पर उसी पंक्ति में ढूँढ़ कर कुएँ बना दिये। उसके बाद चौथा मीठा कुआँ कोई आज तक बना ही नहीं पाया। अब तो युद्ध के बाद से सीमा पर बीएसएफकी टुकड़ियाँ बैठती हैं। उनको भी पानी चाहिए। उनके ट्रक रामगढ़ के टाँकों से ट्रकों में पानी लेकर आते हैं। यह अछूता भारत है। अभी मैंने सुना कि किसी ने अछूतों पर एक फ़िल्म बनायी है, इण्डिया अनटच्ड। यह अवश्य ही बननी चाहिए, अछूत समस्या हमारा एक दाग़ है।

परन्तु यह तो हमारा एक बेदाग़ अछूता भारत है। इसके बारे में हमारे राजनेता नहीं जानते, हमारे समाज सेवक नहीं जानते।

यह तो असूर्यमपश्य जैसे हुआ कि सूरज भी यहाँ तक नहीं पहुँचा।

बिलकुल! इन इलाक़ों के बारे में तो जब जाते हैं तब ही पता चल पाता है व सिर झुक जाता है, उन लोगों की शक्ति व तपस्या देखकर। इन कुओं पर किसी भी संस्था या सरकार ने पिछले हज़ार साल में एक पैसा नहीं लगाया होगा। पंचवर्षीय योजनाएँ यहाँ नहीं पहुँचती, ये ख़ुद ही फल-फूल रहे हैं। ये पाँच सौ साल की योजनाओं के अन्तर्गत बनते होंगे। पंचवर्षीय तो यहाँ बहुत छोटी पड़ेगी, लोग मर जायेंगे। खेती नहीं, चारा नहीं लेकिन मीठा पानी है। भौतिक विज्ञान व समाज विज्ञान की दृष्टि से कुएँ बहुत सुन्दर बने हैं। ज़्यादा बड़े टाँके बनाकर अधिक पानी बाहर निकाल लिया तो नीचे का भण्डार सूख जायेगा। उस भण्डार को सुरक्षित रखने के लिए ज़रूरी है कि पानी एक मात्रा से अधिक न निकाला जाये।

वहाँ के निवासी अनकहे ही इस नियम का पालन करते हैं।

बिलकुल! एक चौकीदार नहीं है वहाँ। आपको ही जाकर पानी का उपयोग करना है, आपको ही उसे संरक्षित करना है।

मुझे आपका तो पता नहीं, परन्तु मेरे लिए ये किसी दैवी इल्हाम से कम नहीं है कि ऐसे स्थान भी भारत में हैं। सही बात है। आप देखिये कि हम अपने समाज के बारे में कितना कम जानते हैं व कितनी फिजूल की चिन्ता करते हैं। हमें तो इस समाज की जरा भी फ़िक्र नहीं करनी चाहिए। जब तक हम इन्हें श्रद्धा से देखने का नया दौर नहीं शुरू करेंगे तब तक हम व्यर्थ में उदास होते रहेंगे। जितने लोग इन्हें सुधारने निकले, आख़िर में यही कहते हैं कि हम कुछ कर नहीं पाये या हमारी सुनी नहीं गयी।

राजस्थान में आयी इन्दिरा गाँधी नहर कहाँ तक पानी दे पायी है?

पानी रामगढ़ के बाद बस थोड़ी दूर तक जाता है। इस इलाक़े में नहर आयी है। नहर पूरी रेत में डूबी पड़ी है, जिसमें एक बूँद पानी कभी नहीं आ

पायेगा। करोड़ों रुपये इस नहर पर ख़र्च हो चुके हैं। हर साल इस नहर को साफ़ करने के लिए टेंडर जाते हैं। मैं इतना कड़वा आदमी नहीं हूँ, परन्तु वहाँ नहर के नाम पर भ्रष्टाचार देखकर कहना चाहता हूँ कि इस नहर का नाम इन्दिराजी पर है, उसी इलाक़े में इन्दिराजी के नाम पर एक जेल भी बनानी चाहिए—इन्दिरा गाँधी नहर विशेष जेल। नहर विभाग के कर्मचारी, इससे जुड़े राजनेता व कई अन्य लोगों को जेल में भेजा जा सकता है। वहाँ कोई स्टिंग ऑपरेशन की ज़रूरत नहीं। आप हज़ारों चित्र ले सकते हैं। खुला खेल है बन्द नहर का। कोई विज़िलेंस डिपार्टमेण्ट नहीं चाहिए। कोई अन्धा व्यक्ति भी अपनी डण्डी से टटोल कर बता सकता है कि नहर सूखी पड़ी है, रेत में डूबी हुई है। उस इलाक़े में ज़मीन आवंटित हो चुकी है—खेती करने के लिए। लोग ज़मीन ख़रीद चुके हैं, परन्तु उन्हें कभी एक बूँद पानी नहीं मिलेगा और अन्त में ये तीन कुएँ वहाँ हँसते हुए खड़े होंगे कि तुम्हारी नयी योजना, नयी तकनीक कुछ नहीं काम आया।

सतही जल तो सार्वजनिक सम्पत्ति है, परन्तु भूजल नहीं है। निजी सम्पत्ति होने की वजह से इसका अनावश्यक दोहन होता है, हम लोग भी बोरिंग करते हैं, बड़ी कम्पनियाँ तो हज़ारों लीटर पानी खींच लेती हैं। जो अन्ततः सतही जल को भी नुकसान पहुँचाता है।

क्या भूजल पर कड़े क़ानून बनने चाहिए।

ज़रूर बनने चाहिए। लेकिन जैसा मैंने नहर वाले क़िस्से में बताया कि क़ानून बनने का मतलब उसका पालन करना और उसके न पालन करने के रास्ते खोजना भी है। इसलिए यह कहते हुए डर लगता है कि भूजल का क़ानून होना चाहिए। इसके दो-तीन पहलू हैं। पहला ये कि कितने फुट तक हम खोद सकते हैं। अगर नियम बनता है कि दो-सौ फुट से नीचे नहीं जा सकते तो कल कोई तीन-सौ फुट खोदेगा, सौ फुट की रिश्वत देगा। कितना पानी निकाल सकते हैं, इसका मीटर लगेगा। फिर हम मीटर की चोरी करेंगे। दूसरा तरीक़ा यह है कि भूजल का उपयोग करो और उसकी भरपायी भी करो। भूजल को रिचार्ज करो। ये विवेक समाज में क्यों नहीं आता। अभी मैंने बताया कि जैसलमेर के उस क्षेत्र में तीन कुएँ हैं। समाज तीनों कुओं का प्रयोग करता है परन्तु दुरुपयोग नहीं होने देता। कोई लिखित क़ानून नहीं है, लेकिन सब लोगों को पता है कि इससे

अधिक पानी नहीं निकालना है नहीं तो ये कुएँ नष्ट हो जायेंगे। मुझे लगता है कि वहाँ के लोगों ने तय किया होगा अलिखित, अघोषित सम्मेलन किया होगा कि उस कुएँ का खेती के लिए उपयोग नहीं किया जाय और उस कुएँ को बचाया जाय। बिना मिले भी सम्मेलन हुआ होगा, ज़रूरी नहीं कि हज़ार लोग बैठे ही हों। सभी पशुपालक हैं और पानीपालक भी हैं। पानी को पाल-पोसकर रखना जानते हैं। अपने पर्यावरण के सबसे अच्छे पालक होंगे। सरकार ने भूजल के उपयोग हेतु क़ानून तो कहीं न कहीं बनाये ही हैं। रजिस्ट्रेशन भी आ गया है कि हैण्डपम्प कितना खोदा जा सकता है, बिना पंजीकृत किये अगला हैण्डपम्प नहीं खोदा जा सकता है। कितना भूजल निकालना है, कितना रिचार्ज करना है, अगर यह विवेक हम सीख जायें तो किसी क़ानून की ज़रूरत नहीं है और अगर हमने विवेक से काम नहीं किया तो प्रकृति के पास तो इसका हल है ही। प्रकृति नीचे से पानी देना ही बन्द कर देगी। जलस्तर नीचे चला जायेगा, आप दो-सौ से तीन सौ फुट पर जायेंगे, प्रकृति चार-सौ फुट पर चली जायेगी। हम पाँच-सौ पर गये तो वह छः-सौ पर चली जायेगी। प्रकृति जलस्तर को गिराती चली जायेगी। उसके बाद हमको वह इलाक़ा छोड़ना पड़ेगा। ऐसी नौबत न आये उससे पहले हम सुधर जायें, ऐसी परिस्थिति बनानी पड़ेगी।

यानी जो ईमानदार हैं, सिर्फ़ वही बचेंगे, बेईमान का अन्त तय है।

कई बार ईमानदार भी जाता है। प्रकृति कभी-कभी इतनी क्रूर हो जाती है कि वह पूरे इलाक़े को ही ख़ाली करवा देती है। अगर हमने अपने इलाक़े में तीन सौ साल के बाद खोदना बन्द कर दिया लेकिन और लोगों ने नीचे तक खोदना जारी रखा तो अन्त में औरों के साथ हमें भी, आपको भी वह इलाक़ा छोड़ना पड़ेगा। मुझे यह भी लगता है कि सतही जल सार्वजनिक होते हुए भी बचाने लायक है। उसका अनावश्यक दोहन हुआ है। राज्यों ने अपनी नदियों पर बाँध बनाये हैं। इसलिए सार्वजनिक होते हुए भी इसका निजीकरण जैसा तो हुआ ही है। समाज के एक हिस्से ने इस जल को अपना माना, दूसरे को देने से मना किया। राज्य के बीच जल विवाद इसके उदाहरण हैं। हो सकता है, कल पंजाब पूरे राजस्थान में ही पानी बन्द करवा दे। पंजाब की सरकार तय कर सकती है कि अब आगे पानी नहीं दिया जायेगा। फिर भले ही बीस साल तक कोर्ट में लड़ते रहो लेकिन

पानी तो पंजाब एक दिन में बन्द कर सकता है, जो उत्तर प्रदेश ने दिल्ली के लिए किया। दिल्ली में अब टिहरी का पानी आ गया है अगर कल वहाँ की सरकार पानी देने का विरोध करती है तो फिर से दिल्ली में पानी आपूर्ति रुक सकती है। ये बड़े ही कटु प्रश्न हैं जिनका हल हमारे पास नहीं है।

शायद हम इन प्रश्नों से बचना चाहते हैं।

हाँ! सरकार को लगता है कि उसके पाँच साल बीत जायें, उसके बाद तो ये दूसरे की समस्या है। दरअसल, जल सम्बन्धी सार्थक विचार के लिए जल के प्रति ममत्व चाहिए जो हम लोगों में नहीं है।

ममत्व! यह अज्ञेय का बड़ा ही प्रिय शब्द था।

यह तो मैं नहीं जानता परन्तु अगर हम पानी को लेकर ममत्व नहीं रखते तो हमें फ़तेहपुर सीकरी नहीं भूलना चाहिए। अकबर ने नयी राजधानी बनायी, लेकिन कुछ साल बाद छोड़कर जाना पड़ा। न तो कोई हमला हुआ, न ही कोई रोग फैला। लेकिन वहाँ पानी नहीं बचा। आप ग़ौर करें, अकबर कोई छोटा-मोटा राजा नहीं था। उसके पास उस समय की सबसे अच्छी जानकारी व संसाधन रहे होंगे। वह ऐसे विद्वानों को ढूँढ़कर ला सकता था जो फतेहपुर सीकरी के लिए फिर से पानी जुटा देते लेकिन सम्भव नहीं बचा होगा। हमें नहीं भूलना चाहिए कि अगर ये घटना पाँच सौ साल पहले हो सकती है तो आज भी हो सकती है।

एक बात बतायें। अब तक हमारी सारी चर्चा जल पर केन्द्रित रही है, परन्तु शुद्ध पेयजल को कैसे जन-जन को उपलब्ध कराया जाय आज नदियों, नलों में पीने लायक पानी नहीं बचा है। हम बोतलीकृत पानी पर अपनी निर्भरता कैसे कम कर सकते हैं?

इसके लिए हमें सोचने का तरीक़ा बदलना पड़ेगा। शुद्ध पेयजल बिलकुल नया शब्द है। इसके तीन टुकड़े हैं। पहला टुकड़ा हटाइये, 'पेय जल' बचता है। दूसरा टुकड़ा भी हटाइये, सिर्फ़ 'जल' बचता है। किसी भी भाषा में जल से पहले पेय प्रत्यय नहीं लगता था। जल मात्र ही पीने

लायक बचाकर रखा जाता था। लोग सीधे कुओं, नदियों, तालाब से पानी पीते थे। उन्हें गन्दा करते ही नहीं थे। आपको रामायण, बाइबिल आदि धर्मग्रन्थों में उदाहरण मिल जायेंगे। हमारे सभी धर्मावतार नदी, तालाब से सीधे पानी निकाल चुल्लू में पानी पीते थे। अठारहवीं, उन्नीसवीं, बीसवीं यहाँ तक कि इक्कीसवीं शताब्दी के प्रारम्भ तक पानी पेय ही हुआ करता था। दिल्ली में १९६० तक यमुना का पानी लोग सीधे ही पीने के लिए ले जाते होंगे। मैं नहीं कह सकता कि पहले हमने पानी ख़राब किया उसके बाद शुद्ध पेय जल मुहावरे को आविष्कृत किया या शुद्ध पेय जल को प्रचलित करने के लिए हमने पानी ख़राब होने दिया कि इस नदी को बेकार हो जाने दो फिर इतने करोड़ लीटर पानी का हम व्यापार करेंगे, नया बाज़ार खोजेंगे। आज हर निगम इस बात का दावा करती है कि वह पानी को शुद्ध करके ही नल में भेजती है फिर भी हमें उसके पानी पर भरोसा नहीं है। शहर में रहने वाला हर परिवार, अपनी हैसियत के अनुसार बीस रुपये से लेकर बीस हज़ार तक के फिल्टर नगर निगम के नल में लगाता है। नदी, तालाब की बात तो भूल ही जाइये। इसका यह अर्थ हुआ कि हम तो आपको पानी शुद्ध दे ही नहीं रहे हैं। शुद्ध पेय जल तो कहीं और से लेकर आईये। बोतल के पानी पर निर्भरता तब कम होगी जब हम अपनी नदियों का पानी गन्दा नहीं करेंगे। पानी को शुद्ध रहने देंगे। आज भी देश के अनेक हिस्से हैं जहाँ बोतल का पानी नहीं पहुँचा है। बहुत से इलाक़ों में कुएँ का पानी बड़ा ही शुद्ध होता है, उसे सीधे पिया जा सकता है। परन्तु ऐसे इलाक़े हमारी आँखों के सामने नहीं हैं। और जो इलाक़े सामने हैं, उनमें पानी पीने लायक नहीं बचा है।

दिल्ली जैसे महानगर में जल प्रबन्धन की सबसे बड़ी चुनौती आपको क्या लगती है?

यह प्रश्न तो सचमुच हमारी बुद्धि से बाहर का बन गया है। एक तो नदी को नदी नहीं रहने दिया है, नाले में बदल दिया है। तीन-तीन सौ करोड़ की तीन योजनायें यमुना पर आ चुकी हैं। हर योजना के बारे में सरकार कहती है कि अपेक्षित परिणाम नहीं निकले। क्या थी अपेक्षा? तीन सौ करोड़ ख़र्च करने के बाद अपेक्षित परिणाम नहीं निकले तो दूसरी योजना कैसे बनी, अगर उससे अपेक्षित परिणाम नहीं निकले तो तीसरी कैसे

बनी। कम से कम अब तो योजना बनाना बन्द करो। सरकार को ये बताना चाहिए कि पिछली योजनाओं में इतना पैसा ख़र्च हुआ लेकिन परिणाम नहीं निकला इसका कारण यह है कि ग़लत तरीक़े से हमने यमुना की सफ़ाई की। अब हम उस तरीक़े से नहीं करेंगे। इसे सार्वजनिक करना चाहिए। इसके बग़ैर फिर से यूँ ही पैसा ख़र्च होगा व यमुना साफ़ नहीं होगी। दूसरा, लगभग हर साल प्रकृति यमुना को साफ़ कर आपको वापस करती है। बाढ़ के दिनों में पूरी गन्दगी बह जाती है परन्तु हम गन्दा करना बन्द नहीं करते। हम यमुना की सफ़ाई की योजना तो बनाते हैं उसको गन्दा न करने की योजना नहीं बनाते।

हम सिर्फ़ दिखावे की सफ़ाई करते हैं। हम छिटपुट काम करते हैं। क्लोरिन वग़ैरा से सफ़ाई करते हैं। झुग्गियों को हटा देते हैं फिर वहाँ खेल गाँव बसा देते हैं, अक्षरधाम व सचिवालय बसा देते हैं। अब तो कह रहे हैं कि हमें इतना चौड़ा नदी का पाट ही नहीं चाहिए, यूरोप की तर्ज़ पर हम इसको एक चैनल में बदल देना चाहते हैं। आसपास करोड़ों की ज़मीन निकल आयेगी। आज हम इस योजना को रोक नहीं पाये लेकिन इसको एक दिन यमुना रोकेगी। जिस दिन उसको यह चैनल तोड़कर बहना होगा, वह बहेगी। नदी यूरोप में भी बही है। डैन्यूब में बाढ़ आयी, उसमें नौ देश डूब गये। हमें नदियों का इलाक़ा श्रद्धा से अलग करना ही होगा कि हम इसमें पैर नहीं रखेंगे। यह स्वीकारेंगे कि यह तो नदी का इलाक़ा है, वही उसकी स्वामिनी है। मैं यमुना के बारे में इतना ही कहना चाहूँगा कि दिल्ली शहर सात बार बसाया उजाड़ा गया है। यह आठवीं बार भी उजड़ सकता है। गिनती सात पर ही ख़त्म नहीं होती। अगर हमें इसे आठ नहीं करना है तो जो पानी सम्बन्धी काम दिल्ली में हो चुके हैं, हमें उन्हें याद करना चाहिए। कहा जाता है कि दिल्ली में इस कोने से उस कोने तक पाँच सात सौ तालाब थे। इनमें वर्षा का पानी भरता था। कुछ बहकर यमुना में जाता था, यमुना में थोड़ी-सी बाढ़ आती थी। आज यमुना में ख़ूब बाढ़ आती है क्योंकि हमने पानी रोककर रखने के सारे तरीक़े छोड़ दिये हैं। हमने यमुना के इलाक़ों में मकान बना दिये हैं। हाउसिंग सोसायटी बना दी है। परन्तु अगर पानी की स्मृति में कोई जगह है तो पानी दौड़कर वहाँ आता है।

पानी की स्मृति! यह तो काफ़ी सुन्दर अभिव्यक्ति है।

पानी की स्मृति कभी नहीं मिटती। बूँद-बूँद पानी की स्मृति बनी हुई है कि इसको गंगा में मिलना है या यमुना में। इसमें कभी भी घालमेल नहीं होता। पानी के राज्य में कोई दलबदल नहीं है कि आज इस पार्टी का राज है तो चलें अपनी पार्टी छोड़ उस पार्टी में चलते हैं।

पानी की स्मृति वापस अपने बचपन, मुहल्ले, गाँव में लौट आती है।

बिलकुल! वह लौट आती है। आप दस मंज़िल की इमारत बना दीजिये, अगर वह पानी की स्मृति का इलाक़ा है तो वह दस मंज़िल डुबो देगी। पानी को आप घुमा दीजिये, दीवार बना दीजिये परन्तु वह उस दीवार को तोड़कर वापस अपने घर आ जाता है।

यूरोप, अमेरिका, ऑस्ट्रेलिया हर जगह ऐसा हुआ है। उत्तर बिहार की बाढ़, जिसमें क़रीब एक करोड़ लोग डूबे, उसके बारे में संयुक्त राष्ट्र संघ ने कहा है कि अभी तक की स्मृति में यह सबसे बड़ी बाढ़ है। ऐसा इसलिए हुआ कि हमने पानी की विस्मृति की। हम भूल गये कि पानी कहाँ बहता है। हमने कहा कि यहाँ एक बिल्डिंग बनाओ, यहाँ एक हाईवे बनाओ, एक रेलवे लाईन डाल दो। हमने पानी के रास्ते से छेड़छाड़ की। बिहार में पानी ज़्यादा नहीं गिरा है। वर्षा औसत ही हुई है। पानी तो अपने रास्ते ही जा रहा है। चूँकि हमने उसके रास्ते तोड़ दिये हैं, वह बिफर रहा है। मोटे तौर पर दिल्ली को यह याद रखना होगा कि उसे अपने पानी, अपने अकाल व बाढ़ के लिए, राजधानी में पानी संकट न होने देने के लिए, फिर से तालाबों पर लौटना होगा। जिन तालाबों में बिल्डिंग बन गयी हैं या तो उन्हें ख़ाली करवायें और अगर नहीं ख़ाली कर सकते तो दूसरी जगहों पर तालाब बनवाने होंगे। अगर हम यह कुशन नहीं बनायेंगे हमारा भूजल घटता जायेगा। आज हम टिहरी से पानी लाते हैं। फिर कोई और दूर का बाँध ढूँढ़ना होगा। बाँध बनाने की भी एक सीमा होती है। एक सीमा के बाद आप किसी नदी पर बाँध नहीं बना सकते और अगर दिल्ली में पानी नहीं रहा तो हो सकता है कि देश की राजधानी बदल कर दिल्ली के बजाय कोई और हो जाय। आख़िर बिना पानी के राजधानी कैसे चलेगी।

पर्यावरण विकास, अप्रैल, २०१२

प्रकृति और पर्यावरण

मनीष चन्द्र शुक्ल के साथ

प्रकृति और पर्यावरण

गाँधीजी पश्चिम की राजनीति, पश्चिम का समाज, पश्चिम की शिक्षा, पश्चिमी विज्ञान और पश्चिम की न्याय व्यवस्था को इस देश के लिए उपयुक्त नहीं मानते थे। वे पूरी पश्चिमी सभ्यता को 'शैतानी सभ्यता' कहते थे। स्वाधीनता के बाद हमारे देश की सरकार ने गाँधीजी के इस सुझाव को ठुकरा दिया और पश्चिमी सभ्यता को ही अपने विकास का मॉडल बनाया। उसके चलते हम अपनी प्रकृति और पर्यावरण की रक्षा कैसे कर सकते हैं?

हर एक युग में (यहाँ युग का मतलब ५०-१०० साल का एक दौर, पौराणिक युग नहीं) कोई एक व्यवस्था ऊपर उठ जाती है, तो दूसरे लोग उस व्यवस्था से चमत्कृत, प्रभावित और आतंकित भी हो जाते हैं। आतंकित का मतलब ऐसा लगता है कि बिना इसको अपनाये हम कहीं पिछड़े न रह जायें। एक झण्डा ऊपर उठ जाता है किसी समय में तो सब उस झण्डे को सलाम करते हैं। आदत ये बन गयी है। पहले ऐसा नहीं होता था। आज पूरी दुनिया बाज़ार बन गयी। बाज़ार में जिसको जो बेचना है वो डंके की चोट पर बेच रहा है। हम सबको उसने ख़रीददार बना दिया है, वो भी ज़बरदस्ती वाला। यानी विचार भी बने-बनाये ख़रीदने की आदत हो जाती है। और जिसने इस पश्चिमी सभ्यता का विरोध भी किया उसने भी अपने विरोधी के सब दुर्गुण अपनाकर किया।

चार-पाँच दिन से (२०-२५ मई, २०१५) अख़बारों में एक ख़बर छप

रही है—हरिद्वार के बारे में 'पतंजलि फूड पार्क में गोली चली।' सवाल है कि ये 'फूड पार्क' कहाँ से आ गया। यानी जिसका हम विरोध करते हैं पश्चिमी सभ्यता का उसके सब दुर्गुण अपना लेते हैं। तो हमारे सबसे बड़े संन्यासी जिसने पूरी दुनिया को योग सिखाया, उनको भी अपने परिसर का नाम फूड पार्क रखना पड़ता है। क्योंकि उसके बिना आसानी से बिजली और लाइसेंस नहीं मिलेगा। इसी तरह अमेठी में राहुल गाँधी भी फूड पार्क बनाते हैं, जो आधुनिक शिक्षा पढ़कर निकले हुए आधुनिक परिवार के लोग हैं। तो अन्त में हम पाते हैं कि इन दोनों की मंज़िल एक है। और मीडिया को इस मंज़िल को एक बताने में आश्चर्य नहीं हो रहा है। मीडिया में ये ख़बर दस दिन से छप रही है। किसी ने इस पर आपत्ति भी नहीं उठायी। मेरा कहना है कि मीडिया की कोई भूमिका नहीं है। और तो और स्वामी के स्वदेशी और उसके विस्तार के लिए, उसकी प्रतिष्ठा के लिए जो कारखाने खोले गये वे भी फूड पार्क कहलाये। तो यह दुखद है। पर ऐसा किसी ने लिखा नहीं।

> चिपको आन्दोलन से लेकर गंगा बचाओ परियोजना (२०१५) तक साथ ही गुजरात के भुज से लेकर नेपाल भूकम्प (२०१५) ये सभी दुर्घटनाएँ बताती हैं कि आज़ादी के बाद हमने पर्यावरण का विध्वंस किया। आपसे सवाल है कि :
>
> समाज की भागीदारी पर्यावरण के प्रति बढ़े, समाज में एक जागरूकता पैदा हो, इसके लिए क्या किया जाय?

पर्यावरण के लिए समाज की भागीदारिता बढ़ी हुई है ऐसा नहीं लगता है। यह आपकी ग़लती नहीं है। इस समय का जो वातावरण है वह यह मानता है कि समाज सोया हुआ है, हम अगर कुछ कर दें तो ठीक हो जाय। लेकिन अकेला समाज नहीं सोया है, सरकार भी सोयी है। इसलिए 'जन-भागीदारी' जैसा शब्द हमें नक़ली लगता है। हम ये कहते हैं कि सरकार की भागीदारी बताओ? गंगा की सफ़ाई में कौन ज़िम्मेदार है? नागरिक के नाते आप कितनी गन्दगी कर रहे हैं? नगर-पालिका के नाते मैं कितनी गन्दगी कर रहा हूँ। इसको किसी तराज़ू पर रखकर तौलेंगे कि नहीं? पता चलेगा कि आप एक घर में रहते हैं। उस घर का मल-मूत्र नगर-निगम बिना साफ़ किये दूषित जल को नदी में डाल देती है। एक नागरिक के

नाते आपका दोष ज़रूर है, लेकिन बड़ा दोष सरकार का है। नगर-पालिका का है। वह नगर कहाँ पाल रही है? नदी कहाँ पाल रही है? वह तो उन्हें बर्बाद कर रही है!

इस उत्तर में किसी को लगेगा कि नगर-पालिका पानी को साफ़ क्यों नहीं करती? लोग कहेंगे कि पर्यावरण का दबाव बनाओ, मीडिया का दबाव बनाओ और वह छापे। तो सवाल है कि मीडिया कब से छाप रहा है और कब से गंगा और यमुना की सफ़ाई की माँग उठ रही है? क्या वह साफ़ हो पायी? अरबों रुपये पानी में बहाने के बाद अगर साफ़ नहीं हो पायी तो आज किसी को बुरा लगते हुए भी इतना तो हिम्मत से कहना चाहिए कि गंगा और यमुना या कोई भी नदी साफ़ नहीं हो पायेगी।

ऐसी सब समस्याओं में जन-भागीदारी जैसा शब्द हमें गम्भीरता से सोचना चाहिए कि इसमें 'जन' की भागीदारी की क्या कमी रही है? हिन्दुस्तान के समाजों ने सचमुच कश्मीर से लेकर कन्याकुमारी तक कम से कम २००० साल तक नदी, तालाब, जंगल और अपनी धरोहरों को अपने-अपने कर्त्तव्य निभाते हुए उन्हें अच्छे से बचाकर रखा। लेकिन जैसा मैंने शुरू में कहा एक झण्डा ऊपर हो जाता है। वह ऊपर हुआ विकास के नाम पर। ख़ुद विकास बहुत पुराना शब्द नहीं है। राम मन्दिर की बात आजकल जिस उत्साह से की जाती है, उस उत्साह से हम कहें तो रामजी के पूरे आख्यान में कहीं ये नहीं मिलता कि राम 'विकास पुरुष' थे। उनको अयोध्या का विकास करना था या उनको लंका में रावण को हटाकर लंका का 'विकास' करना था। लंका पहले से ही 'विकसित' रही होगी।

लेकिन आज हर पार्टी काँग्रेस, बी.जे.पी., सी.पी.आई., सी.पी.एम. कहेंगी कि हम विकास करेंगे। समाज को आगे बढ़ायेंगे। ये सब हमारे अपने समय के नये नारे हैं। इन नारों के बिना भी समाज ने लम्बे समय तक चलकर दिखाया है। लेकिन जब से ये झण्डा ऊपर हुआ यानी विकास तो उसके भाग से अधिकार सब चले गये। तो कर्त्तव्य अकेला निभाने से जन या समाज इन चीज़ों को बचा नहीं सकता। जैसे बाँध बनाने का निर्णय सरकार को लेना है। अब हमारे पास बचा आन्दोलन करने का निर्णय। आन्दोलन करते हैं, लोगों को सड़क पर उतारते हैं, ख़ुद भी सड़क पर उतरते हैं। फिर भी बाँध क्यों नहीं रुकता? क्योंकि इस समय इस विनाश में जिसका नाम विकास है, सर्वसम्मति है। जो भी सरकार हो वह आन्दोलन

के नाम पर ही आती है। उदाहरण के लिए : 'असम गण परिषद्' नाम का एक आन्दोलन था। उसने असम में वहाँ की बहुत सारी समस्याओं को उठाया और इतना लोकप्रिय हुआ कि अगर वो तय करते थे कि हम सरकार के ख़िलाफ़ फ़लाँ दिन को ग्यारह बजे थालियाँ बजायेंगे तो पूरे राज्य में थाली बजती थी। इस काम में जज तक शामिल होते थे। उस लोकप्रियता से उसको चुनाव लड़ने की इच्छा हुई। और वे जीते भी। लेकिन वह पार्टी ही नहीं बची अब। उस पर भी वही भ्रष्टाचार आदि के आरोप लगे।

इसलिए आज हम ये नहीं कह सकते कि किसी की राय इससे भिन्न है। इसलिए सब आन्दोलन चलते दिखते हैं लेकिन वे कहीं पहुँच नहीं पाते। क्योंकि अधिकांश जिससे हम लड़ रहे हैं, जिसके लिए लड़ रहे हैं, उन दोनों में इन विषयों को लेकर एक सहमति हो जाती है कि विकास तो यही है। यानी आप डूबते हो तो डूब जाओ मैं नहीं डूबूँगा। इसके कारण सब जगह बाँध बन रहे हैं, सड़कें बन रही हैं। और हर नदी में से सिंचाई भी हो रही है। क्योंकि हर किसान को लगता है कि विकास तो वही हुआ जब उसके खेत पर नहर का पानी पहुँचे। एक किसान का बयान सुनने में आता है कि भाई हमारे गाँव में दो तालाब हैं पुराने पुरखों के बनाये हुए। उनको हम बचाकर रखे थे, अभी भी बचाकर रखेंगे। उसी से हम पानी ले लेंगे। लेकिन हम चाहते हैं कि नहर आ ही जाय। तो फिर बाँध बनेगा कोई न कोई इलाक़ा डूबेगा। ये प्रयत्नपूर्वक जो विचार आगे किया है इसमें हमारे पढ़े-लिखे समाज के सब लोग, ऊँची बतायी गयी जातियों के सब लोग, नीची बतायी गयी जातियों के सब लोग (यहाँ बतायी गयी का मतलब कोई ऊँच-नीच नहीं है) लेकिन हमें आज के दौर में ये भी बहुत काम आता है कि सवर्ण हैं, ये दलित हैं, ये महादलित हैं। इसी में से लोग उन पदों पर पहुँचते हैं, जिनमें से यह विकास की धारा चलती है। क्या उत्तर प्रदेश में एक विशेष सरकार के आने से सचमुच विकास की धारा कभी बदली हो या एक विशेष विचारधारा की सरकार आने से समाजवाद आ गया हो। आज हमको ये देखकर लगता है कि इस तरह के विकास में जिसको हम विनाश भी मान सकते हैं, उसमें सर्वसम्मति है सब लोगों की। कोई दो अलग-अलग राय नहीं है।

दूसरी बात है कि विकास क्या है? लोगों को सुख-सुविधाएँ मिलें। कौन

रोकता है? नदी का स्वभाव है बहना। वह लकीर है। बाँध बनता है तो वह आकार लेता है। यानी लम्बाई में से बहने वाले पानी को उस सरोवर में समाना पड़ता है। वह फैलता है तो कोई न कोई इलाक़ा डूबेगा। अब डूबने वाला अगर मैं हूँ और लाभ आपको है तो दोनों को बिठाकर कभी किसी सरकार ने बात की? छोटे-बड़े हर मामले में सरकारों को सलाह देने वाले मीडिया ने आज तक कभी नहीं कहा कि ऐसी बातें होनी चाहिए। किसी सरकार ने ये नहीं कहा कि जो डूब रहे हैं वे भी हमारे वोटर हैं और जिनको लाभ होगा वो भी हमारे वोटर हैं। और क्या इसके लिए हम कुछ निकाल सकेंगे अपने लाभ में से। जिस जगह रहता था उससे अच्छी जगह बसा सकेंगे? आज जिन लोगों का पुनर्वास होता है, शर्मनाक ढंग से उनको टीन-टप्पर में ढकेल दिया जाता है। कोई इनको लेकर आगे बढ़ता नहीं है। मुहावरा है 'तुम्हीं ने दर्द दिया तुम्हीं दवा देना।' ये दर्द देने वाले की दवा से ये चीज़ें ठीक नहीं होतीं। दर्द देने वाले को पक्का बताना पड़ेगा कि ये दर्द जो तुम दे रहे हो वो पहले रोको और दवा उसके बाद। नहीं तो हम उम्मीद करते हैं कि तुम्हीं बाँध बनाओ, तुम्हीं डुबाओ और तुम्हीं हमारा पुनर्वास करो। ये नहीं होगा। गंगा, यमुना भी तुम्हीं गन्दी करो, तुम्हीं ठीक कर दो यह ठीक नहीं होगा। क्योंकि किसी नदी में बहने लायक पानी नहीं छोड़ती। ये विकास की नयी धारा है। बड़ी से बड़ी नदी छोटी बन जाती है। क्योंकि उसी में से नहर निकालना, उसी में बाँध बनाना, बिजली बनाना और पाइप लाइन निकाल कर शहरों की प्यास भी बुझानी है। शहरों में कोई प्यासा न रहे ये सरकार की ज़िम्मेदारी है।

अगर दिल्ली का उदाहरण लें तो सन् १९११ में राजधानी बनी तब ऐसा कहते हैं कि आठ सौ तालाब थे। आज एक भी कहने लायक तालाब नहीं है। तालाबों में बरसात का पानी भरता होगा उससे दिल्ली का भू-जल भी समृद्ध होता होगा। फिर कितने सारे कुएँ, बावड़ी इन सबसे लोग पानी निकालकर पीते थे। अभी हमको ये तरीक़ा पुराना लगा। अब विकास का एक नया झण्डा है।

आज से सात-आठ साल पहले दो महीने तक सूरत शहर डूबा रहा। सूरत में 'उकायी' नाम का बाँध है। वह सूरत के विकास के लिए बनाया गया था। उसने सूरत को डुबो दिया पचास साल में। और ये पचास साल प्रकृति के लिए कोई बड़ा कैलेण्डर नहीं होता है। कोई बड़ा समय नहीं होता।

इन सबको मीडिया देखता है। सरकार देखती है। वहाँ के चुने हुए प्रतिनिधि देखते हैं। हम सब अपने छोटे-छोटे काम में लग गये हैं। इस बड़े चित्र को हम भूल गये हैं। इसलिए हम आज जहाँ हैं उससे आगे नहीं बढ़ पा रहे हैं। समाज जहाँ परेशान हो गया उसने कुछ न कुछ रास्ता निकाला।

हमें बिलकुल निराशा नहीं है। बहुत अच्छे जंगल लोगों ने लगाये, तालाब भी बनाये हैं बिना प्रचार, बिना ख़बर में आये बिना मीडिया के। उस मीडिया के बिना भी बहुत सारा काम हुआ है। यह अच्छी बात है कि इस मीडिया ने उस पर ध्यान नहीं दिया। ये जिस रद्दी चीज़ों पर लगा हुआ है इसी में इसकी नौकरी टिकी हुई है।

जहाँ तक मीडिया का सवाल है तो एक बड़ा कीचड़ का इलाक़ा है उसमें से कुछ कमल खिले हैं। बहुत अच्छे पत्रकार निकले हैं। यानी पंक में से पंकज हैं वो। कीचड़ में से कमल खिले हैं।

अक्टूबर, २०१५ अप्रकाशित

राज ने समाज के हाथ से पानी छीना

सुनील सोनी के साथ

राज ने समाज के हाथ से पानी छीना

अनुपमजी; पानी को लेकर इन दिनों जिस तरह से हौआ खड़ा किया गया है, संयुक्त राष्ट्र की तमाम एजेंसियों से लेकर उद्योगपति और सरकारें बड़ी चिन्तित दिखती हैं। पानी के लिए युद्ध तक की बातें होती हैं? कहीं ऐसा नहीं लगता कि यह हौआ कुछ ताक़तवर लोगों को फ़ायदा पहुँचाने की साजिश का हिस्सा है? उसकी मानसिक तैयारी करवायी जा रही है?

देखिये, मैं इसे सीधे साजिश के रूप में नहीं देखता। इसे ऐसा देखा जाना चाहिए कि भूमण्डलीकरण और निजीकरण के इस दौर में हर चीज़ का निजीकरण हो रहा है। यह दरअसल निजीकरण का झण्डा है। इसमें पानी एक मुद्दा है। बाक़ी में ज़मीन है, जंगल है और समूचे प्राकृतिक संसाधन हैं। हर चीज़ का निजीकरण करने की मुहिम है। यहाँ तक कि सरकारों का निजीकरण होने जा रहा है। जहाँ तक युद्ध वाली बात है तो व्यापक सन्दर्भ में तो नहीं, पर देखिये कि घर-घर में पानी को लेकर झगड़ा है। भाई-भाई लड़ रहे हैं। यानी ख़तरा तो है। लेकिन, यह ख़तरा पानी की कमी की वजह से नहीं है। दरअसल, पानी का जिस बदतमीज़ी से उपयोग हो रहा है, वह इस ख़तरे का कारण है। फ़सलों में ज़्यादा पानी लगने लगा है, घर बड़े होने लगे हैं और उनमें हरेक सदस्य के लिए टॉयलेट है। बरअक्स इसके, ज़मीन के पानी को बनाये रखने का कोई प्रयास नहीं है। शहरी लोगों को धूल से नफ़रत होने लगी है। वे सड़कों को सीमेंट-काँक्रीट की

बना रहे हैं। कोई जगह नहीं छोड़ते जहाँ से धूल उड़े। पानी ज़मीन में जायेगा कैसे? तो यह सब सहजता से हो रहा है। यानी कोई षड्यन्त्र नहीं है। लेकिन, ख़तरा कितना बड़ा है, इसे देखिये। मुग़ल बादशाह अकबर को उसकी राजधानी फ़तेहपुर सीकरी को इंजीनियरों के तमाम प्रयासों के बावजूद १६ साल बाद ख़ाली करना पड़ा। सिर्फ़ पानी की वजह से। जो सम्पन्न शहर हैं, वे पानी खींचकर ले आते हैं। यमुना और गंगा से दिल्ली तक पानी पहुँचाते हैं। लेकिन, और पानी चाहिए।

> एक मुद्दा यह भी है कि जो आप कहते हैं कि समाज को पानी का प्रबन्धन और अधिकार सौंप देना चाहिए तो जो राष्ट्रीय सम्पत्ति है, उसका क्या होगा? क्या यह सरकार जो लोगों ने चुनी है, वह कोई निजीपन का बोध करवा रही है?

पानी का काम अब तक समाज करता रहा है। सिर्फ़ डेढ़ सौ साल पहले यानी अँग्रेज़ों के आने के बाद यह हुआ कि पानी का प्रबन्धन समाज के हाथों से छीन लिया गया। अब तक समाज के हाथ में ही पानी रहा है। राज ने न केवल समाज के हाथ से पानी छीना, बल्कि वह यह भूल गया कि लोग ही उसका सबसे अच्छा इस्तेमाल और प्रबन्धन करते रहे हैं। राज ने समाज को माना ही नहीं और योजनाएँ बनाकर काम करता रहा। जबकि अँग्रेज़ों ने भी रुड़की में स्थानीय लोगों से अपर गंगा नहर बनवायी थी और वैसी इंजीनियरिंग कोई तकनीशियन नहीं कर सकता। तो सरकार जब निकम्मी हो तो लोगों को उसका उपाय निजीकरण में नज़र आने लगता है। समाज का मुखर और ताक़तवर वर्ग उसका समर्थन कर देता है। हर पार्टी की राय वही हो जाती है।

> जल–नीति और नदी जोड़ो परियोजना क्या समाज को बेदख़ल नहीं करेंगे?

जल–नीति हो या और कोई नीति, विशुद्ध अनीति का दौर है। समाज के पोषण की चीज़ें नहीं रह गयी हैं। नदी जोड़ो परियोजना तो अव्यावहारिक है। हालाँकि, उसके लिए पैसा ही नहीं जुट पायेगा, पर चिन्ता की बात यह है कि उसके लिए सभी राजनीतिक दल, राष्ट्रपति–पूर्व राष्ट्रपति, प्रधानमन्त्री–

पूर्व प्रधानमन्त्री सभी एक हो जाते हैं। साफ़ है कि प्रकृति नदियों को जोड़ती भी है और तोड़ती भी है। करोड़ों साल लगते हैं। गंगा-जमुना जहाँ से निकलती हैं, वहाँ से अलग हो जाती हैं। प्रकृति उन्हें इलाहाबाद में मिलाती है और लोग उसे तीर्थ बनाते हैं। अब इंजीनियरिंग से जोड़ेंगे तो सिर्फ़ नहरें बनेंगी और विनाश अलग होगा।

अलवर में राजेन्द्र सिंह या नागपुर के पास वलनी जैसे प्रयोगों को क्या कहेंगे? क्या यही माध्यम है?

राजेन्द्र सिंह और वलनी के प्रयोग तो आशा की किरणें हैं। ये समाज को उसकी प्रतिष्ठा वापस दिलायेंगे। मैं तो कहता हूँ कि सरकारी विभागों को ख़त्म करो और ऐसे प्रयोगों को मान्यता दो। राजेन्द्र सिंह के प्रयोग २४ कैरेट के हैं। हर साल बिन बुलाये तक़रीबन ३५ हज़ार लोग उसे देखने आते हैं। सात साल से सूखा है, पर खेत लहलहा रहे हैं, जाकर देखिये।

क्या ऐसा नहीं है कि केवल पानी की चिन्ता बाक़ी सवालों से दूर करती है?

नहीं, ऐसा नहीं है। इन्हें पूरक के रूप में देखना चाहिए। आख़िर समाज के लिए कई स्तम्भ होते हैं। अलवर के ग़रीबों में सम्पन्नता यही प्रयोग ले आये हैं।

एनजीओ की भूमिका को लेकर आश्वस्त हैं?

जो काम कोशोन्मुख होगा, उसका हाल यही होगा। बीस साल पहले यूनिसेफ़ के पैसे से उन्हीं लोगों ने लाखों हैण्डपम्प ख़ुदवाये, जिन्हें अब जाकर तालाब, वाटरशेड नज़र आ रहे हैं। उनके प्रति समाज की श्रद्धा नहीं है। वे समाज और पंचायत से सीखने के बजाय उन्हें सिखाने में लगे हैं, जबकि पंचायत दो हज़ार साल पुरानी संस्था है।

क्या यह नहीं माना जाना चाहिए कि समाज अपने हक़ के प्रति चिन्तित नहीं रहा?

दरअसल, जिस तरह से मज़दूरों को कुशल नहीं माना गया और उन्हें मज़दूरी करने पर मज़बूर कर दिया गया उसने स्थितियाँ ख़राब कीं। कोई गाँव लौटकर तालाब की ओर नहीं देखता। उसे निकृष्ट काम बना दिया गया है।

१२ दिसम्बर, २००४, औरंगाबाद

विकास के परचम तले

जयदीप कर्णिक के साथ

विकास के परचम तले

विकास का घमण्ड है हमारे नेताओं में?

'विकास' शब्द हर भाषा में पिछले कुछ दिन पहले आया है। हिन्दी की बात नहीं कर रहा हूँ, अँग्रेज़ी में भी प्रोग्रेस या डेवलपमेंट इस अर्थ में इस्तेमाल नहीं हुआ है।

देश के इतिहास के सबसे अच्छे स्वर्णयुग का भी पन्ना पलटकर देखें, उसमें आपको भगवान रामचन्द्र भी यह कहते हुए कभी नहीं मिलेंगे कि वे अयोध्या में विकास करने के लिए राजा बनना चाहते थे।

गाँधीजी के बारे में ऐसा कहा जाता है कि उन्होंने अपने सार्वजनिक जीवन में पचास हज़ार पन्ने लिखे और बोले हैं। और बाद में उनके जाने के बाद सरकार ने 'कलेक्टेड वर्क्स ऑफ़ महात्मा गाँधी' अँग्रेज़ी में और 'सम्पूर्ण गाँधी वाङ्मय' हिन्दी के ५००-५०० पृष्ठों के १०० वाल्यूम छापे हैं।

उसमें गाँधीजी कहीं भी एक जगह भी यह कहते नहीं मिलते कि मैं भारत को इसलिए आज़ाद करना चाहता हूँ कि इसका विकास कर सकूँ। ये एक्सट्रीम दो उदाहरण हैं गाँधीजी और रामराज्य के। इसमें विकास कहीं भी नहीं मिलता है। आज के सम्माननीय नेता जब विकास की बात करते हैं तो उनकी मंशा समझी जाना चाहिए।

विकास की परिभाषा है कि लोगों को सुख मिले और उनके दुख दूर हों। चलने के लिए अच्छी सड़कें मिलें, पढ़ने के लिए अच्छे और साफ़-सुथरे

स्कूल हों, किसान अच्छी खेती कर सकें। अभी जो सबसे बड़ी त्रासदी हुई हिमालय की, उसे विकास के तराजू पर तौलें तो हमारे पहाड़ में सारी आबादी ६ से ७ हज़ार फुट पर बसी हुई है।

समाज के विवेक ने कहा कि इससे ऊपर बसाहट की ज़रूरत नहीं। हमारे मन्दिर दस हज़ार फुट की ऊँचाई पर हैं। दुनिया की सबसे ऊँची चोटी एवरेस्ट पर भी फोरलेन और हाईवे बनाया जा सकता है। मानव भूमि का विकास कर सकते हैं, लेकिन देवभूमि का नहीं। हमारे नेताओं में विकास करने का घमण्ड है।

प्रकृति भेज रही है मानव को पोस्टकार्ड... बेटा तुम भूल गये... ?

उत्तराखण्ड त्रासदी के बाद हिमालय का यह दौर ऐसा है कि प्रकृति एक छोटा–सा पोस्टकार्ड लिख कर भेज रही है कि, बेटा तुम भूल गये कि हम कौन और तुम कौन। हिमालय का इतिहास ढाई करोड़ साल से कम नहीं है।

हिमालय हमें बताना चाहता है कि पिछले २०–२५ सालों में मनुष्य ने कुछ ग़लतियाँ की हैं, जिन्हें हिमालय ने उदारतापूर्वक क्षमा किया। उसने ग़लतियाँ बताने के लिए यह सब किया।

केदारनाथ मन्दिर ठीक जगह बना था। इसमें कंस्ट्रक्शन की कसर नहीं थी, इसलिए बचा। हमारे शरीर में जिस तरह से आँख लगायी गयी है, उसी तरह हमारे चारों धाम के मन्दिर बने हैं। इस त्रासदी में शंकराचार्यजी द्वारा बनाया गया केदारनाथ मन्दिर तो बच गया, लेकिन मनुष्य द्वारा बनायी गयी शंकराचार्यजी की समाधि बह गयी। इससे पता चलता है कि हमने घमण्ड के साथ मन्दिर के सामने गुरु की समाधि का निर्माण किया। विवेक से निर्माण का काम नहीं किया।

क्या उत्तराखण्ड त्रासदी के लिए पहाड़ों पर बारूद लगाकर बनाये गये छोटे–छोटे बाँध ज़िम्मेदार हैं?

आज हमारा एक क्षण भी बिना बिजली के नहीं चलता है। बिजली ने हमें मोह में डाल दिया है, हम बिना बिजली के नहीं रह सकते हैं। हमें यह मोह

रहता है कि बिजली हमेशा बनी रहे, जबकि शहरों में आज भी आठ घण्टे का ब्लैकआउट रहता है।

हमें यह समझना होगा कि बिजली जिन चीज़ों से निर्मित होती है, उनकी एक सीमा है, जैसे कोयले का सीमित भण्डार। पानी से बिजली हर जगह नहीं बनायी जा सकती है। परमाणु से बिजली बनाने में बचे कचरे का क्या किया जायेगा। लकड़ी जलाने के बाद उसकी राख से बर्तन माँज सकते हैं, परमाणु ऊर्जा की राख का कुछ नहीं कर सकते हैं।

> परमाणु ऊर्जा को लेकर ठोकर खाना चाहते हैं हम। समझ में नहीं आता कि परमाणु ऊर्जा को लेकर भारत में इतना आग्रह क्यों है? संसद में प्रस्ताव पारित नहीं होने पर प्रधानमन्त्री इस्तीफ़ा देने पर अड़ गये थे?

विनोबाजी ने एक वाक्य कहा था कि यह ज़माना स्वतन्त्र ठोकर खाने का है। हम भी परमाणु ऊर्जा को लेकर ठोकर खाना चाहते हैं। ये पीढ़ियों के अँगूठों को तोड़ने वाली ठोकर होती है। पाँच-दस दुनिया के लोगों से पूछना चाहिए कि अमेरिका की कम्पनी हमें क्यों यह रिएक्टर देना चाहती है। ऐसे क़दमों से देश का अँगूठा टूटेगा।

विकास के परचम तले खेती हुई ग़ायब...

हर युग का एक झण्डा होता है, इस युग में विकास झण्डा है, जिसमें खेती शब्द नहीं आता है। विकास का मतलब होता है बड़ी-बड़ी बिल्डिंग। प्राकृतिक साधनों को रुपये में कैसे बदलें, कोयला बिक जाय, लोह अयस्क बाहर बिक जाय। रुपये गिरने का कारण खनन विरोधी आन्दोलनों को महत्त्व दिया। खनन को रोक दिया गया क्या?

रुपया अगर ऊपर चढ़ता हो तो आदमियों का भी खनन करके बेच देना चाहिए। सारी पार्टियों का एजेण्डा एक है—देश का विकास तुरन्त करना। प्राकृतिक संसाधनों के दोहन से विकास करना चाहते हैं। हमें अनाज नहीं चाहिए। हम प्लास्टिक और कम्प्यूटर खाकर भी पेट भर लेंगे! हम कृषि को महत्त्व नहीं देना चाहते हैं।

बचाने का अभियान

नदियों को जीवनदायिनी कहा गया है। लेकिन आज नदियों को जीवन देने की ज़रूरत महसूस की जा रही है। केन्द्र सरकार का दावा है कि इस बार गंगा और यमुना जैसी महत्त्वपूर्ण नदियाँ निश्चित रूप से स्वच्छ हो जायेंगी। आप का क्या मानना है?

नदियों की साफ़–सफ़ाई पर ध्यान गया है, यह अच्छी बात है। गंगा, यमुना और देश की तमाम नदियों को स्वच्छ करना है। लेकिन ऐसा पहली बार नहीं हो रहा है। पहले भी नदियों की सफ़ाई को लेकर सरकारों ने चिन्ता व्यक्त की है। योजनायें बनायी गयीं कि जल्दी से जल्दी नदी को स्वच्छ कर लिया जाय। यह कहते हुए अच्छा नहीं लगता है कि आज तक ऐसी कोई भी योजना सफल नहीं हुई है। उसके क्या कारण थे? उसे बिना जाने–समझे यदि एक बार फिर उत्साह से नदी को स्वच्छ करने की योजना बना रहे हैं तो ऐसा न हो कि हमारे हाथ फिर से वही चिर–परिचित असफलता लगे।

आपकी दृष्टि में नदियों की गन्दगी और प्रदूषण के प्रमुख कारण क्या हैं? नदियों को प्रदूषण मुक्त कैसे किया जा सकता है?

नदियाँ जब अपने उद्‌गम से निकल कर सागर की तरफ़ दौड़ती हैं, तो कौन से हिस्से में प्रदूषण होता है, कहाँ–कहाँ उनको ख़राबी झेलनी पड़ती

है, उसे समझना चाहिए। मोटे तौर पर देखने से बड़े उद्योगों के ये हिस्से लगते हैं। लेकिन हाल के दौर में इनमें खेती के बड़े-बड़े इलाक़े भी जुड़ गये हैं। बड़े उद्योग और शहर तो आँख को एकदम से दिख जाते हैं। लेकिन दूर-दूर तक हरे रंग के लहराते खेत भी उस नदी को काला कर रहे होंगे, बर्बाद कर रहे होंगे इस पर हमारा ध्यान अभी नहीं गया है। पंजाब-हरियाणा से निकलने वाली नदियों को देखें तो समझ में आ जायेगा।

दिल्ली की यमुना में भी खेती का ज़हर मिल रहा है। एक साल में ऐसे तीन-चार मौक़े आते हैं जब दिल्ली जल बोर्ड अपने जल शोधन संयन्त्र को बन्द कर देता है। इसके पीछे तर्क यह दिया जाता है कि पानी में अमोनिया बहुत अधिक मात्रा में आ गया है और अब हम उसे साफ़ नहीं कर पायेंगे। अब जो अमोनिया पानी में आता है वह नयी क़िस्म की खेती की गन्दगी का बचा हुआ हिस्सा है। विडम्बना यह है कि जिससे हमें प्राण मिल रहे हैं, उसी अन्न और पानी के प्रति भी हम संवेदनशील नहीं हैं। इन्हें हमने ज़हर पैदा करने वाली गतिविधियाँ बना दी हैं। आश्चर्य की बात यह होनी चाहिए कि यमुना गन्दी क्यों नहीं हुई! हमने इसे गन्दा करने में तो कोई कसर नहीं छोड़ी है।

> यमुना की सफ़ाई के लिए करोड़ों रुपये ख़र्च किये जा चुके हैं। यमुना पर इन योजनाओं का क्या असर हुआ है। पिछले दशकों और हाल-फ़िलहाल में यमुना के पानी में कुछ सुधार हुआ है क्या?

यमुना को स्वच्छ करने के लिए सरकारों ने अब तक क्या किया? बहुत हुआ तो यमुना की सफ़ाई के लिए समिति बना दी। करोड़ों रुपये का आवंटन कर दिया। यमुना उत्सव मनाने या समिति बनाने से अब तक क्या फ़ायदा हुआ है? यमुना पर सैकड़ों रुपये ख़र्च हो चुके हैं। तीन-तीन सौ करोड़ की तीन-चार बार योजनाएँ बनीं। परन्तु कहीं से भी चुल्लू भर यमुना का पानी ले लीजिये, उसका परीक्षण करने या नापने के लिए किसी यन्त्र की ज़रूरत नहीं पड़ेगी। हाथ डालने लायक नहीं बची है यमुना। तो इतना सब रुपया कहाँ गया? अभी सरकार के मन में फिर से आया है कि नदियों को स्वच्छ करना है। इसका मतलब है कि कुछ और पैसा इस गन्दे पानी में डालना चाहते हैं। इसको निराशा मत मानिये। जब तक हम इसके

कारण नहीं समझेंगे और केवल उत्साह और धार्मिक भावना से सोचेंगे तो उससे लाभ नहीं मिलने वाला। नदी की गन्दगी को लेकर इस तरह की कई चिन्ताएँ लोगों के मन में हो सकती हैं। उस चिन्ता के कारण गंगा-यमुना को स्वच्छ करना चाहेंगे तो ज़्यादा से ज़्यादा क्या होगा? बहुत होगा तो घाट अच्छे बना लेंगे। पहले से बने घाटों को तोड़कर संगमरमर लगा लेंगे। घाट के किनारे सुन्दर बिजली के खम्भे लगा देंगे। और अधिक करेंगे तो विदेशों से खम्भे और बल्ब मँगवाकर उनकी सुन्दरता बढ़ा देंगे। मेरा अपना मत है कि हम ऐसी योजनाओं से नदी को स्वच्छ नहीं कर पायेंगे।

यमुना की स्थिति बद से बदतर क्यों होती जा रही है?

हमने जैसा चाहा, वैसा ही नतीजा हमें मिला है। प्रकृति ने हमें हमारी इच्छा के अनुरूप ही फल दिया है। नदी में गन्दगी का होना अस्वाभाविक नहीं है। कहा जाता है कि बहती नदी अपने-आप को साफ़ कर लेती है। हमें यह देखना होगा कि बहती हुई कितनी नदियाँ बची हैं। मुझे नहीं लगता कि किसी नदी को स्वाभाविक रूप में बहने के लिए छोड़ा गया है। उनमें जगह-जगह से नहरें निकाल कर और उन पर छोटे-बड़े बाँध बना कर उनके बहाव को अवरुद्ध कर दिया गया है। बाँध और नहरें बनाने के उद्देश्य को देखें तो वह भी ज़रूरी ही मालूम पड़ता है।

अपनी शहरी आबादी को पीने के लिए पानी उपलब्ध करवाना ज़रूरी ही है। हमें बिजली भी चाहिए ही। ऐसे में नदी कहती है कि फिर साफ़ पानी वाली नदी क्यों ज़रूरी है। इसलिए हमें तय करना होगा कि हमारी वास्तविक ज़रूरत क्या है? दिल्ली १९११ में राजधानी बनी थी। तब यहाँ अनेक तालाब थे। कोई कहता है छह सौ थे तो कोई कहता है आठ सौ। संख्या का मतभेद छोड़ दीजिये। वे तालाब दिल्ली के ऊपर गिरने वाली वर्षा को रोकते थे। ये सभी तरह की धाराओं को समेट कर अपने निचले हिस्से में संचित कर लेते थे। उससे कई फ़ायदे थे। शहर में बाढ़ नहीं आती थी और भूजल का भी संवर्धन होता रहता था। फिर शहर बसने लगा। शहर बसते-बसते ज़मीन की क़ीमत बढ़ने लगती है। ज़मीन की क़ीमत बढ़ती गयी और सारे तालाब नष्ट होते गये। पुराने नक़्शे उठा कर देखें तो दिल्ली के चप्पे-चप्पे में तालाब दिख जायेंगे।

आज जहाँ दिल्ली का सबसे बड़ा हवाई अड्डा आईजीआई का टर्मिनल-३ बना है, वहाँ दस तालाब थे। वह भी कोई पाँच-सौ साल पहले नहीं, बीस साल पहले तक थे। पर उनको नष्ट कर हमें हवाई अड्डा बनाना पड़ा। ज़मीन की क़ीमत बढ़ गयी तो तालाब की ज़रूरत ही नहीं रह गयी। रही बात पानी की तो तर्क यह होता है कि हम पानी तो कहीं से ले आयेंगे। यह भी बिलकुल ठीक है। लोगों को प्यास से नहीं मरने देंगे। दिल्ली में यमुना के अलावा गंगा से पानी आता है। भागीरथी का भी पानी अब लाया जा रहा है। कहा जा रहा है कि हिमाचल से भी आ जायेगा। पर असल में हो क्या रहा है? अन्य नदियों का साफ़ पानी हमारे घरों में आ रहा है और फिर गन्दा होकर यमुना में मिल रहा है। जब एक अकेली यमुना हमसे स्वच्छ नहीं हुई और अब हम उसमें गंगा, भागीरथी एवं अन्य जगहों से लाये गये पानी को मिला रहे हैं। यानी जितना अधिक से अधिक हो सकता है उतना गन्दा पानी यमुना में डाला जा रहा है। जब नदी में साफ़ पानी बहने ही नहीं देंगे, उसे गन्दे नाले में बदल देंगे और उम्मीद करेंगे कि कोई तकनीक या धार्मिक तन्त्र-मन्त्र इसे स्वच्छ कर देगी। मुझे यह सम्भव नहीं लगता है।

यमुना और अन्य नदियों की सफ़ाई के व्यावहारिक समाधान क्या हो सकते हैं?

इसका व्यावहारिक समाधान थोड़ा कठिन है। हम अपने को वैसा करने से मना कर रहे हैं। एक बड़े शहर के पानी की ज़रूरत को पूरा करने के लिए नदी का साफ़ पानी निकाल कर गन्दा पानी डाला जाय या उस शहर में साफ़ पानी को रोका जाय। उसके भूजल का स्तर उठाया जाय और उसके संवर्धन की कोशिश की जाय। शहर को स्वत: साफ़ पानी मिले इसकी व्यवस्था हो, लेकिन नदी का दोहन न किया जाय। नदी की क्षमता के अनुसार उसमें साफ़ पानी बहने दें। यदि उसमें हम पानी मिलायें भी तो ध्यान रखें कि वह पानी बिलकुल गन्दा न हो। घरों और कारखानों से निकलने वाले गन्दे पानी की सफ़ाई के छोटे-छोटे विकेन्द्रित तरीक़े खोजें। यदि एक बड़ा तरीक़ा खोजेंगे तो बिजली बहुत लगेगी। दिल्ली में यमुना के किनारे बहुत सारे ऐसे संयन्त्र लगाये गये हैं जिनका उद्देश्य गन्दे पानी को साफ़ करने के बाद यमुना में छोड़ना है। लेकिन उस बड़े संयन्त्र को दिन भर चलाने का साधन हमारे पास नहीं है। इससे कभी वह संयन्त्र चलता है

तो कभी बन्द हो जाता है। वहीं दूसरी ओर हमारी प्रमुख गतिविधियों के तीनों केन्द्र शहर, उद्योग और खेती पर भी हमारा कोई नियन्त्रण नहीं है। न तो हम बढ़ते शहरों को रोक सकते हैं, न ही उद्योगों पर कोई अंकुश लगा सकते हैं।

अपनी खेती में ज़हरीली खाद और पेस्टीसाइड का प्रयोग भी नहीं रोकेंगे। इसलिए मैं कहता हूँ कि यह ऐसा दौर है, जिससे हमें जो सीखना चाहिए उससे हम सीखना नहीं चाहते। रह गयी कर्तव्य निभाने की बात तो कह लो कि नदी बहुत ख़राब हो गयी है उसे स्वच्छ करना है।

यमुना बचाओ अभियान कितना तार्किक है?

यमुना बचाने का 'अभियान' मुझे ज़्यादा समझ में नहीं आता है। मेरा मानना है कि यह 'अपने को बचाने' का अभियान होना चाहिए। यमुना करोड़ों वर्ष लम्बी उम्र की है। और हमारे बाद भी बनी रहेगी। हम कुछ दिनों और कुछ क्षणों के लिए उसे गन्दा कर रहे हैं। जिस दिन उसे लगेगा कि मुझे साफ़ होना है, बहुत ज़्यादा गन्दगी हो गयी, तो हो सकता है उस दिन वह दिल्ली को बहा कर ले जाय।

एक बाढ़ दिल्ली या किसी भी शहर को कैसा मज़ा चखा सकती है इसका अन्दाज़ा लगाना मुश्किल है। मुम्बई को दो दिन की वर्षा ने कैसा डुबोया था, जल स्रोतों के स्वास्थ्य की बात करते हुए हमें उसे याद रखना चाहिए। दरअसल, अन्त में हमें स्वयं को ही बचाना है। श्रद्धा और भक्ति में भले गंगा-यमुना को पूजते रहें, घी के दिये से आरती कर लें। लेकिन गन्दे नाले की पूजा और आरती से क्या होगा? अच्छे संवेदनशील समाज को कहना चाहिए कि आज से गंगा-यमुना की आरती बन्द। हम छह महीने में इसे स्वच्छ कर लेंगे फिर आरती करेंगे। झूठी श्रद्धा दिखाने की किसी को कोई ज़रूरत नहीं है।

यथावत, १६ से ३१ मार्च, २०१५

स्मार्ट शहर बनाम नक़ली शहर

यूट्यूब (उंगल बाज) से

स्मार्ट शहर बनाम नक़ली शहर

भारत का, हमारे देश का नये शहर बनाने का ज़्यादा अनुभव है नहीं। इसलिए मैं तो विनती करूँगा। कठोर शब्द भी नहीं कह रहा, आग्रह भी नहीं कर रहा, विनती करूँगा कि इस योजना के बारे में थोड़ा सोचना चाहिए। अपने यहाँ एक चण्डीगढ़ बसा है पूरी योजना बनाकर। नेहरूजी के मन में था। फ्रांस के प्रसिद्ध आर्किटेक्ट को बुलाकर उन्होंने शहर डिज़ाइन करवाया। बहुत अच्छी बात है।

शहर या बस्ती की परिभाषा है कि बसते-बसते बसती है। अगर हम अचानक कुछ खड़ा कर देंगे तो बहुत सारी दिक़्क़तें आयेंगी। इस मोहल्ले का क्या नाम रखेंगे? इस शहर का क्या नाम रखेंगे? अक्सर होगा यह कि हमारे जो प्रिय नेता हैं, हमारे सम्प्रदाय के जो नेता हैं हम उन्हीं के नाम पर शहर का नाम रख देंगे। गाँधी नगर, दीनदयाल नगर, माया नगर। इसी तरह के कोई से भी नाम आ जायेंगे। इसमें जो शहर बनेगा वह नक़ली बनेगा। बाक़ी जो चीज़ें धीरे-धीरे जन्म लेती हैं, फैलती हैं, कभी सिकुड़ती भी हैं। वह एक अलग चीज़ होती है।

आज हमारे देश के जो सबसे पुराने, सबसे चर्चित शहर हैं—काशी को ले लीजिये आप, उज्जयिनी को ले लीजिये। उनका एक इतिहास है हज़ारों साल का। तब इनको मोक्ष की जगह माना। इनको कोई ख़ास दर्जा मिला। हमारे बनाये शहर का

नाम एक्स, वाय, ज़ेड होगा। उसमें मन्दिर भी बनेगा तो वह बहुत सरकारी क़िस्म का लगेगा। क्योंकि वह श्रद्धा पर से खड़ा हुआ नहीं है। प्राय: मन्दिर वग़ैरह भी कोई न कोई इतिहास की घटना पर होते हैं।

स्वास्थ्य हो, शिक्षा हो या पर्यावरण। सब कुछ सरकार ने अपने हाथ में ले लिया है। समाज की भागीदारी उसमें बिलकुल बची नहीं। क्या ऐसे मॉडल पर समाज को नहीं सोचना चाहिए कि सारे काम सरकार के क्यों? समाज की भागीदारी भी होनी चाहिए?

समाज ऐसा करता भी है। वह नारे नहीं लगाता। और वह सरकार से पलटकर पूछता भी नहीं कि तुम क्यों हाथ में ले रहे हो। उसको मालूम है कि हाथ में लेने पर भी हाथ में कुछ आता नहीं है। हर सरकार को यह मुगालता होता है कि वह इस देश के पाँच लाख गाँवों के लिए काम कर रही है। और कई बार तो पता चलता है चुनाव में कि पूरे पाँच लाख गाँव से वह अनुपस्थित थी। इसलिए तो वोट नहीं मिला। चाहे वह बीजेपी हो, काँग्रेस हो, सीपीआई हो, सीपीएम हो। उसके मन में यह ग़लतफ़हमी हो जाती है कि वह सब गाँवों में सब तरह का काम कर रही है। स्कूल वह चला रही है, शिक्षा वह दे रही है, पानी वह दे रही है। अगर सचमुच ऐसा सरकार के हाथ में होता तो कब के मर गए होते लोग। रेगिस्तान में जहाँ २ सेण्टीमीटर पानी गिरता है वहाँ के सैकड़ों गाँव अपने पानी के दम पर ख़ुद टिके हुए हैं। सरकार के भरोसे रहते तो धोखा खा जाते। और वे इतने समझदार और इतने विनम्र हैं कि उन्होंने कभी कहा ही नहीं कि भैया तुम कौन होते हो पानी देने वाले। उन्होंने उनको भी सलाम कर दिया। अच्छा, पानी आप देते हो! बहुत अच्छी बात है। हम अपने पानी का ख़ुद इन्तज़ाम करते हैं। ये जो विनम्रता है। इससे जो शहर और गाँव बनते हैं वे बच सकते हैं।

नये शहरों का सारा बोझ सरकार के ऊपर आयेगा। तुम्हीं हमें बना रहे हो तो तुम्हीं हमें पानी देना, तुम्हीं हमें बसाना, तुम्हीं हमारे लिए सब कुछ काम करना। ये अव्यावहारिक योजनायें हैं। किसी समय में वोट पाने के लिए ज़रूरी लगी होंगी तो कह दीं। अब जब चुनाव की सब धूल बैठ गयी है, गुबार हट गया है तो हमें साफ़-साफ़ दिखना चाहिए कि इनमें से सब वादे

पूरे करने लायक नहीं हैं। ये सरकार पर अनावश्यक बोझा बनते हैं। और सरकार के क़दम लड़खड़ाते हैं।

पिछली सरकार ने नरेगा जैसी योजनायें बनायीं। बजट का मैं नहीं कह रहा। बजट तो अरबों रुपयों में था ही। उसके पास कहीं से आया होगा तो उसने कह दिया कि हम तो देंगे। भ्रष्टाचार वग़ैरह सबका हिसाब रखकर कहा होगा कि इतना तो जाने दो इसमें। लेकिन वह योजना इतनी भारी-भरकम थी कि उसके बोझ से सरकार लड़खड़ा गयी। अभी तो नयी सरकार ने भी कहा है कि ऐसी सब योजनायें जो अच्छी हैं उन्हें हम लागू रखेंगे, चलने देंगे। इसका मतलब यह है कि हम भी वही बोझा ढोना चाहते हैं। इसमें ज़्यादा समझदारी तो यह होगी कि हम समाज से पूछेंगे। जिन लोगों ने वोट दिया है उसके प्रतिनिधि चुनकर आये हैं इसमें कोई शक नहीं। लेकिन लोगों ने वोट इसलिए नहीं दिया है कि तुम हमें घर दे दो। २०२० तक सबके लिए घर बन जायेंगे। सबके लिए पानी बन जायेगा। ये सम्भव नहीं। लोगों में इतना आत्मसम्मान हम भर सकें कि वे अपने आँगन की समस्याएँ ख़ुद हल कर सकें। उस आँगन में एक पीपल का पेड़ लगाना हो, एक तुलसी का पौधा लगाना हो, एक नीम का पौधा लगाना हो तो अपने बल-बूते पर लगायें। इसके लिए ऐसा न हो कि सरकार एक लाख नीम बाँटने की योजना बनाये। फिर उतनी थैली कहाँ से लायेगी? लोग कहाँ से लायेगी? पर ज़्यादातर आकर्षक योजनायें ये ही मानी जाती हैं।

सरकार की महत्त्वाकांक्षी योजना है नदी जोड़ने की योजना?

अच्छी बात है। लेकिन जब ये योजना पिछली बार आयी थी तब एनडीए का ही शासन था। लेकिन हम लोगों को दोहरा लेना चाहिए कि ये योजना उससे भी पुरानी है। कोई इसको ८२ का बताता है तो कोई इसको नेहरूजी के समय तक ले जाता है। तब भी गार्नेल्ड केनाल नाम से एक योजना बनी थी—नेहरूजी के समय में। ये किसी के विरोध से रुकी हो ये बात मन से निकाल दो। ऐसा कोई सशक्त आन्दोलन इसके पीछे नहीं है। अगर होगा तो विचार का विरोध होगा। लेकिन किसी फ़िजिकल ज़बर्दस्ती करके सरकार का ट्रक रोका हो कि रथ रोका हो। रथयात्राओं को भी रोका

है लोगों ने। अश्वमेध के घोड़े को भी रोका है। नदी जोड़ो योजना को अभी तक किसी ने हाथ लगाकर नहीं रोका। एनडीए के समय में कविहृदय प्रधानमन्त्री थे—अटलजी। आडवाणी थे—लौहपुरुष। वैज्ञानिक राष्ट्रपति थे—कलाम साहब। अपोजीशन की नेता थीं—सोनिया गाँधी। और देश की सबसे बड़ी अदालत—सुप्रीम कोर्ट। इन सबमें बिलकुल सहमति थी इस योजना को बनाने के लिए। एनडीए की सरकार ने सुरेश प्रभु नाम के एक व्यक्ति को यह काम भी सौंप दिया था। तब भी मेरे मुँह से अचानक निक़ल गया था कि 'ये प्रभु का काम है नदियाँ जोड़ना। इसमें सुरेश प्रभु न पड़ें।' ये कोई व्यंग्य में नहीं कहा था। दुख के साथ कहा था। क्योंकि नदियों का इतिहास हम जानते नहीं हैं। छोटी-मोटी नहर निकाल सकते हैं, बाँध बना सकते हैं, बड़ा बाँध बना सकते हैं। इन सबकी उमर होती है। सौ साल के बाँध होते हैं। हज़ार-पाँच सौ साल नहीं चलने वाले।

और ये नदियाँ हैं—कुछ करोड़ साल की। कोई-सी भी नदी आप निकाल लो और उसकी उमर विज्ञान के तराजू पर तौलो। पुराण के तराजू पर मत तौलना। लोग बतायेंगे कि ये तो करोड़ों साल की हैं। वही तो पुराण बनता है। लोगों की स्मृति में जो करोड़ों साल की चीज़ें हैं वे पुराण में बनती हैं। आप देखेंगे कि नर्मदा और सोन एक ही पहाड़ से निकलते हैं—अमरकंटक से। लेकिन एक पूरब की तरफ बह जाता है—सोन। उसको नद कहा है नदी के बदले। पुल्लिग है। नर्मदा पश्चिम में बह जाती है। कोई तो कारण होगा? नहीं तो दोनों लगभग एक बिन्दु से निक़ल रहे हैं तो अलग-अलग जाते क्यों? एक साथ जाते।

पुराण की कहानी भी हो गयी कि सोन नद ने नर्मदा को धोखा दिया—प्रेम-प्रसंग में। नर्मदा ने फिर विवाह न करने का संकल्प लिया। कुँआरी नदी कहलायी। और वह पूरब के बदले पश्चिम की तरफ़ चली गयी। उसका साथ छोड़कर। ये सब सुन्दर क़िस्से बनते हैं लोगों की स्मृति के कारण। आज हम देखते हैं कि इन सब नदियों को फिर से जोड़ने की बात चली है। हम तो कहते हैं समस्त शुभकामनाएँ। जोड़कर देखो।

जब पर्यावरण की बात आती है तो हम सरकार की तरफ़ जो शिकायतें हैं, जो अच्छी बात है, वह सब सरकार के लिए। ये बहुत ग़लत बात भी नहीं है। लेकिन इसमें समाज की क्या ज़िम्मेदारी होगी। इस पर

हम अक्सर बात नहीं करते हैं। क्या पर्यावरण सिर्फ़ सरकार की ज़िम्मेदारी बनकर रह जाये?

नहीं, सरकार की बिल्कुल ज़िम्मेदारी नहीं। लेकिन पर्यावरण भी नक़ली, विकास भी नक़ली, सरकारें भी नक़ली। हम लोग जो ये बातचीत करने वाले लोग हैं वे भी नक़ली। जंगल में रहने वाला जंगल की रखवाली की बात ही नहीं करता। वह तो पेड़ के साथ रहता है उसको बचाने नहीं। बचाने का क्या मतलब। हमारे घर में क्या हम यह बयान देते हैं कि हमें हमारे बेटे-बेटी को बचाकर रखना है। उसकी हत्या नहीं होने देना, उसको कुल्हाड़ी से कटने नहीं देना है। सहज कर्त्तव्य निभाने वाले लोग ऐसी बात नहीं करते। नदियों को साफ़ रखने वाले समाज का एक बहुत बड़ा हिस्सा है। अपने जंगल को बचाये रखने वाले समाज का एक बहुत बड़ा हिस्सा है।

अपनी मछलियों को कितना पकड़ना और कितना छोड़ना है। मछुआरा समाज तक इसका केलकुलेशन जानता है। जिसको आज ओवर एक्सप्लॉयटेशन, ओवर फिशिंग कहते हैं वह उसने कभी होने नहीं दिया। जो ट्रॉलर आने के बाद हुआ। मछुआरे के मछली पकड़ने के जो जाल होते हैं उसमें छेद कितना बड़ा होता है, इसके नियम हैं अलिखित। वे इतने बारीक़ नहीं होंगे, मच्छरदानी जैसे नहीं होंगे कि सब मछलियाँ पकड़ लें। आज ट्रॉलर की जाली के छेद बहुत छोटे होते हैं। मैकेनाइज़्ड वोट वह पीछे फेंकता है और सब कुछ समेटकर डैक पर लाकर फैलाता है। कीमती मछली जो पकड़नी है पकड़कर बाक़ी सब कचरा मर चुकने के बाद समुद्र में फेंक देता है। ये बर्बादी की हद है। जिन देशों में ट्रॉलर आये हैं उन देशों ने इतनी बुरी ओवर फिशिंग की है कि वह सब आज नक़्शे पर निशान लगाकर एफएओ, सरकारें, संयुक्त राष्ट्र संघ चेतावनी दे रहे हैं कि इन इलाक़ों में मछलियों को ज़रूरत से ज़्यादा मार लिया है। इसकी भरपाई बहुत कठिन हो जायेगी।

अपने यहाँ बरसात के दिनों में जब मछली जीरा देती है। जीरा यानी अण्डे देती है। उसमें से अगली पीढ़ी पैदा होती है। उस समय मछुआरा किनारे बैठकर गीत गाता है, नाच नाचता है। मछली पकड़ने नहीं जाता। चार महीने उसके अपने जीवन के छुट्टी के होते हैं। जिस जगह से उसने

मछलियाँ निकालीं वह ख़ज़ाना फिर से भर जाये। हमें उसका ब्याज लेना है। मूलधन को सुरक्षित रखना है। जैसे बैंक में अगर हमने एफडी की है तो एफडी नहीं तोड़ते आप उसके ब्याज को लेते हैं। अपने खाने के लिए, जीवन के लिए। प्रकृति से कितना ब्याज लेना, कितना मूलधन सुरक्षित रखना इस सबके नियम हैं। वे लोग संरक्षण वग़ैरह के नारे भी नहीं लगाते। नारा नहीं काम होता है बाक़ी हम लोग इस तरह के नारे लगाते हैं और बाद में पाते हैं कि बचा कुछ भी नहीं।

इसलिए हमारे हाथ में क्या बचता है ५ जून का कार्यक्रम। उसको ढोल बजाकर मना लो और उसके बाद भूल जाओ। ३६४ दिन हम क्या करते हैं उस पर निर्भर होगा ५ जून का एक दिन।

यूट्यूब (उंगल बाज) से साभार, जून २०१४

पर्यावरण और विकास : ३६ का आँकड़ा

पर्यावरण काफ़ी नया शब्द है। छोटा-मोटा इतिहास अगर हम लोग पन्ने पलटकर देखें तो सन् ७०-७२ से पहले आपको इस शब्द की उपस्थिति भी नहीं मिलेगी। समाज में, सरकार में, अख़बार में और तब टेलीविज़न वग़ैरह जिसको कहते हैं वह था भी नहीं। लोग थे, प्रकृति थी। उसके बीच में तालमेल था। यह तालमेल टूटता भी था उसकी सज़ा भी हम भुगत लेते थे। फिर अपने अनुभव से देखते थे कि इसको कैसे ठीक करना है।

सरकारों का एक बड़ा संगठन है— संयुक्त राष्ट्र संघ के नाम से। उसके बीच में कभी कुछ चर्चायें शुरू हुई होंगी ७० वग़ैरह के आसपास। तब किसी के मन में आया कि हम पर्यावरण नाम से क्यों नहीं कुछ काम शुरू करें।

स्टॉकहोम में सन् १९७२ में एक बड़ा सम्मेलन हुआ। सम्मेलन में दुनिया भर के प्रतिनिधियों ने हिस्सा लिया। अक्सर ऐसी अन्तर्राष्ट्रीय बैठकों में जो दुनिया की गैर-बराबरी है उसकी झलक देखने को मिल जाती है। उसकी काली छाया भी देखने मिल जाती है। बहुत सारे देशों को यह विषय बहुत अटपटा लगा— पर्यावरण के नाम का। उनको इसमें एक षड्यन्त्र की बदबू भी आयी। कहीं ऐसा तो नहीं है कि जो देश सम्पन्न हो गये हैं विकास कर-करके अब उन्हें लगने लगा है कि चिमनियों से धुआँ निकलता है काला तो ये हमारा नीला आकाश ख़राब

करता है। फैक्टरी से गन्दा पानी निकलता है तो वह हमारी नीली स्वच्छ नदी को ख़राब करता है। अपनी ये चिन्ता वे हम पर लाद रहे हैं। कहीं हमारा विकास रोकने के लिए तो नहीं है? इसलिए उन्होंने एक तरह से अपना विरोधी स्वर भी जताया ७२ के स्टॉकहोम सम्मेलन में।

दो प्रसिद्ध वक्तव्य उस समय के याद करने लायक हैं। एक अपने देश की प्रधानमन्त्री इन्दिरा गाँधी का है। उन्होंने कहा कि, 'ग़रीबी से बड़ा कोई प्रदूषण नहीं है। इसलिए पहले तो हमें ग़रीबी दूर करनी है। प्रदूषण वग़ैरह की बात मत करो।' मुख्य तौर पर यह बहुत अच्छी बात मानी गयी थी कि मनुष्य की ग़रीबी दूर करने में थोड़ा प्रदूषण हो जाये तो हो जाने दो। ग़रीबी से बड़ा कोई प्रदूषण नहीं है। हमारे पड़ोसी देश चीन ने कहा कि, 'इस धरती पर मनुष्य से सुन्दर कोई चीज़ नहीं है।' इसका मतलब आकाश, जंगल, पानी, भूजल ये सब जो चीज़ें हैं ये मनुष्य की सेवा के लिए हैं। मनुष्य को इसका दुरुपयोग करना हो तो हो जाने दो। हमारे लिए मनुष्य केन्द्र में है।

ये दो एक्सट्रीम बयान थे उस समय के। सम्पन्न देशों ने भी इस बात को समझाने की कोई विशेष कोशिश नहीं की कि हम विकास के मारे हुए हैं और हम आपको उस रास्ते में नहीं जाने देने का षड्यन्त्र कर रहे हैं। ऐसा नहीं है। कुछ और भी अच्छी बातें अपन लोगों को बैठकर करना चाहिए। किसी कारण से उस समय में निपट नहीं पाया। धीरे-धीरे मामला चला और जैसे-जैसे कुछ समझदारी भी आती है समय के साथ या थोड़ा सरकारीकरण भी होता है, संयुक्त राष्ट्र संघ के मंच पर सब इकट्ठा हुए। थोड़ी-बहुत आपस में गाली-गलौच हुई। लेकिन फिर प्रेम सम्बन्ध भी हो गये पर्यावरण को लेकर। संयुक्त राष्ट्र संघ ने एक छाते के नीचे सब सदस्य देशों को कहा अगले एक वर्ष में अपने-अपने देश में पर्यावरण का विभाग खोल लो।

इससे पहले हमारे देश में इसका विभाग ही नहीं होता था। तो पर्यावरण नाम से एक छोटा-सा विभाग बना। शायद हमारे देश में तो विभाग से पहले एक समिति बनी। कुछ ज़िम्मेदार पाँच,

दस, पचास समाज सेवकों को लेकर निकाला होगा, कुछ सरकार के अधिकारियों और एक-दो मन्त्री को निकाल कर एक पर्यावरण की समिति बनायी गयी। समिति का कार्यालय शायद— पीएल ४८० नाम से जो गेहूँ आया था अपने दुर्दिन में अफ्रीका की तरफ़ से। उसके लिए महरौली के पास एक बहुत बड़ा गोदाम बनाया गया था। अमेरिकन आर्किटेक्चर का नमूना था वह। कैसे कोई सुरक्षित गोदाम एयरकण्डीशण्ड क़िस्म का बनाया जाये। उसके बाद तो अपने यहाँ हरित क्रान्ति हो गयी, गेहूँ भी अपना पैदा होने लगा तो गोदाम ख़ाली हो गये। और वे ७०-८० फुट ऊँचे बड़े-बड़े हॉल बचे रह गये थे— उन्हीं में कुछ सोफे, कुर्सियाँ, दरी वग़ैरह बिछाकर समिति का कार्यालय खोल दिया गया— पहली बार।

समिति से फिर विभाग बना और विभाग के बाद मन्त्रालय बना। अब मुझे इतना याद नहीं है। लेकिन मोटे तौर पर हम लोगों को इतना मानना चाहिए कि आज हम जिसको पर्यावरण मन्त्रालय मानते हैं वह एक नयी चीज़ है। उसके बाद तो जैसे क़ानून बनाने की होड़ लग गयी। जल प्रदूषण कैसे रोकें, कैसे नियन्त्रित करें, पानी को कैसे संवर्धित करें, हवा को कैसे साफ़ रखें आदि बहुत सारे नियम बने। लेकिन अधिकांश नियमों के पीछे कोई ताक़त नहीं थी। काग़ज़ पर लिखे गये थे। इसलिए लागू नहीं हो पाये। और दुर्भाग्य से वह समय अभी भी पुराना नहीं पड़ा है। सरकारें कई आयीं और कई गयीं। अभी भी एक नयी सरकार आयी है। लेकिन पुराने नियम नहीं बदले और उनमें कोई ताक़त नहीं आयी। जिसे कहते हैं बिना नख और दाँत के नियम थे। ये काट नहीं सकते थे, खरोंच भी नहीं डाल सकते थे।

देश में विकास के नाम पर उद्योग बराबर चलते रहे। इसमें अलग-अलग राज्यों में अलग-अलग तरह की सरकारें हैं, आप जानते हैं। विचारधारायें अलग हैं। कहीं साम्यवादी शासन भी रहा है। लेकिन उद्योग अगर एक है और वह नागदा में किसी नदी के किनारे सुक्रियान बना रहा है और वही उद्योगपति

दक्षिण में, केरल में किसी नदी के किनारे वैसी ही फैक्टरी लगा रहा है। दोनों के प्रदूषण में रत्ती भर अन्तर नहीं। एक-सा उत्पादन, एक-सी ज़हरीली प्रक्रिया और नदी का जलस्तर एक-सा। दोनों जगह की जनता परेशान।

एक जगह की जनता ने, केरल ने बहुत संघर्ष किया और कहा कि तुम लोग तो मज़दूरों की, किसानों की चिन्ता करने वाले लोग हो। साम्यवादी शासन है। तुमने फिर उसी उद्योगपति का साथ दिया और हमारी परवाह नहीं की। और दूसरी तरफ़ नागदा में भी ऐसा हुआ। ऐसा ही उत्तर प्रदेश में भी हुआ। नागदा मध्य प्रदेश में है। उत्तर प्रदेश में एक अल्यूमीनियम बनाने वाली फैक्टरी— हिंडालको। ये सब अलग-अलग रूपों में अपनी-अपनी जगह के जलस्रोतों को बिल्कुल नष्ट कर रहे हैं।

उद्योग, विकास और पर्यावरण इन तीनों में क्या हम कहीं साम्य तलाश सकते हैं?

हाँ, मतलब मोटे तौर पर तो यह है कि जैसा मैंने शुरू में कहा कि पर्यावरण अपेक्षाकृत एक नया शब्द है। उसी के साथ शायद मुझे यह भी बता देना चाहिए था कि विकास भी अपेक्षाकृत नया शब्द है। आप दुनिया के पुराने तीन बड़े धर्मों के तीन बड़े ग्रन्थ उठाकर देख लो। इसमें चार धर्म कर दो, पाँच कर दो, जिसकी जितनी विद्वत्ता हो उतना बढ़ा दें।

ईसामसीह दुनिया का उद्धार करने आये, विकास करने नहीं आये। कहीं एक वाक्य बाइबिल में मिले कि मैं इस दुनिया का विकास करने आया हूँ। पैगम्बर साहब दुनिया को सुधारने आये, विकास करने नहीं आये। जिस राम का बहुत नाम पिछले समय में हमारे देश में आया अभी भी आ सकता है। उन्होंने एक जगह भी नहीं कहा कि मैं भारत का विकास करने आया हूँ। लेकिन अभी हमारे पास लगभग हरेक पार्टी में एक विकास पुरुष है। लेकिन मुझे अपनी पार्टी का विकास पुरुष पसन्द है आपकी पार्टी का नहीं पसन्द। जबकि दोनों में रत्ती भर अन्तर नहीं है। हमें यह कभी-भी नहीं भूलना चाहिए कि सभी लोग विकास करना चाहते हैं।

अच्छा, विकास शब्द का इतिहास अगर पर्यावरण का सन् ७२ से है तो विकास पचास से पुराना नहीं है। आज़ादी की लड़ाई में एक भी नेता ने ऐसा नहीं कहा। गाँधीजी का नाम तो अभी लेने की ज़रूरत ही नहीं है। नेहरूजी ने नहीं कहा, मोतीलालजी ने नहीं कहा। उस समय के जितने प्रसिद्ध नाम हैं उन्होंने किसी ने भी नहीं कहा कि हमें आज़ादी इसलिए चाहिए क्योंकि हम भारत का विकास करना चाहते हैं। हमें अँग्रेज़ों को इसलिए हटाना है कि हम भारत का विकास करना चाहते हैं। ग़ुलामी और आज़ादी ये शब्द मिलते हैं। पिछड़ापन और विकास नहीं मिलता कि हम विकसित हो जायेंगे आज़ाद होकर।

अगर विकास करना आसान है तो हम कबसे विकास कर रहे हैं? कोई एक तारीख़ तय होगी—कटऑफ़ जिसे हम कहते हैं। हम सन् २०१० तक यदि २१ नम्बर बहुत शुभ लगता है तो क्या तब तक हम सब विकास कर लेंगे? उस समय भी जो लोग आयेंगे सन् २०१४ के बाद २०२१ में। उन्हें भी यही सुनने को मिलेगा कि मुझे इसलिए वोट दो क्योंकि मैं आपका विकास करना चाहता हूँ। विकास होता किस चीज़ से है? सड़कें बनाना है, स्कूल बनाना है, घर बनाना है शायद मॉल बनाना भी विकास का लक्षण हो तो अभी अपने को स्वीकार है। इस सबके लिए आपको क्या-क्या चाहिए। सबसे पहले तो आपको भवन चाहिए। भवन किससे बनते हैं, सीमेण्ट से बनते हैं। सीमेण्ट कहाँ से निकलता है? ज़मीन में छिपा एक चूना-पत्थर है उसके खनन से निकलता है। जहाँ-जहाँ खनन चल रहे हैं उस इलाक़े में आकाश का क्या हुआ, उनकी नदियों का क्या हुआ, वहाँ के लोगों का क्या हुआ?

> इसका मतलब तो यह हुआ कि पर्यावरण और विकास दोनों एक-दूसरे के विरोधी हैं?

दोनों में ३६ का आँकड़ा है। लेकिन हम बार-बार यह कहते हैं कि हम पर्यावरण भी बचायेंगे और विकास भी करेंगे। शुरू में जब सन् ५० में अमेरिका के एक राष्ट्रपति के कारण विकास शब्द आया तो सब लोगों ने कहा कि हम विकास करना चाहते हैं। उसके बाद एक लम्बे समय तक विकास से नुकसान होता चला गया। जैसे सीमेण्ट की बात हुई, नदी

बर्बाद हुई, कब किसकी चिमनी से धुआँ निकला वग़ैरह-वग़ैरह। तब संयुक्त राष्ट्र संघ से एक और नारा आया—बिना विनाश का विकास। उसके आगे उसको एक विशेषण लगाना पड़ा। तो ऐसा कैसा विकास? जिसमें विनाश नहीं होगा। अब क्या गारण्टी है जब पहले नहीं थी तो।

यू ट्यूब (उंगल बाज) से साभार, जून २०१४

एक मुंशी की भूमिका में

सुरेश प्रभु के साथ

एक मुंशी की भूमिका में

आपका स्वागत है इस कार्यक्रम में। हम बहुत समय से आपको अपने इस कार्यक्रम में बुलाने की कोशिश कर रहे थे। हम चाहते थे कि आप इस कार्यक्रम में आयें, और आपने जो काम किया है लोगों को उसके बारे में बतायें। लेकिन आप इस तरह के साक्षात्कार करने के लिए शायद ख़ुश नहीं थे। लेकिन आप इतना काम करते हैं लोगों को उसके बारे में पता नहीं है और कुछ ऐसे लोग भी हैं जिन्होंने ज़्यादा काम तो नहीं किया है लेकिन लोगों को उनके बारे में जानकारी है। तो ऐसे समाज में आपको कैसा लगता है?

मेरी झिझक का, संकोच का एक बड़ा कारण यह है कि मैंने अपनी भूमिका, अपना रोल एक मुंशी की तरह माना है—एक क्लर्क का। काम लोगों ने किया है। हमारे समाज ने हज़ार साल से, पाँच-सौ साल से पानी का काम किया है। मैं उनका क्लर्क हूँ। लिखता हूँ, रजिस्टर में दर्ज करता हूँ, आप जैसे लोगों तक पहुँचाता हूँ। इसलिये मुझे कई बार ऐसा लगता है कि ऐसे प्रोग्राम में मैं आऊँ या उनको लाना चाहिए। उन तक तो आप सब पहुँच नहीं सकते। फिर कभी-कभी आप लोगों का प्यार ऐसा होता है कि मुझे भी आना पड़ता है। इसलिए यदि मैंने आने में कुछ देर कर दी हो तो मैं माफ़ी चाहता हूँ।

देर तो नहीं हुई। शायद हम पीढ़ियों से, सदियों से चले आ रहे ज्ञान

को इस्तेमाल करने में देरी कर रहे हैं? ऐसा आपको नहीं लगता?

शायद इस्तेमाल हो रहा है। हमारे अनजाने में हो रहा है बहुत सारी जगह। हमें पिछले दौर में, कुछ ग़लतफ़हमी हो गयी। अगर घमण्ड शब्द लोगों को बुरा लगे तो हलका शब्द ग़लतफ़हमी है कि हम लोगों के लिए पानी पहुँचा रहे हैं या हम उनके लिए काम कर रहे है। वास्तव में हमने जो नया जाल रचा—विकास का। उसमें कुछ लोग आये ज़रूर, उनको लाभ भी हुआ। लेकिन हमारे देश का बहुत सारा हिस्सा आज भी उससे अछूता है और वह अपने ढंग से जी रहा है। मैं ऐसा मानता हूँ कि अपनी ग़लती सुधारने का यह सही समय आया है, बहुत पहले सुधरनी चाहिए थी।

इसका एक बेकग्राउण्ड मैं आपको बताना चाहूँगा। सभी मित्रों को जानकर अच्छा लगेगा क्योंकि कई बार हम फोकस से हट जाते हैं। जब अँग्रेज़ हमारे देश में राज करने आये हैं उस समय यहाँ कोई २५ लाख तालाब थे, जिसे हम अँग्रेज़ी में वाटर बॉडीज़ कहते हैं। आज की वाटर बॉडीज़—तालाब, झील छोटा या बड़ा हो वह सिविल इंजीनियर बनाता है। लेकिन तब हमारे यहाँ कोई सिविल इंजीनियरिंग की इंस्टीट्यूट नहीं थी। ऐसी पदवी, डिग्री वाले लोग नहीं थे, जिन्होंने पाँच साल की पढ़ाई की हो। ये भी जानना बहुत रुचिकर होगा कि हमारे यहाँ पहली बार कब ऐसा कॉलेज बनाया गया? किसने बनाया? क्या किसी बड़े शहर में बना या गाँव में बना? किसकी ज़रूरत थी उसको बनाना? सोसायटी ने बनाया या अँग्रेज़ ने बनाया? यह भी हम देखेंगे। लेकिन मैं आपका ध्यान इस बात पर देना चाहता हूँ कि २५ लाख तालाब इस देश में थे। कश्मीर से लेकर कन्याकुमारी तक और उधर बाड़मेर, जैसलमेर से लेकर पूरब में मेघालय तक। जिस राज्य का नाम मेघ पर है उस राज्य के लोगों को मेघ का पानी, बादल का पानी रोकना आता था।

आज जिसको हम अँग्रेज़ी में वाटर हार्वेस्टिंग कहते हैं। ये नया शब्द है पाँच साल, दस साल पहले का। हमारे जैसे साथियों ने चलाया होगा। लेकिन हमारा समाज इस शब्द को केवल चलाता नहीं था, उसका उपयोग करता था, जगह-जगह पानी रोकता था। सबसे कम वर्षा जैसलमेर, बाड़मेर में होती है १६ सेंटीमीटर-१६० मिलीमीटर। और सबसे ज़्यादा चेरापूँजी वग़ैरह में। यह हम सब बचपन से पढ़ते हैं। चौथी-पाँचवीं क्लास

में पढ़ाया जाता है कि हिन्दुस्तान में सबसे ज़्यादा पानी कहाँ गिरता है? इन सब जगहों में मिट्टी का स्वभाव देखकर, बादल का स्वभाव देखकर, आसपास कैसा है समतल है कि पहाड़ी है, कहाँ कितना पानी रोकना है— यह हमारा समाज जानता था। उस समाज को हम आज भी अनपढ़ मानते हैं, तब भी अनपढ़ मानते थे। लेकिन आज पाँच साल की डिग्री वाला इंजीनियर कहलाता है। और पाँच सौ साल की डिग्री जिसके ख़ून में बहती थी, जिसके एक्सपीरियेंस में थी वह अनपढ़ कहलाता है। १८० डिग्री जैसी ज़मीन दिखायी देगी बिलकुल समतल लेकिन उसमें उसकी आँख, बिना किसी डम्पी लेवल के ढाल देखती थी कि फ्लो कहाँ से कहाँ तक होगा और वह पानी रोकना जानता था। तो ऐसे लोग हमारे देश में थे लेकिन धीरे-धीरे हमारे ध्यान से उतर गये। कुछ पढ़े-लिखे समाज के ध्यान से उतरे बाक़ी उनकी प्रतिष्ठा गयी तो और लोगों के ध्यान से भी उतर गये।

इसमें एक रुचिकर क़िस्सा ये है कि अकाल पड़ा। अँग्रेज़ों के आने के बाद—लगभग १५० साल पहले। १८०० के आसपास का क़िस्सा है। दिल्ली और दिल्ली के आसपास के इलाक़े में भयानक अकाल पड़ा। एक अच्छे उदार क़िस्म के अँग्रेज़ अधिकारी थे। तब अँग्रेज़ सरकार नहीं बनी थी। ईस्ट इण्डिया कम्पनी हम को रूल करती थी जो व्यापार करने आयी थी। व्यापार भी हलका शब्द है, लूटने आयी थी। लेकिन अभी हम व्यापार से काम चलायेंगे। शिक्षा व्यवस्था सुधारने नहीं आयी थी कि यहाँ उसको स्कूल-कॉलेज बनाने हैं। एक अँग्रेज़ अधिकारी ने उसको लिखा कि बहुत भयंकर अकाल पड़ा है। यदि गंगा नदी से एक नहर निकालेंगे तो वह उत्तर प्रदेश के इस हिस्से में से निकलकर अकाल दूर करेगी। जवाब नहीं आया—उस पत्र का। फिर उसने लिखा कि आप हमारी बात मानिये। अगर लोग इस नहर से कितना लाभ पायेंगे आपको यह जानना हो तो इतनी मौतें बच सकेंगी। उसका भी जवाब नहीं आया। तब उस उदार अधिकारी ने लिखा कि इस नहर को बनाने में इतने पौण्ड का ख़र्च आयेगा। इतने पौण्ड आपको वापस इरीगेशन से कर के रूप में मिल जायेंगे। उसका जवाब आया। क्योंकि वे व्यापार करने आये थे।

> जान जायेगी तो कोई चिन्ता नहीं। हमें जो आमदनी होने वाली है, उसमें कमी नहीं होनी चाहिए।

शायद उस अँग्रेज़ अधिकारी ने, अभी हम उसका नाम भी जानेंगे। उनको लिखा भी कि मेरे यह कहने से कि इस इलाक़े में कितनी मौतें होती हैं आपकी आँखों में पानी नहीं आयेगा! लेकिन लाभ इतना मिलेगा कि इससे आपकी आँखों में चमक आ जायेगी।

ये बताइये पानी को पढ़ने के लिए, पानी के बारे में जानकारी देने के लिए और पानी तथा अनुपम मिश्रजी यानी इस तरह का एक समीकरण बन गया है कि आपको अनुपम मिश्रजी कहेंगे तो आप जवाब दे सकते हैं और यदि आपको पानी करके पुकारूँगा तो भी आप जवाब दे सकते हैं। तो इस तरह का पानी के साथ, न टूटने वाला रिश्ता आपके साथ कैसे बन गया?

आपने बहुत अच्छे से इस बात को पूछा। मैं भी कई बार याद करता हूँ कि मैं इसमें कैसे गया? मुझे भी अचरज होता है। मैं गाँधी शान्ति प्रतिष्ठान में आज से ३०-३५ साल पहले आया था। कॉलेज से निकला था नया-नया। हमारे जो मन्त्री थे वे बहुत विजन वाले, उनका एक दर्शन था। उनका नाम था—राधाकृष्णन। जयप्रकाशजी के सहयोगियों में से थे। उस समय ये कूरियर वग़ैरह नहीं चलते थे, स्पीड-पोस्ट, ई-मेल वग़ैरह का तो सवाल ही नहीं था। यह घटना होगी ७०-७१ की। उनको बीकानेर में एक प्रसिद्ध गाँधीवादी सिद्धराज ढड्ढाजी को एक चिट्ठी पहुँचानी थी। वे उस समय किसी काम से बीकानेर में रुके थे। उन्होंने मुझे बुलाकर कहा कि ये चिट्ठी तुमको ख़ुद ले जाना है। उनको पढ़कर बताना है। वे देख लें तो उनसे उनका जवाब लेकर तुरन्त वापस आना है। तो मैं एक डाकिये की तरह पहली बार राजस्थान गया। ज़िन्दगी में पहली बार। कॉलेज से निकला नया-नया लड़का था।

आपका जन्म कहाँ हुआ?

वर्धा (महाराष्ट्र) में।

जहाँ महात्मा गाँधीजी ने अपने जीवन का...

जी, क्योंकि पिताजी १९४२ के आन्दोलन में शामिल हुए थे। उन्होंने मध्य प्रदेश में—उन दिनों तो यह सी.पी. बरार कहलाता था, मध्य प्रदेश का जन्म नहीं हुआ था—एक राष्ट्रीय पाठशाला खोली थी। वह पाठशाला अँग्रेज़ों ने ज़ब्त कर ली और उनको गिरफ़्तार कर लिया। तब से वे फिर गाँधीजी वाले इस काम में आ गये थे। वर्धा में महिला आश्रम में उनकी कुछ सेवाएँ ली गयीं। वहीं मेरा जन्म हुआ। बाद में वे दिल्ली आये। काफ़ी समय बाद। मेरी पढ़ाई-लिखाई दिल्ली में ही हुई। इसके बाद ये पहली नौकरी शुरू हुई।

इसी में आपके मन्त्रीजी ने...

जी, एक ख़त दिया तो मैं डाकिये के रोल में राजस्थान गया। पहली बार, ज़िन्दगी में पहली बार। हमारे एक मित्र हैं। वे इस एक्सप्रेशन का उपयोग करते हैं। उनका नाम है—फरहाद कांट्रेक्टर। पारसी परिवार से हैं। और आज वे राजस्थान में पानी का बहुत अच्छा काम कर रहे हैं। उनका कहना है कि पानी का 'प' भी नहीं आता था उनको। ऐसे ही मुझे भी पानी का 'प' भी नहीं आता था। इस डाकिये के कारण। इस पत्र को लेकर मैं राजस्थान गया।

जैसे आज हम लोग बैठे हैं। ऐसे आँगन में कहीं एक ज़मीन में ढक्कन लगा था। और उसके आसपास, कुछ इर्द-गिर्द ऊपर उठा था। बड़ा विचित्र-सा दिखने वाला स्ट्रक्चर था। हम लोग जो ढाँचे जानते हैं—कुर्सी है, टेबिल है, कोई टैंक बना है तो उसे हम पहचानते हैं। जब हम इतनी पढ़ाई-लिखाई पढ़ जाते हैं तो हमें लगता है कि हमें ये सब चीज़ें मालूम हैं—दुनिया की। वहाँ जाने से हमें पता चला कि हमारा अज्ञान का स्तर क्या है? हम कितना नहीं जानते। इसलिए मैंने मित्र से पूछा जो मुझे वहाँ लेकर गये, मेज़बान। ये क्या चीज़ है? छोटा-सा आँगन था। आपके सामने वर्णन करने की कोशिश करूँगा। कोई २० हाथ लम्बा और १५ हाथ चौड़ा ऐसा एक आँगन था। चारों तरफ़ रेत थी उसको प्लास्टर करके अच्छे-से रखा गया था। और उसमें एक ऐज बनायी गयी थी—छोटी-सी बाउण्ड्री ६ इंच ऊँची। उसमें एक ढाल था। यह ढाल एक ढक्कन की तरफ़ जाता था। ढक्कन बन्द था, ताला लगा था। कोई भी प्लेटफॉर्म हम बनाते हैं सार्वजनिक उपयोग के लिए तो उसको सीधा बनाते हैं। तिरछा क्यों

बनाया? कोई गिर जायेगा। मैंने अपनी मूर्खता में उनसे पूछा कि ये क्या चीज़ है? उन्होंने कहा ये तो कुण्ड है, आपको नहीं पता! मैंने कहा, मुझे नहीं पता ये क्या होता है। उन्होंने कहा इसमें बरसात का पानी इकट्ठा करते हैं। बरसात का पानी क्यों इकट्ठा करना? हम तो ये दिल्ली-मुम्बई से मामूली पढ़ाई—जिससे सब घमण्ड में आ जाते हैं—वह करके पहुँचे थे। हमें नहीं मालूम था कि बरसात का पानी क्यों इकट्ठा करते हैं? आज तो फिर भी बरसात का पानी इकट्ठा करना लोगों को मालूम है। उन्होंने कहा कि हमारे यहाँ सारा पानी खारा है। उसको पी नहीं सकते। आज बीकानेर शहर में नहर आ गयी है। उस समय नहर नहीं थी। सिर्फ़ कुएँ थे और घर-घर में कुण्ड थे। छत का पानी रोकते थे, आँगन का पानी रोकते थे। फिर वे मुझे ले गये उस ढक्कन को खोलकर दिखाया। मैं सोचता हूँ भीतर क़रीब-क़रीब एक साल का पानी इकट्ठा था।

एक साल का!

हाँ, एक साल का। एक गाँव, घर की ज़रूरत का। पानी के मामले में बिलकुल स्वावलम्बी समाज। उसका दर्शन जब पहली बार हुआ तो मुझे लगा कि हम दिल्ली, मुम्बई वाले नल खोलते हैं। उन दिनों में जल-संकट शुरू हो गया था, तब लोगों के ध्यान में नहीं था। तो मुझे लगा कि यह तो कितनी अच्छी पद्धति है। ये तो हमसे कई साल आगे की बात है। और सचमुच आज ४० साल बाद हम लोगों को लगता है कि उनकी तरह हमको भी पानी रोकना चाहिए।

आपने जो पहली बार दर्शन किया और आपको इस बात का एहसास हुआ कि इस बारे में काम करना चाहिए। लेकिन ये ढाँचा कितने साल पहले बना था?

२०० साल पहले बना था। फिर मैंने और घूम-घूमकर लोगों से पूछना शुरू किया तो उन्होंने कहा कि हमारे यहाँ घर इसके बिना बनता ही नहीं है। 'अनरिटन बाइ लॉ' जो कहलाता है, वो ये है। सरकार ने क़ानून नहीं बनाया। समाज ने मन में क़ानून भर दिया है, जिसको हम संस्कार कहते हैं कि इसके बिना तुम्हारा रेगिस्तान में, मरुप्रदेश में जीवन नहीं होगा। तो

फिर तो एक उत्सुकता जगी तो १० जगह और गये। फिर हमने पचास हज़ार लिटर से लेकर तीन हज़ार करोड़ लीटर तक के टाँके देखे। आज जिस हॉल में बैठे हैं इससे बड़ा हॉल। क़रीब-क़रीब १५० फुट लम्बा, १४० फुट चौड़ा और ४० फुट नीचे गहरा। ये तीन करोड़ लीटर पानी रोकता है एक वर्ष में। इसे देखकर हमें उस समाज का ढोल पीटने की इच्छा हुई। एक उनका शब्द है—जसढोल। जसढोल संस्कृत के यश से बना है। यश यानी उसकी प्रसिद्धि करना, उसका नगाड़ा बजाना। तो मैंने ख़ुद को उसका नगाड़ा बजाने वाला माना। इस समाज का नगाड़ा ऐसी जगह बजायें जो बहरे हो चले हैं पानी के मामले में। क्योंकि अब वे धीरे से कहने से सुन नहीं रहे। तो जरा ढम-ढमाढम ज़ोर से करेंगे तो उनको सुनायी देगा। हम लोगों ने उसे क़रीब ७-८ साल सब मित्रों की मदद से समझा। क्योंकि हमारे लिए तो बिलकुल नया सिस्टम था। हम उसका प्राईमरी भी नहीं जानते थे।

> तो आपने उसको देखा, इसके बाद में आपने उसका महत्त्व जाना और सोचा कि इसके बाद अपना जीवन इसी काम में लगाना है?

हाँ, शायद सोचा नहीं। अपने-आप लग गया। उसमें इतना चुम्बक था कि उसने हम जैसे लोहे को खींच लिया और उसमें हम चिपक गये।

> और आपने पानी के विषय में ही जो आपका जीवन काल लगाने का...

जो भी, जितनी भी सेवा हुई।

> आपने अभी कहा कि जब मैं वहाँ गया और देखा। और इस बात का एहसास हुआ कि मुझे कितना अज्ञान है। जब किसी आदमी को इस बात का एहसास होता है कि मुझे इस बात का अज्ञान है, मैं मानता हूँ कि यहीं से सही ज्ञान की शुरुआत होती है। क्योंकि जब तक हम मानेंगे कि मुझे पूरा ज्ञान है, तो आप कुछ सोचेंगे नहीं, देखेंगे नहीं, जानेंगे नहीं, कोशिश नहीं करेंगे तो आप अज्ञानी बने रहेंगे। हमारे देश में जो राजनीति चलाने वाले लोग हैं, सरकार

चलाने वाले लोग हैं, मेरे जैसे राजनीति में काम करने वाले लोग हैं उनका अज्ञान दूर करने के लिए क्या करना चाहिए?

आज ज़रूर ऐसा लगता है हमको कि अज्ञान हो गया। पहले मैं समझता था कि राज और समाज में तालमेल बहुत था—२०० साल पहले। राजा भी पानी का वैसा ही काम करता था जैसे समाज करता था। एक मेघवाल, जिसको आज हम शायद अनुसूचित जाति में रखते हैं—नयी जो पद्धति है समाज में। वो मेघवाल भी समाज में पानी का उतना ही अच्छा काम जानते थे। और पालीवाल ब्राह्मण भी उतना ही अच्छा काम जानते थे। अगर हम महाराष्ट्र से उदाहरण लें तो चितपावन ब्राह्मण, देशमुख ब्राह्मण—जिनका पुराना नाम देशरुख ब्राह्मण था—वे भी पानी का उतना ही अच्छा काम जानते थे। तो समाज में जहाँ पानी गिरता था, उसको विकेन्द्रित पद्धति से रोकने का काम वे करते थे। तब उसमें अज्ञान का पुट आया नहीं था। ये जो नयी पढ़ाई हमारी आयी अँग्रेज़ों के बाद की उसमें हमने समाज से बिलकुल अलग क़िस्म की कोई पढ़ाई पढ़ ली। हो सकता है मैंने पानी पर पी.एच.डी. कर ली हो। लेकिन वह पी.एच.डी. इस गाँव का सम्मान करना नहीं जानती। वह आँकड़े जानती है, कैमिस्ट्री जानती है—ये सब चीज़ें जानती है। पर वह पानी रोक नहीं सकती। ये जो अज्ञान है—आपने बिलकुल ठीक कहा, जब हम उसको जान लेते हैं कि हम कितने अज्ञानी हैं, तब से हमारी एक नयी यात्रा शुरू होती है। और मुझे इस बात को स्वीकार करने में कोई शरम नहीं है कि उससे पहले मैंने जो पढ़ाई की थी वह मेरे लिए बिलकुल बेकार साबित हुई। और ये जो खुली पाठशाला में, खुले विश्वविद्यालय में—जिसको आज हम अँग्रेज़ी में ओपन यूनिवर्सिटी भी कहते हैं। वह भी हमारी यूनिवर्सिटी जैसी क्लोज यूनिवर्सिटी है। कहने को तो ओपन है लेकिन वह इन विषयों को नहीं पढ़ाती।

अनुपमजी आपने एक किताब लिखी है, जिसमें आपने इस बात का ज़िक्र किया है कि जब तक हमारी परम्परा है, सालों से चलता आ रहा जो ज्ञान है जब तक हम उस ज्ञान का अपने जीवन में सही मायने में इस्तेमाल नहीं करेंगे तब तक हम सही मायने में हमारे जो सवाल हैं उसका हल नहीं निकाल पायेंगे। मुझे एक बात बताइये जैसे कि राजस्थान जहाँ पर रेगिस्तान है, पानी बहुत कम गिरता है।

अकाल की स्थिति तो हमेशा के लिए रहती है। अभी तो मई, जून में हॉट चेम्बर में रखा हो, ऐसा एहसास मिलेगा।

जी हाँ, ५० डिग्री टेम्प्रेचर होगा।

तो क्या ऐसी स्थिति होने के कारण ही उनमें यह ज्ञान आया? उन्हें लगा कि इसके बिना कोई चारा ही नहीं है। इसलिए राजस्थान के लोग इसके बारे में जानकारी लेते हैं। लेकिन हमारे देश में जो अलग-अलग जलवायु में रहने वाले लोग हैं, उनके जीवन में कभी ऐसी कठिनाई आयी नहीं। तो क्या राजस्थान में लोगों की पानी के प्रति समझ, इस जानकारी का कारण उनकी कठिन परिस्थिति है?

हाँ, आप ठीक कह रहे हैं। एक हिस्सा तो उसका ज़िम्मेदार कठिनाई है। जहाँ प्रकृति ने पानी का बजट बिलकुल सीमित रखा वहाँ अगर हम बड़े से बड़े अनुदान से, फंडिंग एजेंसी से बजट लेकर जायें तो पानी बिलकुल पैदा नहीं कर सकते। बाहर से ला सकते हैं। लेकिन जहाँ भूजल ३०० फुट हो, खारा हो तो वहाँ वर्षा का जल इकट्ठा करना पड़ता है। जिसको अब हम वाटर हार्वेस्टिंग कहते हैं उसे वे शुरू से ही कहने के बदले काम करते थे। वहाँ छोटे-छोटे तालाब बनाने पड़ते थे। जहाँ पोकरण का विस्फोट हुआ, उसमें कितनी धनराशि लगी, देश की कितनी प्रतिष्ठा बढ़ी वह सब जानते हैं। लेकिन उस गाँव में आज भी पीने का पानी आज भी ट्रेडीशन के, नाडी नाम के एक तालाब से आता है। उस तालाब का प्रकार नाडी है—यह तालाब से भी छोटा होता है। हमारी नयी टेक्नोलॉजी ने, शान्तिपूर्ण उपयोग ने परमाणु के, ऊर्जा के उस गाँव को पानी नहीं दिया। पानी ट्रेडीशनल विसडम ही दे रही है—आज भी। उस गाँव को कोई भी जाकर देख सकता है। इतना सुन्दर तालाब है; गाँव के लोग उसको अच्छा रखते हैं।

जिस गाँव में हमने पोकरण जैसा यानी टेक्नालॉजी का जो सबसे आगे का काम किया। वहाँ भी पानी के लिए टेक्नालॉजी काम में नहीं आ रही है वहाँ का पारम्परिक ज्ञान ही काम आ रहा है?

क्योंकि वहाँ खारा पानी है। आप अणु बम से, शान्तिपूर्ण उपयोग करके

२०० मीटर का गड्ढा भी कर देंगे तो खारा पानी ही निकलेगा। इसे बकरी भी पीने से मना कर देगी। पार्टीवाला तो कभी हाँ भी कह देगा कि बड़ा अच्छा काम किया है हमारी पार्टी ने। लेकिन बकरी उसका टेस्ट करके कहेगी कि नहीं पीते हम। गाय कहेगी कि नहीं, बकरी तो राजनीति जानती नहीं। तो असली राजनीति वह है। इस बड़ी राजनीति को समझना हो तो मैं परम्परागत विसडम की, परम्परागत ज्ञान की परिभाषा बदलता हूँ। क्योंकि नयी टेक्नालॉजी यदि पानी दे सके डेजर्ट में तो इस पुरानी परम्परा को भूल जाना चाहिए। जहाँ पोकरण का विस्फोट हुआ वहाँ नया पानी आ सकता है? वह नहीं आया। इसलिए परम्परा की परिभाषा ये होगी, 'जो किसी भी समाज के भूतकाल को, वर्तमान काल को और भविष्य को जोड़ सकती है—तो वह परम्परा है आज यदि पानी उस नाड़ी के बिना मिले तो हम उस नाड़ी को भरने तैयार हैं। लेकिन यदि नहीं है तो हम वैसी ५० नाड़ियाँ और बनाने के लिए लोगों के साथ जुड़ने के लिए तैयार हैं, पहला फावड़ा लगाने के लिए तैयार हैं। और सरकार से भी कहेंगे कि असली ज्ञान ये है।

> अनुपमजी ये बताइये कि आपने जिस तरह से लोगों के साथ जुड़कर पानी के बारे में जानकारी एकत्र की है। आपको क्या लगता है कि आने वाले समय में पानी की समस्या कितनी बढ़ेगी? पानी को लेकर गाँधी पीस फाउंडेशन, जिसमें आप काम करते हैं। पीस, शान्ति, गाँधी और पानी। इसके साथ में क्या टकराव हो सकता है?

बिलकुल सरल हिन्दी में कहें तो पानी आग लगा सकता है। पानी का स्वभाव आग बुझाने के लिए माना गया है। लेकिन पानी आग लगा सकता है। दुनिया में लगा सकता है, देशों में लगा सकता है। देश में और नीचे उतरें तो दो ज़िलों में लगा सकता है, दो राज्यों में लगा सकता है, दो गाँवों में लगा सकता है, दो घरों में लगा सकता है। आज अगर हम आप पुलिस के किसी मित्र से पूछें इन्दौर, देवास यहाँ हमारे कुछ पुलिस मित्रों ने बताया कि सबसे ज़्यादा झगड़े मकान मालिक और किरायेदारों के बीच पानी को लेकर होते हैं। और इससे आज बहुत तनाव हो गया है। दो राज्यों का हाल अभी आपने देखा। कर्नाटक, तमिलनाडु, हरियाणा, पंजाब, दिल्ली। एक ही विचार की सरकार होते हुए भी पानी का घड़ा हम बाँटने के लिए

तैयार नहीं हैं। यह मेरा घड़ा है मैं आपको नहीं दूँगा। यह स्थिति आ गयी है। कितनी शर्मनाक स्थिति आ गयी है। जबकि यह देश पानी के मामले में कमज़ोर नहीं था। हमारा पानी का बजट प्रकृति ने जो बनाकर दिया है—जैसलमेर वग़ैरह फ़िलहाल अपवाद की तरह छोड़ दें तो देश में कोई कम पानी नहीं था।

लेकिन मुझे लगता है कि एक तो हमने पिछले कुछ सालों में अपने नियोजन में, प्लानिंग में कुछ लालच बढ़ाया है—पानी की खपत में ज़्यादा इस्तेमाल किया है, फ़िजूलख़र्ची भी की है और लालची फ़सलों को लगाया है। एक विज्ञापन में आता है कि प्यास बढ़ी है। हमने ऐसी फ़सलें लगायी हैं जिनकी प्यास बहुत ज़्यादा है। अब हम उसकी पूर्ति नहीं कर पा रहे हैं।

जैसे कि गन्ना है।

जी, गन्ना। अब मैं समाज से यह नहीं कह रहा हूँ कि समाज कल से गन्ने के बदले नीम खाने लगे, कड़वी गोली। एकाध मधुमेह का रोगी खायेगा। समाज में बाक़ी को जीवन में कुछ मिठास चाहिए। लेकिन कितनी चाहिए? जहाँ गन्ना लगे वहाँ गन्ना लगना चाहिए। आपको सुनकर आश्चर्य होगा कि राजस्थान में भी कुछ जगह गन्ना होता था। जहाँ अच्छा पानी गिरता है। उस गन्ने से गुड़ बनाते थे। चीनी की मिलों के लिए नहीं होता था। आज दुर्भाग्य से चीनी मिलें एक कैचमेंट जैसा तैयार करती हैं आसपास के खेतों को। किसानों से गन्ना पैदा करवाती हैं। उनको कम से कम दाम पर ख़रीदती हैं। कई जगह गन्ने के पेमेंट चार-चार साल से, कुछ तो कहते हैं १५-१५ साल से नहीं हुए हैं। दंगा-फ़साद होता है। उसके बाद वह चीनी शहर में आ जाती है और उस गाँव में कड़वाहट छोड़ जाती है। ऐसी मिठास हमारे काम की नहीं है। हमें इसमें सन्तुलन देखना पड़ेगा। जो मैंने शुरू में कहा कि पानी आग बुझाने के बदले आग लगा सकता है। ये उसका स्वभाव अब हमको दिखायी दे रहा है। कई लोग कहते हैं कि तीसरा महायुद्ध पानी को लेकर होगा। मैं कहता हूँ होगा नहीं हो रहा है और इसको उसी पानी से बुझाना पड़ेगा। ये किसी दूसरी चीज़ से नहीं बुझेगा।

और एक युद्ध होगा जो गाँव से लेकर विश्व तक होगा?

गाँव का युद्ध भी होगा। विश्वयुद्ध भी होगा। इस युद्ध की आग को और कोई दूसरी चीज़ नहीं बुझायेगी। पानी ही बुझायेगा। अब उस पानी का फिर से इन्तज़ाम करना हमें सीखना पड़ेगा। तो हमें राजस्थान जैसे समाज ने, जिसने कठिनाई के दौर में अपने को माँजकर रखा। मैं कहता हूँ कि हर समाज—महाराष्ट्र, गुजरात, उत्तर प्रदेश, बंगाल और बिहार। बिहार में बाढ़ आती है हमेशा, ऐसा हम मानते हैं। वहाँ के समाज ने बाढ़ और अकाल को जोड़ दिया। जो पिछले दौर में एक चिन्ता थी कि कैसे हम नदियों को जोड़ें? उन्होंने बाढ़ और अकाल को जोड़ा। नदियों को नहीं जोड़ा। उन्होंने कहा कि, जिस नदी में ज़्यादा पानी आता है—जिसको आज हम अँग्रेज़ी में वाटर हार्वेस्टिंग कहते हैं। उसमें उन्होंने एक नया विचार जोड़ा—२००० साल पहले। फ्लड वाटर हार्वेस्टिंग। जब पानी नदी के किनारे तोड़े तो उसके लिए उन्होंने नहरें बनायीं। यह नहर इस पानी को आहर नाम की एक जगह पर ले जाती है। आहर एक तरह का तालाब है। और इस पानी को ले जाने वाले सिस्टम को पाइन कहते हैं। यह तरीक़ा एकदम देसी बुद्धि पर टिका हुआ है।

अब जब नहरें बनती हैं इंजीनियरिंग की पढ़ाई के बाद। वो स्ट्रेट लाईन में बनती हैं। जब नहर देखेंगे सीधी देखेंगे। सीधी नहर में साद भरती है, सिल्ट भरता है। उसको आपको हटाना पड़ता है। उसके लिए एक और विभाग बनाना पड़ता है। एक और बजट पास कराना पड़ता है—इस जमी हुई रेत को हटाने के लिए।

इन्होंने प्रकृति से सीखा। क्योंकि प्रकृति से अच्छा तो कोई सिखाता नहीं। प्रकृति ने जो नदियाँ बनायी हैं कुछ लाख साल से बह रही हैं। मुझे नदियों का जीवन नहीं मालूम। लेकिन नर्मदा का मुझे किसी पुराने जानकार ने बताया कि ३५ लाख साल पुराना जीवन है। तो ३५ लाख साल में उसकी कभी सफ़ाई नहीं करवानी पड़ी? हमारी नहर की तो हर दस साल में सफ़ाई होती है।

डिपार्टमेंट नहीं बनाना पड़ा।

भगवान ने प्रकृति में जो डिपार्टमेंट बनाया है वह नदी की मियाँड्रिंग है। वह एक जगह रेत डिपॉजिट करती और प्रेशर से दूसरी जगह चली जाती

है। तो वह झूम के चलती है।

बिहार के लोगों ने दो हज़ार साल पहले जो पाइन बनाया वह भी नदी के आकार का बनाया। स्ट्रेट लाइन में नहीं बनाया। कहीं-कहीं २०-२० किलोमीटर, ४०-४० किलोमीटर दूर बाढ़ वाली नदी का पानी दूसरे गाँव में ले जाती है। उसको रोकती है। उसका एक बड़ा कारण यह था। हमारे यहाँ एक कहावत है: 'साईं इतना दीजिये, जामे कुटुम समाय। मैं भी भूखा न रहूँ, साधु न भूखा जाय।' मेरे घर-परिवार के लायक भी अनाज-पानी दे दो और अगर हमारे दरवाज़े कोई साधु आ जाये, सन्त आ जाये तो उससे भी हमें यह न कहना पड़े कि पानी तो हमारे लिए नहीं है, तुम्हें कहाँ से दें, जाओ।

मगध के इलाक़े में जब बौद्ध धर्म का उदय हुआ उस समय बहुत नये संन्यासी भिक्षु बने। इतने भिक्षु हमारे यहाँ शायद किसी और दौर में नहीं बने थे। समाज में भिक्षु-सन्त होते थे, साधु होते थे। लेकिन इतने बड़े पैमाने पर एक आन्दोलन की तरह, एक नये अभियान की तरह नहीं जुड़े थे। उस समय के किसानों ने सोचा कि बाढ़ के पानी को अपने गाँव में लाना चाहिए। खेती के नये तरीक़े खोजने पड़ेंगे। इस तरह बौद्ध धर्म के कारण खेती के नये तरीक़े ईजाद हुए। और यह पद्धति चालू हुई। लेकिन दुर्भाग्य ऐसा कि, जो मैंने शुरू में कहा हमने जो नयी पढ़ाई पढ़ ली अँग्रेज़ों के बाद तो इन सबके विभाग बन गये। सिंचाई विभाग की इन नहरों में कोई दिलचस्पी नहीं बची। उसको सीधी नहर बनानी थी। उसमें उसको लगा कि हमारा कौशल है। अगर अभी हम भ्रष्टाचार की बात नहीं भी करें तो उसको इसमें कौशल भी दिखा, प्रतिष्ठा इसमें नहीं दिखी।

हिन्दी में दो शब्द हैं, मराठी में भी हैं और अँग्रेज़ी में शायद एक बता सकता हूँ। स्वयंसिद्ध और समयसिद्ध। टाइम टेस्टेड और शायद जो अपने आप में पूरा हो जाये बाहर से किसी की मदद की यानी बुद्धि की मदद, पैसे की मदद या श्रम की मदद न लेनी पड़े। तो ये ५०-५० किलोमीटर लम्बी नहरें लोग ख़ुद बनाते थे। उसका स्लोप जानते थे, मियाँड्रिंग जानते थे। और जब ये पानी ऊपर उठता था फ्लड में उसको सुरक्षित ले जाकर फिक्स्ड डिपॉजिट में डाल देते थे। फिर उससे सिंचाई करते थे। और जब वह तालाब सूख जाता था, जो आहर कहलाता है उसका एक खेत की तरह उपयोग करते थे।

इसके लिए पैसा कहाँ से आता था?

गाँव के श्रमदान से। लोग ख़ुद खाना लेकर आते थे। एक साथ बैठते थे, राज्य भी कुछ मदद देते थे।

राजस्थान में राज और समाज, जैसा मैंने कहा। संगीत का एक शब्द है— जुगलबन्दी। केवल गायक सुरीला है और तबला या हारमोनियम या तानपूरा छेड़नेवाला बेसुरा हो तो परफॉर्मेंस ख़राब हो जायेगी। तो राज और समाज की पानी के मामले में सुन्दर जुगलबन्दी थी। दोनों एक-दूसरे को सपोर्ट करके आगे बढ़ाते थे। लेकिन बाद में अँग्रेज़ों के बाद ये जुगलबन्दी टूट गयी।

आर्टिस्ट हैं लेकिन अभी जुगलबन्दी नहीं।

आर्टिस्ट बढ़ गये और थोड़ा आर्ट भी नीचे गिरा है। हमने मान लिया कि मैं बहुत अच्छा कलाकार हूँ। लेकिन मैं उतना अच्छा हूँ नहीं। कुछ लोगों ने तालियाँ ज़रूर बजायीं। लेकिन ऐसा लगता है कि समर्थक लोगों से बजवायी गयी तालियाँ हैं।

अनुपमजी बताइये कि आप बार-बार इस बात पर सबका ध्यान आकर्षित कर रहे हैं कि जब तक आप अपनी पुरानी जानकारियाँ, नॉलेज, विजडम को दुबारा आज की स्थिति में नहीं लायेंगे पानी की समस्या हल नहीं होगी। लेकिन आप मुझे बताइये कि जिस तरह से अभी हम यहाँ बात कर रहे हैं, यहाँ से रेलगाड़ी जा रही है। उसकी आवाज़ भी हम सुन रहे हैं। उस समय तो रेलगाड़ी नहीं थी। उस समय तो लोग पैदल जाते थे। क्या आज की जो हमारी आबादी है और २०० साल पहले, ५० साल पहले, १०० साल पहले जो आबादी थी, और आज की आबादी की जो समस्या है, उसके सामने जो चुनौतियाँ हैं क्या उसका सामना करने के लिए हमारा पुराना ज्ञान काम आयेगा?

मान लीजिये बिलकुल नहीं आयेगा। पहले हम यह मानकर चलते हैं कि अब नया ज़माना है। रेलगाड़ी की आवाज़ आ रही है। अभी तो शान्त हो

गयी आवाज़। पर्मनेंट शान्त हो जायेगी। डीज़ल गया, बिजली गयी तो हो सकता है यह रेलगाड़ी भी चली जायेगी। अभी जैसी शान्ति है २०० साल बाद ऐसी शान्ति आ सकती है—एक सम्भावना है। लेकिन छोड़िये, पुराना ज्ञान काम नहीं आयेगा। नया ज्ञान काम आ रहा है क्या? देश में पानी की समस्या हल हो गयी नये ज्ञान से? ट्यूबवैल नया ज्ञान था उसने जगह-जगह धरती में छलनी की तरह छेद कर दिये। आज कितने ज़िले हैं आप मुझसे बेहतर जानते हैं। क्योंकि आप उन मंचों पर रहे हैं। निर्णय लेने के उन पदों पर रहे हैं। आप जानते हैं कि देश के अधिकांश ज़िलों में आज पानी का स्तर ख़तरनाक स्थिति से ज़्यादा नीचे चला गया है। तो नया ज्ञान काम आता हो तो पुराना मैं लपेटने तैयार हूँ। लेकिन नये ज्ञान ने असन्तोष बढ़ाया, पानी का संकट बढ़ाया, पानी की बिक्री बढ़ायी। आज से २५ साल पहले दिल्ली में किसी भी मित्र से पूछिये कि घर में पानी ख़रीदते हो क्या? लोग मज़ाक़ उड़ायेंगे। आज शायद ही ऐसा कोई घर है जिसमें पानी की बोतल न आती हो या १००-५० से लेकर ५००० रुपये तक के फिल्टर्स न लगे हों। हमें उस पानी पर भरोसा नहीं है जो हमें मुफ़्त में मिलता है। इसलिए पानी पर पैसा बढ़ा है। दूसरा, मेरा यह कहना है कि रेलगाड़ी का आपने बहुत ही सुन्दरता से उदाहरण दिया। अकाल ऐसे पड़ने लगे कि रेलगाड़ी से पानी पहुँचाया गया। ऐसे उदाहरण हैं गुजरात में, जिन टैंकरों में तेल जाता है उनमें पानी पहुँचाया गया। तो ये तरक्की हमको यहाँ तक ले जायेगी कि हवाई जहाज से पानी पहुँचा दो। इस तरक्की से हम ख़ुश हैं तो बहुत अच्छी बात है।

> यदि हम इस बात को स्वीकार करने, मानने को तैयार नहीं हैं कि हमारी पुरानी जानकारी हमारे सवालों को हल करने में मदद करेगी। लेकिन जो सवाल हमने खड़े किये हैं, पैदा किये हैं। ये सवाल पहले नहीं थे। हमारे नये ज्ञान के कारण आये हैं। लेकिन कुछ ऐसी चीज़ें हैं जैसे—१०० साल पहले, २०० साल पहले चश्मे की जानकारी लोगों को नहीं थी। लेकिन आज सब लोग देख पाते हैं। इस तरह की जो नयी जानकारी है उससे भी हमारी कुछ नयी समस्याओं को हल करने के लिए ताक़त मिलेगी। तो क्या इसके लिए नये-पुराने ज्ञान को मिलाकार कोई अभियान चलाया जा सकता है?

आप ठीक कह रहे हैं। मैं तो कह रहा हूँ कि देखिये नये और पुराने शब्द को भी भूल जाइये। आज व्यावहारिक क्या है? पोकरण में इतनी मॉडर्न टैक्नालॉजी का जो विस्फोट हुआ, जिसने पूरी दुनिया का ध्यान खींचा वह उस गाँव को पानी दे सकता है तो ज़रूर देना चाहिए। दो और विस्फोट कर लें। सरकार तो वैसे भी अभी उलझी हुई है—अमेरिका के साथ समझौते में। तो हम एक बम चलाकर देख लें कि डेजर्ट में मीठा पानी मिल सकता है क्या? विस्फोट से शान्तिपूर्ण उपयोग से। अभी हम उसके हिंसक उपयोग की बात बाद में करेंगे। पानी को लेकर। तो पानी मिल सकता है।

नहीं मिले तो नये-पुराने की बहस छोड़िए। जो सबसे प्रेक्टिकल हो उस तरीक़े से पानी दीजिये। डेजर्ट में हमने सुना कि हिमालय का पानी राजस्थान कैनल के नाम से आयेगा। बड़ी योजना है ७०० करोड़ से शुरू हुई। अभी पता नहीं ७००० करोड़, उससे भी ज़्यादा। मैं आँकड़ों को नहीं जानता। क्या उसने गाँव को पानी दिया। खेती के लिए बनी थी। उसमें एक बड़ा हिस्सा प्रॉब्लम विलेजिस को मीठा पानी पहुँचाने का था। और प्रचार में था कि जहाँ कभी पानी नहीं पहुँचता वहाँ पानी पहुँचायेंगे। जहाँ पानी नहीं पहुँचा वहाँ आबादी कैसे थी? आबादी इसलिए थी कि उसने अपना पानी ख़ुद बचा कर रखा था। पर हमने सोचा कि ये तो प्रॉब्लम विलेजिस हैं। उस गाँव में प्रॉब्लम नहीं थी। हमारा प्रॉब्लम था। हम नहीं जानते थे। इसलिए हमने वहाँ पहुँचाया। अभी शायद सभी लोग अख़बार पढ़ते होंगे। इतने निरक्षर तो नहीं हुए कि अख़बार पढ़ना बन्द हो गया। नहरों में १८-१८, २०-२० लाशें तैरती मिलती हैं कि नहीं? ये ख़बरें छपीं हैं कि नहीं पिछले दिनों अख़बारों में? एक महीने पहले की बात बता रहा हूँ, अप्रैल में। इस नहर का पानी आपके घर में आयेगा, मेरे घर में आयेगा। हम पी सकेंगे क्या? ये तो बिना फिल्टर के पाइप लगाकर पहुँचाया जाता है। फिल्टर का मतलब है उसका कचरा छानना, उसके कीटाणु-जीवाणु थोड़े ही छनते हैं। तो ऐसे गाँव में अगर नहर का पानी पहुँच रहा है तो भी लोगों ने उसको पीना बन्द किया है या मजबूरी में पिया है। अगर उनके गाँव में मीठे पानी का कुआँ बचा है, गाँव में नाड़ी यानी छोटा तालाब, बड़ा तालाब है या उनके घर में छत का पानी रुकता है, वर्षा का पानी रुकता है टाँके में तो आज भी वे यही पानी पीते हैं और अपने जानवरों को भी यही पानी पिलाते हैं।

यानी हमने जो नये कार्यक्रम बनाये उनसे भी हमारी समस्या हल नहीं हो पायी? एक नयी समस्या खड़ी हो गयी। आप बार-बार राजस्थान के बारे में बता रहे हैं। क्या आप मुझे बतायेंगे कि पूरे देश में इस तरह की ट्रेडीशनल नॉलेज है, जिस पर हज़ारों-करोड़ों समाज खड़े हुए हैं।

अगर नहीं होती तो समाज टिकता नहीं। पानी के बग़ैर तो ज़िन्दा नहीं रहता। इसलिए सबसे नीचे का उदाहरण लीजिये कन्याकुमारी। उसके बारे में हम अपनी प्राइमरी में चौथी-पाँचवीं कक्षा में पढ़ते हैं या दूसरी में कि तीन समुद्र मिलते हैं। समुद्र का पानी तो खारा है। उस शहर की कल्पना कीजिये, जिसमें तीन समुद्र की लहरें टक्कर मारती हैं। चारों तरफ़ पानी दिखता है लेकिन पानी नहीं है उनके पास। उस कन्याकुमारी में मीठे पानी के स्रोत लोगों ने हज़ारों सालों से खोजे हैं। सुन्दरवन में। हर जगह आप खारे से खारे इलाक़े में जायेंगे। गोवा में नदियों की लम्बाई सबसे कम है—हम तो १२००-१५०० किलोमीटर की नदियाँ जानते हैं उत्तर भारत में रहने वाले—लेकिन वहाँ तो पहाड़ से पानी उतरा और नीचे समुद्र में मिल गया। कितनी देर मीठा पानी रहा? इस इलाक़े में लोगों ने सुन्दरतम तालाब बनाये। पानी रोका। क्योंकि इन्द्र भगवान थोड़ी देर के लिए पानी गिरा रहे हैं, उसको जल्दी रोको। तालाब बनाये। उनके अपने-अपने नाम हैं, उनके अपने-अपने आकार हैं।

इस देश में अगर कोई ढंग से, श्रद्धा से, विश्वास से काम करे तो उसको बादलों के ४० नाम राजस्थान में सुनने मिल जायेंगे। पूरे देश में तालाब के पचासों नाम मिल जायेंगे। तो ये जगह-जगह मिट्टी, पानी बदलने से लोगों ने स्वभाव बदलकर अपने-अपने इलाक़े में पानी रोका है। पिछले दौर में यह कुछ कम हुआ है।

इसमें नये-पुराने की बहस में गये बिना मैं यह कहता हूँ कि कौन-सी नयी टैक्नालॉजी है जो पानी रोक सकती है—गिरने वाला पानी। वह सक्सेसफुल हो सकती है। अगर हम उसको प्लास्टिक की चादरों में रोकना जानते हैं तो रोकें। लेकिन पाँच साल बाद ये शिकायत नहीं करना कि प्लास्टिक टूट गया या इसमें कण्टमनेशन आ गया, प्लास्टिक के कई ऐसे कण हैं जो आर्सेजनिक हो जायेंगे आदि। इसलिए इसमें मिट्टी सबसे अच्छी। प्लास्टिक में रोका हुआ पानी रिचार्ज नहीं करेगा। मिट्टी का एक तालाब कुछ हज़ार

लिटर, लाख लिटर पानी रोकता है। इसमें से धीरे-धीरे फिल्टर करके आपके सब कुओं को रिचार्ज करता है, ग्राउण्ड वाटर को रिचार्ज करता है। ये सारा कॉम्बिनेशन देख लो, दस साल इस पर बहस कर लो और फिर जो सबसे अच्छा तरीक़ा लगे उसको रोक लो। हम तो यह कहते हैं।

> यह जानने के लिए कि कौन-सा तरीक़ा अच्छा है पुराना या नया। आप हमेशा इस बात को कहते आये हैं कि जो प्रकृति को पसन्द है। इस बात को मानिये कि जो पानी गिरता है प्रकृति की देन है। यदि आप प्रकृति की पूजा नहीं करेंगे तो शायद यह सब हमारे पास नहीं रहेगा। तो क्या ऑडिट करने की ज़रूरत है? कौन-सी योजना अच्छी है इस तरह ऑडिट किया जा सकता है। प्रकृति के साथ जो भी योजना काम कर सकती है, ऐसी योजना बने। क्या यह ठीक सुझाव है?

बहुत ठीक सुझाव है आपका। यदि ऊपर के लोग समझ सकते हैं तो इससे ऊपर और नीचे के दोनों लोग जुड़ें सम्मान के साथ। क्योंकि नीचे के लोग तो इस काम को करते हैं। उनको ऊपर की मुहर नहीं मिली पिछले दौर में। इससे पहले मैंने कहा कि जुगलबन्दी चलती थी। समाज और राज जानता था। जैसलमेर का सबसे सुन्दर जो तालाब है, उसका नाम है—घड़सीसर। घड़सी राजा का नाम था। यह तालाब आठ सौ साल पहले बना। राजा भी आठ सौ साल पहले उस शहर को, राज को बसाने आया। शहर और तालाब का एक साथ जन्म हुआ। क्योंकि रेगिस्तान में इतना बड़ा शहर बसाना था, जिसके तार यूरोप से जुड़े हों। आठ सौ साल पहले मुम्बई, दिल्ली, मद्रास, कलकत्ता के तार यूरोप से नहीं जुड़े थे। शायद इनमें से अनेक शहरों में लालटेन भी जलती थी कि नहीं, मालूम नहीं। लेकिन जैसलमेर ड्रायपोर्ट था। और यूरोप का, जो सिल्करूट कहलाता है उसका एक टर्मिनल प्वाइण्ट था। यहाँ से वेनिस तक तार जुड़े हुए थे। ऊँटों के कारवाँ चलते थे—मसाले लेकर, अफ़ीम लेकर। ये सब डिलीवर करते थे। इतना सुन्दर जैसलमेर जो आज पर्यटकों के लिए दिखता है करोड़ों रुपये की कार्विंग आपको एक वर्ग फुट में मिल जायेगी—पत्थर पर। इसके पीछे समाज की सम्पन्नता थी। सम्पन्नता का कारण जैसलमेर दुनिया के मैप पर था। उस समय शायद जैसलमेर का हिन्दुस्तान से इतना

सम्बन्ध नहीं था, जितना सिंध और यूरोप से था। हमारे जैसे लोगों को तो वे शायद जानते ही नहीं होंगे। इस तरफ़ मुँह ही नहीं किया था उन्होंने, उनका मुँह पश्चिम की तरफ़ था। उस तरफ़ से उनका ज़्यादा सम्बन्ध था।

ऐसे इलाक़ों में राजा भी तालाब बनाता था। घड़सीसर उसने बनाना शुरू किया। लेकिन आज जो एक अँग्रेज़ी में शब्द चलता है 'प्यूपिल्स पार्टिसिपेशन', जन-भागीदारी अनुवाद होकर आया। पूरे शहर में डिंडोरा पिट गया कि काम राजा शुरू कर रहे हैं। आप सब भी आयें। और वह कोई चाँदी के फावड़े के साथ एक बार फ़ोटो खिंचवाकर, उद्घाटन करके तालाब पर आना बन्द नहीं कर देते थे। रोज़ आकर काम करते थे या देखते थे। वे महल और दरबार का काम छोड़कर, राजपाट का काम छोड़कर ये बड़ी राजनीति करने आते थे। इसको उन्होंने बड़ी राजनीति माना होगा। डेजर्ट में पानी चाहिए। आज वह तालाब यदि नष्ट हुआ है थोड़ा-बहुत, तो पचास साल की बेवकूफ़ी से। नहीं तो उसने साढ़े सात सौ साल...

पिछले पचास साल में?

क्योंकि हमने उसके केचमेंट में एक हवाई अड्डा बना दिया। जो देश का सबसे कम आबादी के घनत्त्व वाला इलाक़ा है। दिल्ली, मुम्बई में तो आपको हवाई अड्डे की जगह नहीं मिलेगी। यदि आपको यह विभाग सौंप दिया जाय, मन्त्रालय तो आप कहेंगे कि कहाँ बनायें हवाई अड्डा। पालम पर ही बनाना पड़ेगा। लेकिन डेजर्ट में तो चारों तरफ़ खाली ज़मीन थी। लेकिन हमने उसके केचमेंट को तोड़कर हवाई अड्डा बनाया। उसमें इन्दिरा गाँधी नहर, केनाल की जो कॉलोनी है उसको हाउसिंग की जगह दे दी। कहीं और दे देते पाँच फुट, दस फुट दूर। जगह ख़ाली पड़ी है। लेकिन हम पुराने काम का सम्मान नहीं जानते। आज उस शहर में पानी की किल्लत है अगर थोड़ा ढका हुआ है तो इसलिए कि उस शहर में नहर का पानी आता है।

लेकिन नहर और बाँध की उमर आप मुझसे बेहतर जानते हैं। जो हम नये काम कर रहे हैं वे १०० साल, १२५ साल, १५० साल से ज़्यादा नहीं चलेंगे। हम तो कहते हैं कि सरदार सरोवर को भी भगवान लम्बी उमर दे।

यदि हमारा कोई आशीर्वाद हो तो चिरंजीव भव। तो सारे नये आधुनिक काम चिरंजीव भव। लेकिन नहीं होंगे, क्योंकि एक निश्चित अवधि में सिल्टेशन के बाद ख़त्म हो जायेंगे। तो आज घड़सीसर पानी देता है— जैसलमेर को। नहर तो अभी-अभी आयी है।

तो राजा भी बनाता था और वहाँ सबसे छोटा लकड़ी का काम करने वाला, बढ़ई और पत्थर का टकेरा—सभी तालाब बनाते थे। काम की गुणवत्ता में कोई फ़र्क़ नहीं। यदि आप घाट का एक चित्र क़ैमरे से पैन करके देखेंगे तो जो राजा का बनाया हुआ ब्लॉक है, वहीं आपको बढ़ई का बनाया हुआ, ब्राह्मण का बनाया हुआ, बनिये का बनाया हुआ, साधारण बेरोज़गार के द्वारा बनाये हुए ब्लॉक में उतना ही काम दिखायी देगा सिर्फ़ स्केल का अन्तर है। उसने सीढ़ी पर ५० फूल बनाये मैं शायद दो फूल बनाकर रुक जाऊँ, क्योंकि इससे ज़्यादा की मेरी हैसियत नहीं है। लेकिन सीढ़ी के पत्थर, रंग में कोई फ़र्क़ नहीं। तो ये घड़सीसर राज और समाज दोनों मिलकर बनाते थे। कैसे बनाते थे? इसके उदाहरण आपको कश्मीर से कन्याकुमारी तक मिलेंगे।

> हर जगह में वहाँ राज करने वाले लोग और वहाँ की प्रजा दोनों साथ मिलकर काम करते थे। अनुपमजी आज की दुनिया में आप जो काम देख रहे हैं और जो आवश्यकता है उसका तरीक़ा क्या हो सकता है? लोगों को रोज़ी-रोटी के लिए कोई कार्यक्रम चाहिए। पहले जिस तरह का वातावरण था, लोगों की भावना थी उसे वापस लाने के लिए, सरकार और लोगों को जोड़ने के लिए क्या कोई कार्यक्रम बन सकता है?

ज़रूर बनाना चाहिए। और मुझे लगता है कि इसमें पहला क़दम किसी समझदार राजनीति जानने वाले को उठाना पड़ेगा। वह जब पहला क़दम उठायेगा तो समाज भी उसका स्वागत करेगा। समाज तो इस दिशा में बहुत समय से क़दम उठाकर क़दमताल कर रहा है, आगे भी बढ़ रहा है। पर हम सोचते हैं कि वह तो कुछ जानता ही नहीं है।

मैं आपको यहाँ एक और उदाहरण दूँगा। राजस्थान वग़ैरह की बहुत बात हुई। वेनिस, दुनिया का कितना प्रसिद्ध शहर है। सारे खारे पानी के लगून

से घिरा हुआ है। तीन सौ साल, दो सौ साल आज जो पानी आता है, वह कहाँ से आता है—उसमें मीठा पानी। मुझे बताया गया कि तीन सौ किलोमीटर दूर से आता है। वह पानी कभी ख़त्म नहीं होगा क्या? वह ख़त्म हो जायेगा। फिर मैंने पूछा कि वेनिस कैसे ज़िन्दा रहता था, इसके पहले भी? ये तो २००० साल से इतना सुन्दर शहर है, जैसलमेर ८०० साल से। दोनों के तार जुड़ते थे, इसलिए मैंने पूछा। अब जो नयी पढ़ाई वाले हैं उन्हें इतना नहीं मालूम था। पुराने लोगों ने बताया यहाँ पर ऐसे कुएँ थे जो वर्षा और बर्फ़ से रिचार्ज होते थे। इन कुओं में मीठा पानी स्टोर होता था। जो मर्चेंट गिल्ड कहलाता है। अरबों की सम्पत्ति वेनिस में थी वह इस पानी के कारण टिकी रहती थी।

कुएँ इतने सुन्दर बनाते थे कि आपको लगेगा कि हीरे की नक़्क़ाशी के कुएँ हैं। इतना सुन्दर काम, ताजमहल जैसा काम। हमारे यहाँ भी होता था हाथ से और यहाँ भी होता था। तो हर जगह देश में, दुनिया में पानी का स्वभाव समझकर लोगों ने स्वयंसिद्ध और समयसिद्ध चीज़ों को खोजा। नयी टेक्नालॉजी भी आयी होगी उस समय में। वे उसकी आँधी में उड़ नहीं गये।

इसमें एक सबसे अच्छा उदाहरण लोगों को बार-बार याद दिलाना चाहिए। हमारे देश में एक बड़ा राजा हुआ। उसका नाम था—अकबर। उसके विशेषण में ही लोगों ने अकबर महान् लगा दिया था—अकबर दि ग्रेट। अभी तो उस पर कुछ विवाद भी चल रहा है। उस बात को छोड़िए। सबसे बड़ा विवाद लोग भूल गये—अकबर के समय का। वह है पानी का। उन्होंने फ़तेहपुर सीकरी में अपनी नयी राजधानी बनायी। आज जो पर्यटक जाते हैं वे सुन्दर राजमहल वग़ैरह देखकर बहुत ख़ुश हो जाते हैं। वह सुन्दर क्यों है? क्योंकि वह इस्तेमाल नहीं किया गया। सोलह साल बाद पानी का संकट आया और राजा को अपनी राजधानी छोड़कर जाना पड़ा, उस समय। तो अकबर महान् था। उसको उस समय की टेक्नालॉजी उपलब्ध होगी। राज के कारण। सब प्रमुख दिमाग़ उसके पास थे। उसके दरबार में नौ रतन थे। पैसे की कोई कमी नहीं थी। कोई छोटा-मोटा व्यापारी नहीं था, राजा था जो पूरे देश को रूल करता था। राजधानी छोड़कर आना पड़ा। क्या ये स्थिति हमारी नहीं हो सकती? हम कभी भी इस घमण्ड में न रहें कि दिल्ली, मुम्बई, चेन्नई ये आजीवन राजधानी बने रहेंगे—पूरे समय। सब पर संकट आ सकता है और तब हमें गाँव से हल पूछना पड़ेगा।

क्योंकि तब तक हम हल भूल चुके होंगे। हल तो दिल्ली, मुम्बई में भी था।

दिल्ली में जब अँग्रेज़ आये हैं तब एक आँकड़ा चलता है—५०० तालाब थे, कोई कहता है ८०० तालाब थे। लेकिन जगह-जगह तालाब थे। इनमें वर्षा का पानी रुकता था। हम मथुरा, वृन्दावन और आगरा की बाढ़ को थोड़ा रोकते थे—सॉफ्ट पेडिंग देकर। और फिर उस पानी को आगे बढ़ाते थे। अभी तो दिल्ली का सारा पानी यमुना में जाता है। आगे बाढ़ पैदा करता है। और जैसे ही बाढ़ ख़त्म हुई हम दिल्ली का सारा पानी रोककर यमुना का पानी अपने पीने के लिए इस्तेमाल करते हैं। यह पानी कम पड़ता है तो हम उलटी गंगा बहाते हैं। एक हिन्दी का मुहावरा है—उलटी गंगा बहाना यानी बिलकुल बेवक़ूफ़ी का काम। गंगा उस तरफ़ जा रही है मोड़कर हम उसको दिल्ली लाते हैं। अभी टिहरी का पानी ला रहे हैं। लेकिन आप मुझसे बेहतर राजनीति जानते हैं। आने वाले दौर में साझे की सरकारें आयेंगी। इसमें एक एम.पी. और एक एम.एल.ए. के वोट से सरकार गिर सकती है। कोई भी कहेगा टिहरी का पानी नहीं देना, ऐसा हो रहा है। तो हमने निश्चिन्त होकर बाँध इसलिए बनाया कि इसके कारण दिल्ली पर कभी संकट आयेगा नहीं।

> दिल्ली में तालाब थे। आप किसी को बतायेंगे तो कहेगा क्या बात करें क्योंकि अब तालाब बचे नहीं। इसी तरह बैंगलोर को 'सिटी ऑफ़ लेक' कहा जाता था। लेकिन इस सबका कारण आपको यह नहीं लगता कि आबादी बहुत बढ़ी है। क्या आबादी को रोकने के लिए कोई क़दम नहीं उठाने पड़ेंगे?

मैं ऐसा मानता हूँ कि आबादी की अपनी एक अलग स्वतन्त्र बहस है। उसमें अभी हम न पड़ें। एक संक्षिप्त उदाहरण देता हूँ। जिस समाज का अपने प्राकृतिक संसाधनों पर नियन्त्रण होता है—वनवासी समाज। जब वह लूट का शिकार नहीं हुआ था तब उसकी आबादी सबसे कम होती थी। डब्ल्यू.एच.ओ. जैसी संयुक्त राष्ट्र संघ की शरीर विज्ञान जानने वाली संस्था ने कोई ४० अध्ययन तो पूरी दुनिया में करवाये ही हैं। सन्तति रोकने के लिए आज की जो तकनीक मानी जाती है इसके अलावा उनके क्या तरीक़े होंगे परिवार नियोजन के यह जानने। जबकि उस समाज में विवाह

से पहले भी शरीर सम्बन्ध स्वीकृत है। ऐसे परिवार, समाज अपने देश में भी हैं। युवा उम्र के लड़के-लड़की एक साथ गाँव के बाहर जाकर रहते हैं। इसे उनकी ट्रेनिंग का हिस्सा माना गया है। उनको गृहस्थ बनने की, समाज का अच्छा नागरिक बनने की ट्रेनिंग कब मिलेगी जब माता-पिता से कुछ दिन अलग जाकर रहेंगे। उसके सब नाम हैं। अभी हम इस विषय में नहीं पड़ें। लम्बा विषय है।

> आपका कहने का मतलब है कि उस समय भी लोगों के पास पारम्परिक ज्ञान था। उस ज्ञान के आधार पर उसको रोकते थे।

जब उनके पास साधन होते हैं, प्रकृति के। उसी आदिवासी समाज को वहाँ से उखाड़ देते हैं। उसके नीचे की खदानें किसी स्टील बनाने वाली कम्पनी को, एल्यूमिनियम बनाने वाली कम्पनी को, किसी बड़े नेता को दे दीजिये, जंगल कटवा दीजिये। देश की प्रगति के नाम पर, स्टील के नाम पर लोहे की फ़ैक्टरी बनवा दीजिये। उसको अपरूट करके स्लम में ले आइये—रायपुर, दिल्ली या मुम्बई के। तब वह ५, ६ या ७ सन्तानें क्यों करता है? कभी ये भी उससे पूछा? उसको अपने बच्चों को स्कूल नहीं भेजना। उस पर उनका कोई बोझा नहीं है। हमारे लिए एक सन्तान, दो सन्तान बोझा है। हम उनको कैसे स्कूल में पढ़ायेंगे। दो लाख की फीस कहाँ से लायेंगे, वग़ैरह-वग़ैरह। उसके लिए तो ये वो हाथ हैं जो उसे टिकाकर रखते हैं, उसके लिए ये फिक्स्ड डिपॉजिट हैं।

इसलिए पहले तो समाज में समता लानी पड़ेगी। आबादी का प्रश्न केवल ज़ोर-ज़बर्दस्ती से हल नहीं होगा। उसके लिए एक ऐसा वातावरण बनाना पड़ेगा कि ये हिस्सा तुम्हारा है तो वह उस हिस्से का उपयोग करता है और अपने परिवार का विस्तार नहीं करता। फिर पानी का प्रश्न अगर आयेगा तो मैं आपसे यह कह रहा हूँ कि शहरों में आबादी बढ़ी है, गाँवों में भी बढ़ी है। प्रवास करके लोग यहाँ भी आये। माइग्रेशन भी हुआ। यह सही है।

हमने तब माना कि ज़मीन की क़ीमत ज़्यादा है इसलिए तालाब को कचरे से भर दो। अभी हमको पता चला कि पानी की भी कुछ क़ीमत है। अभी मैं ज़्यादा क़ीमत नहीं कह रहा। पानी की थोड़ी-सी क़ीमत है—एक कौड़ी है, दो कौड़ी है।

ज़मीन के बिना और पानी के बिना तो नहीं रह सकते?

नहीं रह सकते। इसलिए दोनों की क़ीमत आपको शेयर बाज़ार में ढूँढ़नी पड़ेगी कि दोनों की क़ीमत एक साथ चले। एक की क़ीमत बहुत ऊपर हो गयी तो दूसरा बहुत नीचे जाकर आपको धोखा देगा।

आपको क्या लगता है कि पानी की समस्या हल करने के लिए यदि हम अपने पुराने ज्ञान को दुबारा आज की दुनिया में लायेंगे तो क्या उससे इस समस्या को हल कर पायेंगे?

जी मैं फिर ये अनुरोध, निवेदन करूँगा कि नये और पुराने को भूलकर जो भी पद्धति हमें पानी दे सकती है सबको एक साथ बैठकर उसके बारे में सोचना चाहिए। और अपने देश के समाज पर भरोसा रखना चाहिए कि ये भी मूर्ख नहीं हैं। शायद हमसे ज़्यादा नहीं जानता तो हमारा समकक्ष तो है ही। उसके साथ मिलकर हम समस्या पर बातचीत करेंगे बजाय केवल एक ख़ास सड़क पर भवन बनाकर उसको कहेंगे कि इसमें से योजना बनती है। ऐसे काम नहीं चलेगा। योजना हर गली में से बन सकती थी, बनती थी। आज फिर हम को उसको प्राइज टैग वापिस करना पड़ेगा।

लोकसभा टी.वी. के टॉप शॉट कार्यक्रम में, ४ नवम्बर, २०१३

पानी-समय

एक संवाद

पानी-समय

पिछले कुछ वर्षों से वर्षा जल-संग्रह का प्रचलन बढ़ा है। और पर्यावरण संरक्षण एक ज्वलन्त मुद्दा बनता जा रहा है। हालाँकि हमारे देश में जल-संग्रह की यह परम्परा बहुत पुरानी है। तालाब, बावड़ियाँ, कुण्ड या कुएँ— जल संग्रह की इन पद्धतियों से भूजल स्तर हमेशा लबालब रहता था। लेकिन इसके बाद के बेतरतीब शहरी नियोजन ने जल संग्रह की इन पद्धतियों को कमोबेश प्रभावित किया है, जिसके कारण पूरे देश में पानी की भारी किल्लत हो गयी है। कई स्थानों पर तो पानी निकालने के लिए खुदायी करना तेल निकालने के लिए खुदायी करने से भी ज़्यादा कठिन हो गया है। पर्यावरणविद् और जल संरक्षणवादी अनुपम मिश्र शहरों और गाँवों में जल-संकट की भयावहता को लेकर बातचीत कर रहे हैं। वे उन उपायों को भी सुझाते हैं, जो इस कष्ट को कम करने में मदद कर सकते हैं। प्रस्तुत है इस बातचीत के अंश :

देश में जल-संकट को लेकर बहुत कुछ कहा जा रहा है। वैसे तो ग्रामीण इलाक़े इस संकट से काफ़ी प्रभावित हैं, लेकिन शहर भी अछूते नहीं रह गये हैं। देश को इतने बड़े जल-संकट का सामना क्यों करना पड़ रहा है?

अधिकांश लोग देश में पानी के संकट के लिए बारिश को प्रमुख रूप से

ज़िम्मेदार ठहराते हैं। लेकिन पानी का यह संकट बारिश के कारण नहीं, बल्कि उस वर्षा जल के कुप्रबन्धन के कारण है। प्रकृति अभी भी हमें उतना ही पानी दे रही है जितना वह हमेशा से देती आ रही है। लेकिन पिछले दस वर्षों में हमारी जल-प्रबन्धन प्रणाली ढह गयी है। हमने पानी इकट्ठा करना बन्द कर दिया है। हम पानी और प्राकृतिक संसाधनों को महत्त्व देना भूल गये हैं। मुख्य समस्या यह है कि हमारे पास पानी वितरित करने के तो विभिन्न साधन और उपाय हैं, लेकिन इसे सहेजने और संग्रहित करने का हमारे पास कोई तरीक़ा नहीं है। मैं यह भी जोड़ना चाहूँगा कि हमने अपनी फ़सल संरचना का ढाँचा ही बदल दिया है और फ़सल की ऐसी क़िस्मों की शुरुआत की है जो अधिक पानी माँगती हैं।

हमारी जीवन शैली भी पानी की उपलब्ध मात्रा पर ही आधारित होनी चाहिए। महाराष्ट्र में पानी से भरपूर कोंकण क्षेत्र को चावल उगाना चाहिए, पानी की कमी वाले क्षेत्रों को ज्वार और बाजरा की पैदावार पर ध्यान देना चाहिए। जल संरचनाओं को महत्त्व नहीं दिये जाने और जिस तरह शहर में नदी, तालाब आदि को पूर कर आवास और उद्योग खड़े किये जा रहे हैं, उससे मैं हैरान हूँ। शहरी इलाक़ों में सभी सड़कों को पक्का कर दिया गया है; हम पेड़ के चारों ओर पर्याप्त जगह भी नहीं छोड़ते हैं। चेरापूँजी और उत्तराखण्ड जैसे अधिक वर्षा वाले पहाड़ी इलाक़ों में पानी की कमी हो सकती है और राजस्थान जैसे कम वर्षा वाले इलाक़ों में पर्याप्त पानी उपलब्ध हो सकता है—यह सब प्रकृति के निर्देशों का पालन हम किस तरह करते हैं, इस पर निर्भर करता है। इस समस्या की मुख्य जड़ यह है कि हम पानी की तुलना में ज़मीन को अधिक महत्त्व देते हैं। यह समय पानी को महत्त्व देने का है।

तो आपके अनुसार इन समस्याओं को हल करने का सही रास्ता क्या है?

ग्रामीण इलाक़ों में तालाबों और जलाशयों में पानी इकट्ठा करने के पारम्परिक तरीक़ों से इस स्थिति में मदद मिल सकती थी, लेकिन समस्या तो यह है कि आज पानी का ज़्यादा उपयोग हो रहा है। बावड़ियाँ, हौज़, तालाब जैसे पारम्परिक तौर-तरीक़े पानी की कमी से निपटने के सबसे अच्छे उपाय

थे। जल संग्रह के ये मानव निर्मित तरीक़े हमारे पास सदियों से रहे हैं। लोगों ने इन्हें बनाया और व्यवस्थित रखा। पानी की कमी के समय, इन्हीं संरचनाओं ने उन्हें अपनी दैनिक ज़रूरतें पूरी करने में मदद की। अँग्रेज़ जब पहली बार भारत आये, उस समय दिल्ली में लगभग ८०० जल स्रोत थे। अब १० से अधिक नहीं रह गये हैं और इनका भी विशेष ध्यान नहीं रखा गया है। हमने जो कुछ खोया है उसे पाने का सबसे अच्छा तरीक़ा यही है कि वर्षा-जल संचयन के पारम्परिक तरीक़ों पर वापस जायें और अपनी आधुनिक जीवन शैली में उन्हें अपनायें। जब मैं राजस्थान गया तो मैंने रेगिस्तान के गाँवों में ग्रामीणों द्वारा बनाये गये तालाब देखे। अधिकांश घरों में भी बारिश के पानी को संग्रह करने का तरीक़ा मौजूद था। बारिश के पानी को छत में रोक कर छतों के नीचे बने कुण्ड में पानी के बहाव को मोड़ दिया जाता था। इस विधि से एक परिवार की साल भर की पानी की ज़रूरतें पूरी हो सकती हैं।

> आप वर्षा-जल के संचयन को बढ़ावा देने के लिए जी-जान से लगे हुए हैं। लेकिन आप यह कैसे कह सकते हैं कि भारत में जल-संकट का समाधान इसी पारम्परिक तरीक़े से हो सकता है?

हमारे देश में जल संकट एक बहुत ही नयी समस्या है। इसमें ऐसा कुछ नहीं है, जो सदियों पहले से हो। हम प्रकृति को दोष दे सकते हैं, लेकिन यह तो मनुष्य की ख़ुद की पैदा की हुई समस्या है। आधुनिकीकरण और शहरीकरण ने हमें बहुत ही संकुचित वृत्ति का बना दिया है। 'परम्परा' शब्द सुनते ही हमारे मन में पिछड़ापन, पुराने तौर-तरीक़े और पुरानी सोच जैसे शब्द गूँजने लगते हैं। विकास और औद्योगीकरण ने वर्षा जल संग्रह करने वाली हमारी जल संरचनाओं पर अतिक्रमण कर लिया है। और वहाँ गगनचुम्बी इमारतें खड़ी कर दी हैं। वर्षा जल-संग्रह का मुख्य उद्देश्य यह है कि जहाँ बारिश का पानी गिरे उसी स्थान पर उसे जमा कर लिया जाये। अगर पानी आँगन में गिरता है तो इसे भूमिगत टाँके में जमा किया जा सकता है। घर छोटा है या बड़ा उसके अनुसार जल-संग्रह की यह क्षमता घटती-बढ़ती रहती है। यह संचित वर्षा जल पूरे मौसम चलता है। इस समाधान का मतलब १८वीं और १५वीं सदी में वापस जाना है बल्कि यह पारम्परिक विचार और आधुनिक प्रौद्योगिकी का समन्वय है। जैसे पानी

ऊपर चढ़ाने के लिए मोटर जैसे आधुनिक यन्त्र लगाये जा सकते हैं।

> जल-संकट को लेकर काम करने और उसका हल निकालने में सरकार की असमर्थता के बारे में आपने अक्सर उसकी आलोचना की है। क्या किसी पर दोष मढ़ने का यह आसान तरीक़ा है या वास्तव में सरकार को दोषी ठहराया जा सकता है?

पाइप लाइन बिछाकर पानी उपलब्ध कराना ही सरकार के काम करने का तरीक़ा है। यदि इसकी ठीक ढंग से जाँच-पड़ताल की जाये, तो पता चलेगा कि बिजली की कमी के कारण पानी उपलब्ध कराने की यह प्रणाली या विधि अधिकांश जगहों में विफल रही है। इस विधि की असफलता का एक कारण यह भी है कि यह उपकरण ज़्यादातर डीजल से ही चलाया जा रहा है। उदाहरण के लिए, जैसलमेर के एक गाँव को पानी उपलब्ध कराने के लिए ट्यूब वैल खोदा गया है। इस काम के लिए आमतौर पर डीज़ल ट्रक में लाया जाता है। कभी-कभी ये ट्रक चालू नहीं हो पाते या डीज़ल समय पर नहीं पहुँच पाता है। बाक़ी समय में इस काम की देखरेख करने वाला व्यक्ति ही ग़ायब रहता है। हालाँकि सरकार ने कहा है कि दिन में दो बार पानी दिया जायेगा, लेकिन कई गाँवों को तो पानी आपूर्ति की इस अनियमितता के कारण कई दिनों तक भोजन भी नहीं मिल पाता है।

> आधुनिक उपकरणों के उपयोग से पानी उपलब्ध कराने की नयी सोच कितनी कारगर हो पायेगी? आप इस बात से कितने आशान्वित हैं?

मुझे नहीं लगता कि यह प्रणाली टिक सकती है। हमें जल-भण्डारण के पुराने तौर-तरीक़ों पर वापस लौटना होगा। इसमें शर्मिन्दा होना जैसा कुछ भी नहीं है। जल-संग्रह की जिस परम्परा को वर्षों से विकसित और परिष्कृत किया गया है, उस समृद्ध परम्परा का उपयोग करने में सरकार को शर्मिन्दगी क्यों है? सरकार इसे पिछड़ा तरीक़ा क्यों मानती है? सरकार को इस प्रणाली को प्रगतिशील और व्यावहारिक रूप में देखना चाहिए। अगर लोगों के पास ऐसी नयी तकनीक हैं, जो प्राकृतिक

प्रणालियों को आगे बढ़ा सकती हैं, तो उन्हें इसे लेकर दोस्ताना रुख़ अपनाना चाहिए और इस ज्ञान को पहले से ही किये जा रहे कामों में सुधार करने के लिए साझा करना चाहिए। यदि ऐसी कोई नयी तकनीक हैं, जो इन पुरानी तकनीकों से बेहतर काम कर सकती हैं तो आप इन संरचनाओं को छोड़ सकते हैं और मेरी पुस्तकें जला सकते हैं! मेरा अनुभव यही रहा है कि 'विशेषज्ञ' इन इलाक़ों में, जिससे वे परिचित ही नहीं हैं, आते रहते हैं और अपने साथ ऐसी आधुनिक और महँगी तकनीक ला रहे हैं जो इस इलाक़े के लिए उपयुक्त ही नहीं है। वे समस्या को और भी बदतर बना देते हैं।

जल-संरक्षण के इन तरीक़ों के बग़ैर, भारत कब तक विकास कर सकता है?

मेरे लिए तो इस मोड़ पर आकर यह स्थिति मायूस करने वाली दिखती है। जो कुछ हो रहा है उससे तो यही लगता है कि इन जल-संरचनाओं के बग़ैर, मानसून के दिनों में शहरों को भारी बाढ़ से निपटना होगा। इसका मुख्य कारण यही है कि यहाँ पर जल-संग्रह का ऐसा कोई ढाँचा नहीं है जो बारिश के पानी को इकट्ठा कर उसे संग्रहित कर सके। एक भी आधुनिक शहर इस ख़तरे से नहीं बच पायेगा। मुम्बई में २००५ में आयी बाढ़ को लीजिये, भविष्य में इससे भी बदतर स्थिति होगी। और इस बात का कोई संकेत नहीं है कि इस समस्या को बुद्धिमानी के साथ कोई सुलझायेगा।

जब शहरी इलाक़े विकसित हुए थे तब वे आत्मनिर्भर थे और अपनी पानी की ज़रूरतें पूरी कर लेते थे। ऐसा कहा जाता है कि दिल्ली में एक समय कोई ३५० बड़े तालाब और कई छोटे तालाब थे, जो मानसून के दौरान भर जाते थे और उससे भूजल रिचार्ज होता था। दिल्ली में १७ छोटी नदियाँ भी थीं। ये सभी यमुना में पानी लाती थीं। आज ये नदियाँ नालों में बदल गयी हैं।

समस्या तब से शुरू हुई जब पानी की जगह पर ज़मीन को महत्त्व दिया जाने लगा। जल संरचनाओं को पाट-पाटकर वहाँ इमारतें, आवासीय कालोनियाँ और शॉपिंग मॉल्स बना दिये गये। आज हमारे पास दिल्ली में

३५० तालाबों में से मुश्किल से ५–६ तालाब बचे हुए हैं। इस तरह एक समय बारिश से हमें जो पानी मिलता था उसे हमने गँवा दिया। इसका परिणाम यह हुआ कि भूजल सम्भरण दर बुरी तरह नीचे गिर गयी।

आज शहरी और ग्रामीण दोनों इलाक़ों में पानी की समस्या है। लेकिन यदि दिल्ली जैसे महानगर में पानी की समस्या है तो लोग पानी ख़रीद सकते हैं। यदि पानी की समस्या ग्रामीण इलाक़ों में है या जल संरचनाएँ उद्योगों के कारण प्रदूषित हो गयी हैं तो ग्रामीणों को या गाँव के लोगों को पानी जुटाने के लिए दस से पन्द्रह किलोमीटर दूर जाना पड़ता है। दिल्ली की प्रवासी आबादी का बड़ा हिस्सा बिहार, छतीसगढ़ और राजस्थान से आये उन ग्रामीणों का है जिन्होंने गम्भीर जल संकट के कारण अपने गाँवों को छोड़ दिया है।

> अनुमान है कि २०३० तक देश में जल आपूर्ति माँग की आधी ही हो पायेगी। क्या आपको लगता है कि पारम्परिक जल-संरक्षण का तरीक़ा इस माँग को पूरा कर सकता है?

पहली बात तो यह कि मैंने यह बात कभी नहीं कही कि हम जिस प्रणाली की बात कर रहे हैं वह पारम्परिक है। सीधी बात यह है कि हम एक ऐसी इंटेलीजेंट जल प्रणाली विकसित करने को प्रोत्साहित करते हैं जो प्रकृति के अनुकूल हो। जिस ज्ञान के बारे में हम आपको बता रहे हैं वह सैकड़ों सालों में विकसित हुआ है और स्थानीय परिस्थितियों में बड़ी ही सावधानी के साथ अपनाया गया है। प्रकृति के बारिश के तरीक़े में कोई बदलाव नहीं हुआ है और जब तक इसमें कोई बदलाव नहीं होता है तब तक हम इस पानी को जमा करने के अपने मौलिक तरीक़ों में बदलाव नहीं कर सकते। हम पानी का वितरण और इस्तेमाल कैसे करें यह एक अलग प्रश्न है। सस्ता और सबसे प्रभावी ढाँचा प्राकृतिक होता है और ज़मीन से जुड़ा हुआ होता है, और सर्वश्रेष्ठ शिक्षक वही होता है जो किसी इलाक़े में अगर सदियों से नहीं तो कम से कम दशकों से रहा होता है।

> राज्य में भूजल स्तर के बारे में आपके क्या विचार हैं?

यहाँ भूजल स्तर बहुत नीचे चला गया है। तीन ज़िलों में तो यह ३०० फुट

से भी नीचे पहुँच गया है। हमें इन पारम्परिक जल संरचनाओं का संरक्षण करना चाहिए और इनकी देखरेख करनी चाहिए। ये जल संरचनाएँ पर्यटन के माध्यम से हमें डॉलर भी कमा के दे सकती हैं और कई गाँवों को पानी भी सुलभ करा सकती हैं। मैं एक बार फिर कहूँगा कि भूजल के मामले में परम्परा ही समृद्ध है।

अँग्रेज़ी से अनुवाद : प्रदीप सिंह

शब्दों की चौकीदारी सम्भव नहीं

संजय तिवारी के साथ

शब्दों की चौकीदारी सम्भव नहीं

कॉपीराइट को लेकर आपका नज़रिया यह क्यों है कि हमें अपने ही लिखे पर अपना दावा (कॉपीराइट) नहीं करना चाहिए?

कॉपीराइट क्या है, इसके बारे में मैं बहुत जानता नहीं हूँ। लेकिन मेरे मन में जो सवाल आये और उन सवालों के जवाब में मैंने जो जवाब तलाशे, उसमें मैंने पाया कि आपका लिखा सिर्फ़ आपका नहीं है। आप एक जीवन में समाज के किस हिस्से से कब और कितनी सीखते, ग्रहण करते हैं, इसकी कोई रेखा खींचना कठिन काम है। पहला सवाल तो यही है कि मेरे दिमाग़ में जो है वह क्या केवल मेरा ही है? अगर आप यह मानते हैं कि आपका लिखा सिर्फ़ आपका ही है तो फिर आपको बहुत कुछ नकारना होगा।

अपने आपको एक ऐसी इकाई साबित करना होगा, जिसका किसी से कोई व्यवहार नहीं है। न कुल, परिवार से और न समाज से। क्योंकि हम कुल, परिवार, समाज में बड़े होते हुए ही बहुत कुछ सीखते हैं और उसी से हमारी समझ बनती है। अगर कॉपीराइट का इतिहास देखें तो पायेंगे कि हमारे समाज में कभी कॉपीराइट की कोई प्रवृत्ति नहीं थी। अपने यहाँ कठिनतम श्रम से प्राप्त की गई सिद्धि भी सिर्फ़ सेवा के निमित्त उपयोग की जाती है। मीरा, तुलसी, सूरदास, नानक ने जो कुछ बोला, लिखा वह सब हाथ से कॉपियाँ लिखी गयीं। तमिलनाडु में ऐसे हज़ारों ग्रन्थ हैं जो हाथ से लिखे गये और हाथ से लिखे ग्रन्थ भी दो-ढाई हज़ार साल तक

अनवरत शुद्धतम स्वरूप में ज़िन्दा रहे हैं। इसलिए यह कहना कि कॉपीराइट से मूल सामग्री से छेड़छाड़ होने से बच जाती है, ऐसा नहीं है, जिनका ज़िक्र मैं कर रहा हूँ वे सब बिना कॉपीराइट के भी शुद्धतम स्वरूप में लम्बे समय तक बची रही हैं और आज भी विद्यमान हैं। उनको तो किसी कॉपीराइट एक्ट की ज़रूरत महसूस नहीं हुई, फिर आपको क्यों होती है?

कॉपीराइट का नियम अँग्रेज़ों के साथ भारत में आया लेकिन दुर्भाग्य ही कहा जायेगा कि किसी के मन में कभी यह सवाल और सन्देह नहीं उठा कि आख़िर हम कॉपीराइट का इस्तेमाल क्यों करें? महात्मा गाँधी तक ने अपना कॉपीराइट नवजीवन ट्रस्ट को पचास साल के लिए दे दिया था। अब पचास साल बाद गाँधी के लिखे पर फिर कॉपीराइट हट गया है। तो फिर महज पचास साल के लिए इसका पालन करने से गाँधी का विचार भी नहीं बच सका। यह सब देखकर आश्चर्य होता ही है।

> लेकिन आज के इस व्यावसायिक युग में किसी का लिखा उसका व्यवसाय भी हो सकता है, जिससे उसकी ज़िन्दगी की गाड़ी चलती है। वह भला अपना लिखा समाज को अर्पित कर दे तो अपना गुज़ारा कैसे करेगा?

जिस दिन हम केवल कमाने के लिए लिखने लगेंगे, उस दिन हमारी लिखने की गुणवत्ता भी गिर जायेगी। लिखना केवल पैसे के लिए नहीं होना चाहिए। कुछ लोग पैसे के लिए काम करते हैं तो भी उनको ध्यान रखना चाहिए कि वे जो लिखना चाहते हैं, वह लिखें न कि पैसे देकर उनसे कोई कुछ लिखवाता है तो केवल वही न करते रहें।

समाज-ऋण भी कुछ होता है, जिसे चुकाने की नैतिक ज़िम्मेदारी महसूस होनी चाहिए। अगर आप सिर्फ़ पैसे के लिए लिखेंगे तो कभी वह नहीं लिख पायेंगे जो आप लिखना चाहते थे। आप बाज़ार में अपना लिखा एक तराजू पर लेकर खड़े हो जायें और अशर्फ़ियों में बोली लगाना शुरू करेंगे तो मुश्किल होगी। फिर जो अशर्फ़ी देगा, वह आपके लिखे को ले जायेगा। असल में कॉपीराइट का व्यवसाय यह अशर्फ़ी देने वाला समाज पैदा करता है, क्योंकि उसको आपके लिखे से मुनाफा कमाना है। इसलिए लिखने वालों को यह ज़रूर सोचना चाहिए कि आख़िर वे किसके लिए

लिख रहे हैं? एक बात जान लीजिये, अशर्फ़ी लेकर लिखने वाले लोग अस्तित्व में लम्बे समय तक उपलब्ध नहीं रह पाते हैं। एक समय के प्रवाह में आते हैं और अशर्फ़ी में तुलकर समाप्त हो जाते हैं। मुम्बई फ़िल्म उद्योग में कम पैसा है? लेकिन ज़रा देखिये, कल के स्टार आज किस गर्त में पड़े हैं? यही आज के स्टारों के साथ कल होगा। यही बात लेखकों पर भी लागू होती है। अच्छा लिखने वालों की क़ीमत बाज़ार में नहीं समाज में निर्धारित होनी चाहिए।

जहाँ तक आजीविका चलाने की बात है तो इसमें व्यावहारिक दिक़्क़त कम और मानसिक संकट ज़्यादा है। अगर हम बुद्धि के श्रम के साथ थोड़ा शरीर का श्रम भी जोड़ दें तो दिक़्क़त नहीं होगी। आख़िर क्यों हम केवल बुद्धि के श्रम की कमायी ही खाना चाहते हैं? यह तो विकार है। सड़क पर कूदने से अच्छा है कि थोड़ी देर खेत में कूद लो। थोड़ा श्रम करके पूँजी अर्जित कर लो। केवल अपने लिखे का मत खाओ। तब शायद अच्छा लिख सकोगे। ऐसा जीवन मत जियो जो केवल लिखने पर टिका हो।

टेक्नोलॉजी के इस युग में कॉपीराइट कितना प्रासंगिक रह गया है?

टेक्नोलॉजी और कॉपीराइट दो विरोधाभासी तत्त्व हैं। जब टेपरिकॉर्डर आया तो वह सूटकेस के आकार में था। आप किसी जगह भाषण देते थे तो वह रिकॉर्ड होना शुरू हो जाता था। इसके बाद टेपरिकॉर्डर का आकार छोटा होता गया और आज हम मोबाइल में ही सब कुछ रिकॉर्ड कर सकते हैं। अब सोचिये किसी के भाषण पर कॉपीराइट का अब क्या मतलब? मेरे बोले को कौन कैसे रिकॉर्ड करके कहाँ पहुँचा देगा, मैं भला कैसे जान पाऊँगा? जैसे टेपरिकॉर्डर ने एक तरह के कॉपीराइट को ख़त्म किया उसी तरह फ़ोटोकॉपी मशीन ने लिखे के कॉपीराइट को अप्रासंगिक बना दिया। अब कम्प्यूटर ने तो सारी हदें तोड़ दी हैं। पहले तो हाथ से मज़दूरी करके कॉपी करना होता था लेकिन टेक्नोलॉजी ने शेयरिंग का सब काम आसान कर दिया है। फिर क्यों झंझट मोल लेते हो? सम्भवत: टेक्नोलॉजी हमें बता रही है कि देखो राजा! शब्दों की चौकीदारी सम्भव नहीं। इसलिए इसका आग्रह छोड़ दो। जो सम्भव नहीं, उसका आग्रह रखने की क्या ज़रूरत है?

आपने कहा कि केवल अपने लिखे का मत खाओ। क्या इसको आप थोड़ा और स्पष्ट करेंगे?

ऐसा कहने का मेरा आशय है कि इतना अच्छा लिखो कि तुम्हारे लिखे का कोई और भी खाये। मैं ऐसा नहीं कह रहा कि आपके लिखे का केवल प्रकाशक खाये। कुछ ऐसा लिखिये कि समाज के लोगों को कुछ फ़ायदा हो। उनका जीवन सुधरे। उनका पानी रुके। उनका अकाल दूर हो। बाढ़ में चार गाँव तैर जायें। कुछ ऐसा लिख दो कि संकट में लोगों के लिए वह संबल की तरह काम आये। हो सकता है कि इसके लिए पैसा न मिले लेकिन बदले में और भी बहुत कुछ मिलेगा जो पैसे से ज़्यादा क़ीमती होगा। लिखने वाली जमात को यह समझना होगा।

आपने अपने लिखे पर कभी कॉपीराइट नहीं रखा। क्या आपको जीवन में आर्थिक संकट नहीं उठाना पड़ा?

प्राप्ति सिर्फ़ पैसे की ही नहीं होती है। मुझे पैसा नहीं मिला लेकिन बदले में समाज का इतना प्यार मिला है, जिसके सामने पैसे का कोई मोल नहीं है। मैं एक सामाजिक संस्था (गाँधी शान्ति प्रतिष्ठान) में काम करता हूँ और कल्पना से भी बहुत कम मानदेय प्राप्त करता हूँ। लेकिन मुझे जीवन में न कोई शिकायत है और न ही कोई संकट। मैंने पैंतीस साल पहले ही तय कर लिया था कि मुझे अपने लिखे पर कोई कॉपीराइट नहीं रखना है।

और आज तक नहीं रखा और न आगे कभी रखूँगा। कुछ अप्रिय प्रसंग ज़रूर आये लेकिन व्यापक तौर पर तो समाज का फ़ायदा ही हुआ और बदले में मुझे उनका अथाह प्यार और सहयोग मिला। आप देखिये दुनिया में तो अब एक नया फ़ैशन ही चल पड़ा है कॉपी लेफ़्ट का। खुले समाज की नयी परिभाषायें बन रही हैं तो फिर हम अपनी ओर से उस खुले समाज के गुल्लक में एक सिक्का क्यों नहीं डालते? अच्छी चीज़ को रोककर आख़िर हम क्या करेंगे? अगर हम सब बातों में खुलापन चाहते हैं तो अपने ही लिखे पर प्रतिबन्ध क्यों लगायें? वैसे भी अब टेक्नोलॉजी इसकी इजाज़त नहीं देती है।

क्या अधिकार का दावा छोड़ना ही एकमात्र रास्ता है ?

जी बिलकुल। यही प्राकृतिक व्यवस्था है। क्या अनाज अपने ऊपर कॉपीराइट रखता है कि एक दाना बोयेंगे तो सिर्फ़ एक दाना ही वापस मिलेगा? पेड़-पौधे अपने ऊपर कॉपीराइट रखते हैं? तो फिर विचार पर कॉपीराइट क्यों होना चाहिए? प्रकृति हमको सिखाती है कि चीज़ें फैलाने के लिए बनायी गयी हैं।

कॉपीराइट और लाभ की मानसिकता ने क्या चौथे खम्भे अर्थात् पत्रकारिता के सामने भी संकट पैदा किया है?

पहले तो इसे चौथा खम्भा क्यों कहते हो? हमने एक काल्पनिक महल खड़ा कर लिया जिसके चार खम्भे बना लिये हैं। मुझे तो चारों खम्भों के बारे में शक है। ऐसे खम्भे पर टिकाते जायें तो फिर बारह खम्भा में क्या दुर्गुण है? सड़क पर एक हवेली थी, उसमें बारह खम्भे थे, इसलिए उसका नाम बारह खम्भा हो गया। ये लोकतन्त्र के सभी खम्भे बालू की भीत में लगे हवा के खम्भे हैं। चौथा खम्भा भी खम्भा नहीं, बल्कि खोमचा है।

आप देखिये, अब ख़बरें बिक रही हैं तो आप इसे खम्भा कहेंगे या फिर खोमचा? इस खोमचे में काम करने वाले पत्रकार भी इस पतन के लिए उतने ही ज़िम्मेदार हैं जितने खोमचे के मालिक। पत्रकार अपनी ज़िम्मेदारी से बच नहीं सकते।

विस्फोट डॉट कॉम में प्रकाशित

महा मीडिया, मासिक पत्रिका में जनवरी, २०१५ में पुनर्प्रकाशित

सच्चाई तो पानी की क़ीमत की है

मल्हार के इस देश में यह नौबत आ गयी कि पानी के लिए ख़ून बह रहा है। मुझे बताइये हम इस स्थिति में कैसे पहुँचे और क्यों?

पहले मैं बताना चाहूँगा कि पानी जब इस धरती पर नहीं था तो ज़िन्दगी नहीं थी। पानी आने के बाद ही हमारे आने का क़िस्सा, ज़िन्दगी शुरू होती है। इसलिए यह हमें कभी नहीं भूलना चाहिए कि पानी चला गया तो हम भी चले जायेंगे। पानी के मामले में हम लोग ग़रीब बिलकुल नहीं हैं। पानी हम को कुदरत ने इतना अच्छा दिया, हर साल दिया। एक तो यह है कि एक बार लॉटरी खुल जाये और फिर न खुले कई दिनों तक। लेकिन हर साल लॉटरी खोलती है कुदरत। पर हमारी जेब में उसको रखने की तमीज़ तो हमें आनी चाहिए। हमने अपनी जेब फाड़ ली है तो पानी आता है और चला जाता है।

ऐसा कहते हैं कि जब अँग्रेज़ हमारे देश में आये तो क़रीब-क़रीब हमारे पाँच लाख गाँवों में और कुछ हज़ार छोटे-बड़े शहर होंगे इन सब में तालाब हुआ करते थे, बड़ी-बड़ी झील हुआ करती थीं और उन सब में ऊपर वाला हर साल पानी देता है। उसे हम लोग भर लेते थे। हर जगह का समाज उसको ठीक से रोकना जानता था। ज़िन्दगी उसके इर्द-गिर्द चलाते थे। अभी हमने वह सब खो दिया। और हमने सोचा कि पानी तो कहीं से भी आ जायेगा।

अगर हम अपने शहर दिल्ली की बात करें, कहते हैं एक समय में दिल्ली में ८०० तालाब थे। आज गिनती के पाँच तालाब नहीं हैं दिल्ली में। हमें लगा कि पानी की कोई क़ीमत नहीं है, ज़मीन की क़ीमत है। और उसमें हमने दुकान बना दी, मकान बना दिये, कुछ स्टेडियम बना दिये, तालाब नहीं रहने दिये। अब दिल्ली में पानी उतना ही गिरता है, जितना पहले गिरता था पर वह रुकता नहीं है। कहाँ जायेगा वह। बाढ़ आयेगी, पानी बह कर हमारे कमरों में आयेगा, हमारे दफ़्तरों में आयेगा। यह हालत आज हमारे सामने है।

लेकिन जब इतने तालाब थे हमारे देश भर में? तो फिर ये ऐसे कम कैसे हो गये? क्यों ऐसा हुआ?

जब अँग्रेज़ आये हैं, उससे पहले ये दिक़्क़त नहीं थी। उनके आने से राज करने का तरीक़ा बदला। एक छोटा-सा उदाहरण बताता हूँ। जब अँग्रेज़ आये मैसूर राज्य था। उस समय ४०,००० तालाब थे—मैसूर राज्य में। एक अकेले राज्य में। इसको राज और समाज दोनों मिलकर बनाता था, रखवाली करता था। इसमें राजा अपनी तरफ़ से कुछ पैसा डालता था। जब अँग्रेज़ों के हाथ में राज आया तो उन्होंने कहा कि हम क्यों डालें? ये तालाब तो तुम्हारे हैं। हम नहीं डालेंगे इसमें पैसा। फिर उन्होंने कहा कि ये तालाब तुम्हारे हैं, लेकिन तुम इनसे सिंचाई लेते हो इसलिए हम सिंचाई पर टैक्स लगायेंगे। फिर उन्होंने कहा कि तालाब भी मेरे हो गये अब। इस तरह उनकी मिल्कियत चली गयी, इज़्ज़त चली गयी और उनकी जेब काट ली गयी। तो लोगों ने तालाबों की रखवाली बन्द कर दी। लोगों का जो ममत्व था, अपनापन था वह ख़त्म होता चला गया। फिर टूटने लगे तो हम लोग धीरे-धीरे सरकार पर निर्भर होते रहे। अब १०० साल २०० साल में हम उसके नतीजे देख रहे हैं। अब हमें सूझता नहीं है कि हमें क्या करना है।

अनुपमजी, मुझे बताइये कि ज़मीन के नीचे जो पानी है वह कुदरत में आता कैसे है?

पानी तो सब ऊपर से आता है। वह कुछ लाख साल में नीचे जमा हुआ है। इस धरती को सचमुच मिट्टी की बहुत बड़ी गुल्लक बनाकर दी है ऊपर वाले ने। जिसे अँग्रेज़ी में पिगी बैंक कहते हैं। पानी की एक-एक बूँद अन्दर डालते जाओ। सूरज की गर्मी से वह सारा ऊपर नहीं उड़ जायेगा। नीचे ढक्कन लगाकर आपने उसे सुरक्षित रख लिया है। अब उसको जब ज़रूरत पड़े तो थोड़ा-सा निकाल लो इस्तेमाल करने के लिए। अभी हम सोचते हैं कि इन्द्र ने जो चुटकी चलायी हम तो एक चुटकी में पानी निकाल लें। हमने अपनी धरती को छेदने का काम शुरू किया, छलनी बना दिया—जगह-जगह बोरिंग, ट्यूबवैल खोदकर। पहले तो कुआँ बनता था तो हाथ से पानी खींचना पड़ता था। थोड़े हाथ भी अच्छे होते थे। लेकिन फिर बिजली आ गयी। अब तो बटन दबाने में थकते नहीं हैं तो १०० बाल्टी पानी निकाल लिया। नीचे का अपना ख़ज़ाना हमने ख़ाली करना शुरू कर दिया। और अब हमारे शहरों में और गाँवों में भी पानी के स्तर की बहुत बुरी स्थिति है। आँकड़ों को छोड़ दीजिये। अँग्रेज़ी में शब्द चलता है—उसको डार्क ज़ोन कहते हैं। किसी-किसी इलाक़े का पानी इतने नीचे चला गया कि अब उसे ऊपर लाने में आँसू बह जायेंगे लोगों के। और यदि इसको बचाने का कोई इनाम होता हो भारत सरकार का या आप सबका तो वह बिजली विभागों को दिया जाना चाहिए। चौबीस घण्टे की बिजली नहीं देते। यदि चौबीस घण्टे की बिजली होती तो हम बटन दबा-दबाकर पूरा पानी ख़त्म कर देते।

> पहले २०० फीट में पानी मिल जाता था। अब ३००, ४००, ५०० फीट तक पहुँच गया है। इसमें क्या ख़तरे हैं?

शायद कुदरत ने हमें इतने नीचे तक जाने की इजाज़त नहीं दी थी। इसके नीचे मत जाना, क्योंकि इसके नीचे हमने कुछ और ज़हरीली चीज़ें भी रखी हैं। शायद हमारे लिए रखी हों—चेतावनी देने। अब हम जब उससे भी नीचे जा रहे हैं तो कहीं हमें फ्लोराइड मिल रहा है, कहीं आर्सनिक मिल रहा है—पानी में। ये ज़हर है और ये ज़हर हमारे लोग पी रहे हैं। इसका बहुत बुरा असर हो रहा है। और इसको हमारा कोई नया साईंस, कोई टेक्नोलॉजी रोक नहीं पायेगी, इसका इलाज नहीं है।

अच्छा शहरों में हम ये भी देख रहे हैं कि हर जगह सीमेंट लगा दिया है। इससे तो मिट्टी बची ही नहीं जिससे कि पानी जज़्ब हो और जमा हो। अब तो सब टाइल्स हो गया है।

सब टाइल्स हो गया है। इसके कारण पानी ज़मीन के नीचे जाना बन्द हो गया है। हरेक काम हम इस समय सोच-समझकर, प्लानिंग से ऐसा कर रहे हैं—पानी को हम से दूर करते जा रहे हैं। रिश्ता हमारा टूटता जा रहा है। अब पानी हमें याद दिला रहा है कि सच्चाई तो पानी की क़ीमत की है। ज़मीन की क़ीमत ज़रूर रखो, लेकिन पानी की क़ीमत याद रखो। पानी अब कह रहा है—मैं जीतूँगा, अगर तुम सुधरे नहीं तो।

बिलकुल सही कहा आपने।

सत्यमेव जयते, यूट्यूब से साभार, २१ जुलाई, २०१०